巴中历史文化名人

中国人民政治协商会议巴中市委员会 编

朱冬 主编

西南大学出版社
国家一级出版社 全国百佳图书出版单位

图书在版编目(CIP)数据

巴中历史文化名人 / 中国人民政治协商会议巴中市委员会编；朱冬主编. — 重庆：西南大学出版社，2021.10(2022.4重印)
ISBN 978-7-5697-1141-7

Ⅰ.①巴… Ⅱ.①中… ②朱… Ⅲ.①历史人物–生平事迹–巴中 Ⅳ.①K820.871.3

中国版本图书馆CIP数据核字(2021)第202647号

巴中历史文化名人
BAZHONG LISHI WENHUA MINGREN

中国人民政治协商会议巴中市委员会　编
朱　冬　主编

责任编辑：李晓瑞
责任校对：周　杰
书名题字：蒲　剑
封面作图：杨　杰
装帧设计：杨　海　杨　涵
排　　版：江礼群
出版发行：西南大学出版社(原西南师范大学出版社)
地址：重庆市北碚区天生路2号
邮编：400715　市场营销部电话：023-68868624
http: // www.xdcbs.com
印　　刷：重庆康豪彩印有限公司
幅面尺寸：170mm×240mm
印　　张：26.75
字　　数：370千字
版　　次：2021年10月　第1版
印　　次：2022年4月　第2次印刷
书　　号：ISBN 978-7-5697-1141-7

定　　价：189.00元

编委会

序

巴中，地处四川东北部、秦巴腹地，成都、重庆、西安三大城市几何中心。1993年设立地区，2000年撤地设市，辖巴州区、恩阳区、南江县、通江县、平昌县和巴中经济开发区，面积1.23万平方公里，总人口380万，是国家规划的秦巴山片区区域发展与扶贫攻坚中心城市和川陕革命老区振兴发展核心区。

巴中，历史悠久，文化灿烂，是远古中华文明的发祥地之一。5000多年前，古代巴人就在这里繁衍生息，孕育了“忠勇信义”的巴人精神。3000多年前，这里的米仓古道已成为南北政治、经济、文化交流的桥梁。1900多年前置县建制，楚汉战争古迹至今犹在，三国张飞厉兵牟阳城，唐太子李贤攻书章怀山，初唐文学家王勃游历柳津渡，盛唐彩雕摩崖石窟名扬华夏。80多年前，以这里为中心创建了中华苏维埃共和国第二大区域——川陕革命根据地，徐向前、李先念等老一辈无产阶级革命家和446名将军在这里浴血奋战，孕育了“智勇坚定、排难创新、团结奋斗、不胜不休”的红军精神。在浩瀚的历史长河中，巴中儿女在这片神奇的土地上创造了辉煌的历史和灿烂的文明。

巴中，人杰地灵，名人辈出。三国时期蜀汉名将句扶，南征北战，立下赫赫战功，被蜀汉朝廷封为宕渠侯、蜀汉左将军。晚唐进士、辞赋家、诗人张曙的诗作,收入《全唐诗》,至今流传。北宋著名天文学家张思训,造出以水银为动力流体的“太平浑仪”,对人类天文学告别混沌、走进科学与理性具有划时代意义。辛亥革命先驱董修武,是中国同盟会的缔造人之一,早早举起民主革命的旗帜。世界平民教育之父、乡村改造运动创始人晏阳初,是“现代世界最具革命性贡献的十大伟人”之一。著名无产阶级革命家刘伯坚,被毛主席称为“我党我军政治工作第一人”。海军常务副司令吴瑞林等27名巴中籍将军,为中国人民的解放事业作出了重要贡献。以他们为代表的巴中名人灿若星辰,承载着中华民族优秀的精神品质,闪烁着巴中人民独特的气质风范,照亮了巴中历史的天空。

编辑出版《巴中历史文化名人》,深入挖掘巴中历史文化名人资源,对于促进巴中文化繁荣兴盛,弘扬巴中优秀传统文化,增强巴中文化自信,提升巴中文化软实力和影响力,推进巴蜀文化旅游走廊建设具有十分重要的意义。在市委、市政府的重视支持和各区县政协的大力协作下,市政协通过广泛收集、严密考证、认真评选、精心编辑,汇集了100名巴中籍古代、近代、现代有影响的历史文化名人,成书传世,是一件功在当代、利及长远的实事,殊为不易,倍感欣慰。

本书收入的历史文化名人有古代的科学家、文学家、清官廉吏、爱国志士、翰墨大家;近现代的革命家、政治家、军事家、开国将领、战斗英雄、先进模范、专家学者……古圣先贤的家国情怀、凛然正气、深厚学养和奋斗精神,是巴中历史积淀、淳厚民风、社会风貌和文化传统的充分体现,是不可多得的宝贵精神财富,值得当今巴中人去追溯、缅怀、学习、传承和发扬。

以史为镜可以知兴替,以人为镜可以明得失。古人是今人的一面镜子,常照这面镜子,鉴古益今,可以校正言行举止,纯洁品行操守,实现人生追求。中国特色社会主义进入新时代,实现中华民族伟大复兴中国梦为每个中国人施展才华和实现梦想提供了广阔舞台,祝愿更多优秀的巴中儿女投身其中,续写新的辉煌!

巴中市政协党组书记、主席　朱　冬

2020年6月

凡例

1. 本书坚持以马列主义、毛泽东思想、邓小平理论、“三个代表”重要思想、科学发展观、习近平新时代中国特色社会主义思想为指导，全面系统地记载巴中市域范围内有影响的历史文化名人，其目的在于“存史、资政、团结、育人”，更好地为建设川陕革命老区振兴发展示范区贡献力量。

2. 本书征编的历史文化名人是巴中籍上至有史料记载，下至中华人民共和国成立前出生且成书前已离世，在社会发展进程中作出过突出贡献，有重大影响的历史文化名人。史料准确、客观、公正。

3. 本书按古代历史文化名人（1840年前）、近代历史文化名人（1840—1912）、现代历史文化名人（1912—2019）、附录四个部分编排，附录收录《巴中历朝进士名录》《非巴中籍历史文化名人事略》。历史文化名人在断代内按出生先后顺序排列。

4.《非巴中籍历史文化名人事略》，主要介绍古代、近代非巴中籍曾在巴中任职，有影响的人物；川陕苏维埃时期曾在巴中战斗过的重要人物；以及中华人民共和国成立后有重大影响的人物。

5.本书以传记体为主,采用语体文,力求简明扼要,通俗晓畅。

6.本书采用历史纪年和公元纪年,中华人民共和国成立以前用历史纪年,括注公元纪年。中国近现代革命人物可使用历史纪年亦可使用公元纪年。其他历史人物,清代及以前按各朝代帝王年号纪年,民国时期采用民国纪年,中华人民共和国成立以后用公元纪年。民国及民国以前纪年用汉字书写,中华人民共和国成立后纪年用阿拉伯数字书写。

7.本书对多次使用的专有名词、术语,在第一次使用时用全称,并括注简称,之后使用简称。

8.本书对记述的地名、政权、官职等名称均以记事年代的历史称谓为准。

9.由于本书记述时限长,为体现特定时期数字用法和计量单位原貌,故使用特定时期的数字用法和计量单位。

目录

第二篇　近代历史文化名人

第三篇　现代历史文化名人

附录

第一篇　古代历史文化名人

蜀汉后五虎上将句扶

句扶(？—249),字孝兴,益州巴西郡汉昌县(今四川省巴中市巴州区)人。三国时期蜀汉名将,多次立下战功,官至蜀汉左将军,被封为宕渠侯,功名爵位亚于镇北大将军王平。

立志从戎

三国时期,巴西郡是賨人的主要聚居地。賨人因天性尚武,以木板为楯,精通弩射,擅长狩猎,又精通音律,善用舞蹈鼓舞士气,因此战斗力超强,号为“神兵”。蜀汉建立政权后,征召大量外族人入伍。在这些“夷兵”中,巴西郡的“賨兵”和南中的“青羌兵”是蜀汉军队的精锐劲旅和中坚力量。

句扶出生于汉昌县首屈一指的大姓豪族,其先辈是賨人的首领。东晋史学家常璩在《华阳国志·巴志》上载:“汉昌县,和帝时置,大姓句氏。”句扶天生力气大,练武很有天赋。在父亲的教导下,句扶十八般兵器样样精通,尤其善使开山斧。句扶不仅武艺超群,还在兵书谋略上苦下功夫,一有空就翻看《孙子兵法》《太公兵法》《孙膑兵法》等兵书,对于战事见解独到,深得长辈喜爱,早就声名远扬。时人有云:“汉昌县句扶,年少多智,有勇多谋,不见骄躁,实乃将才。"刚及束发，句扶便加入了蜀汉军队，开始了戎马生涯。他忠勇兼备、刚柔并济，从不以家世自傲，上有上司欣赏，下有袍泽拥戴，很快便在军队中脱颖而出。

一战成名

蜀汉建兴三年（225）三月，南中之战爆发。句扶与王平、马忠、李恢、张翼、关兴（关羽之子）等蜀汉名将，随同丞相诸葛亮南征，分东、西、中三路平定越嶲郡（今四川省西昌市东南部）、牂柯郡（今贵州省贵阳市附近）、益州郡（今云南省曲靖、保山一带）、永昌郡（今云南省西部）"四郡"之乱。诸葛亮启用年纪最小的句扶为先锋，认为他熟悉地形，精通兵法，定能旗开得胜。句扶不负所望，先后斩杀高定、朱褒等几个率先反叛的首领，大扬蜀汉军威。三路蜀汉大军会合后，进入滇西降服孟获。七月平定南中诸郡。

在南中之战中，句扶驰骋疆场，身先士卒，以万夫不当之勇，冲锋陷阵，勇猛直前，所向披靡，令敌胆战，屡建奇功，以功封为亭侯。诸葛元声《滇事纪略》云："建兴三年五月，武侯渡泸水，进征益州。从征自赵云、魏延外，如张翼、王平、句扶及云长少子关兴即关索，尤以骁勇前驱，多建奇功。"

鞠躬尽瘁

建兴六年（228）冬，诸葛亮为响应东吴而进行第二次北伐。此时句扶在军中声名大盛，在賨人中也颇有名望，为了蜀中安定，诸葛亮让句扶带兵驻守蜀中。在驻守蜀中期间，句扶一边为前方部队筹集粮食和军需，一边关注着周围少数民族地区的异动，让北伐没有后顾之忧。

建兴十三年（235），魏明帝曹睿乘着蜀国内部动乱，亲率十五万大军兵分五路进犯蜀国边境。句扶与王平、张翼、邓芝、马忠、马岱率军共同出兵抗击。句扶充分利用险要地形，佯装大败诱魏军深入，待魏军长驱直入后续接应不上时，果断率领精锐出击，杀魏军将领措手不及。等魏军反应过来，早没了句扶的踪迹。几次三番下来，魏军草木皆兵，畏惧句扶骁勇善战，争先避其锋芒。句扶瞅准时机，率军将进犯的魏军一举歼灭，蜀汉边境再次安定下来。

句扶为人处事宽厚仁义，公正谦虚，深受将士拥戴，名望甚高。延熙十年（247），句扶担任蜀汉左将军。《三国志·蜀书十三》载："初，平同郡汉昌句扶忠勇宽厚，数有战功，功名爵位亚平，官至左将军，封宕渠侯。"句扶与王平同属巴西郡，是賨人中的佼佼者。延熙十二年（249），句扶病逝于益州，扶棺而回，葬于汉昌县句氏祖茔。

句扶一生，忠诚勇敢，数立战功，对蜀汉疆域的稳定作出了不可磨灭的贡献。句扶与王平、马忠、姜维、廖化被后人并称为"蜀汉后五虎上将"。时有人云："前有王（平）、句（扶），后有张（翼）、廖（化）。"西晋史学家陈寿在《三国志》中盛赞其"忠勇宽厚"，常璩在《华阳国志》中称赞："马德信、王子均、句孝兴、张伯岐建功立事，刘二主之世，称美荆楚。"

参考资料：

1.［晋］陈寿撰，［宋］裴松之注，吴金华标点：《三国志》，岳麓书社，1990。

2. 刘琳校注：《华阳国志校注》，巴蜀书社，1984。

3. 卢弼：《三国志集解》（影印），中华书局，1982。

（巴州区政协文化和文史资料委供稿）

晚唐进士、辞赋家、诗人张曙

张曙(生卒年不详),小字阿灰,一作阿咸。少年时定居巴州(今四川省巴中市巴州区),祖籍南阳(今河南省南阳市),吏部侍郎张禕之子、兵部尚书张祎之侄,晚唐进士、辞赋家、诗人,官至右补阙,有状元之称。

唐广明元年(880)正月,唐僖宗为避"黄巢之乱",率皇室从京都长安(今陕西省西安市)金光门出逃,经骆谷至兴元(今陕西省汉中市)入金牛道,于次年八月中秋抵达成都。尚书右丞张祎、神策兵都头王建等,是护卫僖宗入蜀的重要臣僚。当时朝廷号令所行,唯河西、山南、剑南、岭南数州。为牢牢控制山南西道诸州,中和元年(881),僖宗令尚书左丞卢渥充山南西道留守,遣王建戍守三泉(今陕西省宁强县),并兼任壁州(今四川省通江县)刺史,晋晖任集州(今四川省南江县)刺史,张造任万州(今四川省万源市)刺史,尚书右丞张祎任巴州(今四川省巴中市巴州区)刺史,为流亡朝廷之进退做战略部署。中和四年(884)五月,黄巢被平定。翌年三月,张祎返回京都长安。

中和四年(884)十一月,张曙为避战乱,赴巴州依其叔张祎。张祎返回长安时,张曙深感战事无常,李唐王朝处于岌岌危亡之秋,不愿随叔父张祎回去，便落户巴州。

张曙赴巴州时正值年少，就读于巴州丹梯书院。张曙天资聪颖，工诗善词，才华横溢，声名远播，颇为乡里所重。光启元年（885）春天，张祎即将离开巴州，在州城南楼大宴宾客，席间请击瓯者助兴，张曙即兴作《击瓯楼赋》，文辞璀璨，脍炙人口，成为千古绝唱。

在《击瓯楼赋》中，张曙以浓郁的抒情笔调和丰富的想象，运用比喻、夸张等多种修辞手法，从不同角度生动形象地描绘了瓯乐的优美动听。今读之，仍若旋律贯耳。

张曙在南楼作赋后，南楼遂改名为“击瓯楼”，特请张祎为该楼撰写赋文。时人把张祎的题记与张曙的赋序一并刻于楼下，从此南楼声名大振，成了官绅贤达荟萃之地，而《击瓯楼赋》也成了文人墨客题咏的重要题材，如“杜陵诗墨埋苍藓，张曙书堂锁夕岚”“风流千载怀张曙，更有何人赋击瓯”等佳句，均是追念张曙的。

相传，中和初年，张曙和崔昭纬同时被四川举荐赴京参加会试。两人一起请人占卜前程。当时张曙才名赫赫，人们都认为他会中状元，崔昭纬对他的学识也十分佩服，自认不如。而卜者根本不理会张曙，反而对崔昭纬说：“你必高中。”张曙听后很不服气。卜者转而对他说：“你也能考中，但需等崔相公做了宰相，由他给你过堂。”考试中，张曙因忽然发病，不能终场，而崔昭纬果然中了状元。张曙赠诗讽刺崔昭纬：“千里江山陪骥尾，五更风水失龙鳞。昨夜浣花溪上雨，绿杨芳草为何人？”这首诗就是后来收入《全唐诗》中的诗作《下第戏状元崔昭纬》，另一首是《浣溪沙·枕障薰炉隔绣帷》。

崔昭纬很不高兴，两人晚上一起饮酒，崔昭纬用大杯敬酒，张曙推却不肯喝。崔昭纬戏说：“你快喝吧，等我做了宰相，一定让你做状元！”张曙听后拂袖而去，从此二人失去往来。七年后，大顺二年（891），崔昭纬真的做了宰相，裴贽任主考官，张曙才考中进士，果然应卜者所言。

张曙先后任左拾遗和右补阙，负责向皇帝进谏和建议。惜时局大乱，张曙遂辞官隐居巴州，定居在巴州东郊尖山寺。自此，他常往来于巴州与成都，寄情于山水、朋友唱和之间。张曙去世后，葬于巴州东郊尖山坪，今墓丘尚存。

张曙在巴州期间，感时而发，留下了很多诗作和墨迹，只可惜多被时光淹没。唯书刻于南馆林塘南楼的《击瓯楼赋》，虽碑刻不存，但诗文早被收录于地方志而保存下来。

巴州人为追念这位颇赋才气的进士张曙，在州城的建筑物以“状元”命名的比比皆是，如“状元街”“状元故宅”“状元桥”。城东郊尖山寺的“状元墓”，城南郊南龛山的“丹梯书院”“张曙状元坊”“状元亭”等均是其遗迹。

关于称张曙为“状元”一事，史籍有记载。清嘉庆二十一年(1816)《四川通志·选举志·进士》记载：“张曙，巴州人，一作成都人，状元。”后经道光巴州知州朱锡谷考证，在他主持编撰的《巴州志·选举志》中写道：“巴州科目，自唐封顺卿始。州人艳称张曙以为龙纪状元。”意思是状元乃巴州人的“艳称”，也就是州人的溢美之词。

宋代孙光宪在《北梦琐言》中评论张曙“文章秀丽，精神敏俊”“区区之荀鹤不足拟伦”。孙光宪认为他的成就远在杜荀鹤(与张曙同科进士)之上。

参考资料：

1.[清]朱锡谷，陈一津：《巴州志》(道光十三年版)。

2.中国人民政治协商会议四川省巴中地区巴中市委员会：《巴中县志校注》(民国十三年版)，内部资料，2001。

3.巴中市南龛文化产业园管理委员会：《巴中历代文选》，内部资料，2017。

(巴州区政协文化和文史资料委供稿)

北宋著名天文学家张思训

张思训(947—1018),系汉初名将张良后裔。其先祖自南昌调任四川为官,后定居成都大邑。其祖父张雍睦于五代时期为避战乱,从川西辗转来到古巴州恩阳河石城堡老龙潭落业。辽大同元年(947),张思训出生在老龙潭。北宋太平兴国四年(979),张思训革新创制出太平浑仪。他的这一伟大发明,让人类告别了混沌,走进理性科学时代。他是世界天文仪表和计时钟的奠基者与始创人,在世界天文史、机械制造史上留下了不朽的丰碑,影响久远,更为世界航天事业提供了智慧与启迪。

环境滋养志趣

张思训出身于唐末官宦之家、书香门第,可当时兵马横行,斯文抱负难成,但他是幸运的,在张思训13岁时,赵匡胤建立了北宋政权,随后,教育、科技、农业等得以迅猛发展。时代造就了他热爱生活、向往自然、崇尚实践的性格;良好的出身,滋养了他勤奋好学、敏行巧思的特质;独特的环境,历练了他道技精湛、成就辉煌的专功。

“日有千人拱手,夜观万盏明灯”的老龙潭,是“黄金水道”恩阳河上的天然良港,也是米仓道上重要的水码头。河上来来往往的船工架橹扬桨,形似千人拱手。潭南岸大石盘上大小“石舀”星罗棋布,如繁星布阵,月光照在“石舀”水面上,反射出道道光芒,犹如万盏明灯。尤以鬼斧神工的日潭、月潭、转盘石(天眼)为奇,蕴含着无限玄机。老龙潭南岸的石城堡,大巴山绵延数百里在此结穴,雄踞四邻,三面环水。在石城堡上举目远眺,恩阳河逶迤北来,犹如一幅阴阳太极图;青州坝田畴如织,恰如一篇巧夺天工的锦绣文章。得天独厚的自然环境,给张思训搭建了探索未知的舞台。他自小就夜卧天眼石看星星,到石城堡上观天象,寒暑未断,并仔细记录、探寻规律。据张思训自述:“观天象五年昼夜,风雨未辍,终制成矣。”

实践砥砺匠心

老龙潭南岸的大石盘约七千平方米,是露天的船只修造厂,距张思训住宅仅百米,也是张思训孩童时期主要的玩耍处。张思训从小耳濡目染,对造船工匠不起图样、不划墨线、胸有成竹的匠心绝技十分敬佩,遂拜师学习木工技艺。两年时间不到,张思训就能熟练操作,成了造船的好把式,修造厂的掌门人,人称“小鲁班”。

据张思训的裔孙张九信、张九兴、张学焕及民国时恩阳船运同业工会的舵把子张九雷、杨明伦回忆,训祖(张思训宗亲对他的尊称)总结出的在不同时节根据不同天象预测风雨雷电的农谚流行于巴江渠水,应验无讹,历来为后人遵循。“莫撞打头浪,航行两边才稳当”“乌云压顶,停船莫等”的行船禁忌俚语,在有“小上海”之称的恩阳河水陆码头,被奉为经典。船过险滩时用以挂帆、抛锚的绞盘机等诸多具有现代科学痕迹的航运设备,都是出自张思训之手。这些实践经验的总结,为他革新创制浑天仪积淀了深厚的机巧功夫。

专精收获机遇

张思训潜心观天象十数年如一日，执着坚守，躬身践行，探寻天体星象、四季征候、十二时辰运行规律，积累了一系列天文学知识。在乡邻眼里他是一个“懂天”的人，被奉为“奇才”。但张思训自知，他所见所学乃沧海一粟、冰山一角，心中的无数个为什么更引起了他探寻天文的浓厚兴趣。机遇总是属于有准备的人，太平兴国二年(977)，宋太宗下诏招纳民间天文人才，乡贤举荐张思训应试。他不负众望，被选入司天监研修天文。从此，张思训潜心苦研，开启了他天文人生的航程。

精进赢来荣光

张思训格外珍惜这一酬志报国机会，对司天监收藏的自东汉、三国、南北朝至唐代的浑象、浑仪等，孜孜不倦地鉴赏探究，对家乡附近阆中的汉代落下闳、唐代李淳风创制的浑仪、浑天黄道仪格外倾慕，观察分析其结构原理时尤为精细，为革新浑天仪奠定了基础。通过两年的刻苦钻研，张思训兼收并蓄，扬长避短，终于设计出了以水银为动力流体的新型水运浑天仪模型，于太平兴国四年(979)正月进献宋太宗。宋太宗盛赞，令“如式密制”，命名为“太平浑仪”。太平兴国五年(980)制成，置于都城文明殿钟鼓楼。翌年，张思训被封为司天丞。

据《宋史·天文志》记载，张思训革新的浑天仪“起楼高丈余，机隐于内，规天矩地。下设地轮、地足；又为横轮、侧轮、斜轮、定身关、中关、小关、天柱；七直神，左摇铃，右扣钟，中击鼓，以定刻数。每一昼夜，周而复始。又以木为十二神，各值一时，至其时则自执辰牌，循环而出，随刻数以定昼夜短长；上有天顶、天牙、天关、天指、天抱(托)、天束、天条，布三百六十五度，为日、月、五星、紫微宫、列宿、斗建、黄赤道，以日行度定寒暑进退。”这种新型的天文仪表是一座“法天象地”，具有天象显示与计时功能，通过机械转动与水银滴注，能保持恒定速度，与天体时空运行同步不差，构造“巧捷”，测量“精准”，可谓后世天文钟的雏形。

成就蜚声海外

张思训革新创制出的太平浑仪，具有划时代意义，为中国古代浑仪的机械化、自动化作出了重大贡献。他制造的新型浑天仪具有大量的现代科技元素，以齿轮转动代替人力操作运行，用水银替代水推动“五轮（枢轮、地轮、横轮、侧轮、斜轮）”，革除了寒暑无准的弊端；置“三关（定身关、中关、小关）”做操纵器，可以控制“地轮”惯性运动；增添木制“七直神”“十二神”报时辰设备。这一创造发明，比意大利人托里拆利1643年制造的世界第一台水银气压计早664年，比1370年第一台计时钟威克钟早390年。美国罗伯特·坦普尔在《中国：发明与发现的国度》一书中坦言：天文、载人航天等一系列科学技术与创造发明，是西方受惠于中国。

可惜，有关张思训革制的仪象，《宋史·天文志》和巴中历代史志文献记载过于简略，无人知其制法，更无图样供后代研究。据张思训裔孙口传，“训祖”造的浑天仪留存于清代圆明园，可与后世“大水法”媲美，后被八国联军焚毁，令人惋惜。张思训研制浑天仪的档案资料辗转流入英国，开启了西方的航空航天征程，英国人奉其为“航天之父”。

致仕流芳乡梓

张思训二十多年风餐露宿，与星辰为伴，奋斗不止，而立之年考入当时研习天文的最高学府，后任司天丞三十二年，他一生致力于宇宙天体的探索研究，建立了不朽伟业，年近古稀，致仕返乡。北宋大中祥符五年(1012)，张思训荣归故里，五年后与世长辞，享年七十二岁。死后归葬老龙潭红碑陵，建七孔券石墓塚，墓前建碑亭立直板碑，今字迹已风化湮灭。新船下水或舟楫远航必到“训祖”墓前祭拜，成为当地船帮之行规。

南宋隆兴年间(1163—1164)，老龙潭张氏宗亲鸠工建了一处张氏祖祠，宏阔壮观，竖双斗桅杆，庭堂壮阔，历代朝廷州府官衙诰赠赏赐的“明伦堂”“留侯世家”“七叶侯封”“大夫第”四道金匾高悬门楼，彰显祖德殊功。“留侯世家”“大夫第”金匾尚存张氏宗祠。

张思训的故事，对后世影响颇为深远。特别是他好学善思、执着坚毅和精益求精的态度，对后世老龙潭张氏族人影响很大。据考，老龙潭张氏自宋朝以来，或廪或庠，或仕或宦者近二百人。其中，明成化十一年(1475)，张本获乙未科殿试二甲第四十八名，赐进士出身，后任云南巡抚；明成化十七年(1481)，张铨获辛丑科殿试二甲第七十七名，赐进士出身，后任云南布政使；明万历四十一年(1613)，张弦获癸丑科殿试三甲第二百六十六名，赐同进士出身，后出任湖广布政使；清乾隆进士张鍠任原广东钦州知州。明末清初，张弦之孙张述为避张献忠屠川逃往汉中，后追随肃王豪格征战张献忠有功，赐夔州府典吏，后任渠县县尉，致仕后享受“逢人不下马，见官高一级”的特殊待遇。

南宋初，时人在张思训常年观天象的石城堡建起了宝元寺(川东北久负盛名的佛家圣地)。各地张思训雕像及其家乡的“观天石”，古往今来都被世人祭拜。巴中人民为纪念家乡这位享誉世界的伟大天文学家，1984年在巴城南龛公园内建立司天台阁楼和雕像一尊，并撰联颂扬：“问当年北宋天文学家谁优，是巴中人横操宇宙；喜今日南龛司空仪台新建，唯思训公独占江山。”巴城连接南北交通枢纽的大街被命名为“张思训街”。2019年张思训故里通航，将老龙潭、石城堡建成一处江城公园，以供人们瞻仰怀念。

参考资料：

1.[元]脱脱、阿鲁图等撰，中华书局编辑部点校：《宋史》，中华书局，1985。

2. 李约瑟：《中国科学技术史》，科学出版社，1990。

（恩阳区政协文化文史和学习委供稿）

终生行善的宋朝进士张文治

张文治(生卒年不详),祖籍陕西潼关,宋朝进士,入蜀为官再弃官,后隐居恩阳文昌阁“龙隐洞”。洞中塑有张文治像,并额题“龙隐”二字,旁刻“绍定改元七曲老人书”。“绍定改元”即公元1228年,“七曲老人”即梓潼文昌帝君张亚子,此处题字应是他人假托其神名,预示张文治将化龙成仙。由此推断,张文治应出生在北宋与南宋之交。

张文治自幼聪颖过人、笃信好学,弱冠已饱读四书五经,通晓八索九丘,还兼习医术、拳剑和堪舆,深受典籍中诸多尚善古训的熏陶,以及家风尚善的感化。善,已深深烙印在少年张文治的心中。

十年寒窗,会试放榜,张文治被赐进士出身,南下入蜀为官。他上任不久,为孝敬父母,便托人捎回四川红花二斤以养血防疾,可其父回绝道:“家中平安告尔知,谷麦岁入小有余。丝毫不用蜀中物,好做清官答圣君。”足见其家风之严。

为官不久,张文治目睹官场日渐腐败,料难一展抱负,遂毅然挂印辞官,遍寻落脚之地。他游走到恩阳,忽见一处山寨巉岩危立,岩下松柏掩映,适合凿洞隐居,便在此落下脚来,全身心开始义诊义教。

当时,许多重要药材需经重庆水路和米仓古道运输到恩阳,不但稀缺,而且价高。张文治为了帮助贫病交加的百姓吃上药,就自己去采集。他行百里,攀悬崖,涉恶水,期间所罹伤险,不计其数。

除了采药外,张文治还通晓内外妇儿,是个全科医生。曾经有一个两岁半的小孩,数日吐、泄、烧,病情危急。其母亲百般无奈,急抱孩子上洞求医。张文治见状,立即拿脉开方抓药。小孩服后,果然烧退,吐泻立止。其家人感激万分,携钱物去洞中致谢,张文治却说:"我替人看病,从来不收取分文,快拿回去家用。"另有一位青年男子,跛脚拄杖来到洞中找张文治。原来,他的右脚拇趾不红不肿,却疼痛难忍,甚至彻夜难眠。张文治审视良久,转身拿出一把小刀,经白酒消毒,当即割除脚趾内的一块硬团,然后敷上草药包扎。一个多月后,青年男子的脚趾痊愈。还有一个十岁左右的男孩,双耳流脓不止,严重失聪,他母亲便带其求治到张文治处。张文治迅速诊断后,把经桐油浸泡过的草纸钉裹上草药粉末,然后慢慢地塞进男孩的双耳。如此两天一换,数天后,男孩的两耳干净了,听力也完全恢复。久而久之,张文治救治的人越来越多,他医德高尚和医术精湛的消息不胫而走,声名远播,人们便尊奉他为"神医"。

一个秋冬之交的早晨,张文治提着柳木宝剑,出洞正要练拳习剑。他突然看见有一位三十多岁的青年,正系绳于树欲自尽。张文治即刻大喝"不可",同时飞步向前,一把夺下绳索,将其扶到洞中,细问安抚,慢慢开导。原来,此人叫盛洪德,婚后夫妻和睦,齐心共建家园,怎奈忽染重病,身体骨瘦如柴,对贫病交加的生活十分绝望,为不连累家人,便上山自寻短见。张文治连忙用蜂蜜团成丸药,让他坚持服用,并且叫他每晨与自己一起练拳健身。同时,为安其身,又传授其医术。不久,盛洪德便恢复健康,还成了一方名医。

之后,为了帮助更多人免于患病痛苦,张文治开始将自己的诊疗经验整理成书稿,并让盛洪德帮助抄誊集成《医方辨难大成》一书。此书先在恩阳广泛流传,而后传向四面八方。

张文治的义教之举,主要是设坛讲学,教化众生,劝人为善。张文治在洞口设讲坛,无论男女老幼、贵族平民、富豪乞丐,工农士商等各界人士纷纷前往，热闹非凡。在讲学中，张文治将“三教”教义，儒教的入世——敬——重做人，和道教的出世——静——重生理，以及佛教的超世——净——重心理，讲解得很透彻；“三教”最大的特点是对待人世的慈悲和劝世人向善，他阐释得鞭辟入里。

经张文治的讲学教化，恩阳的人民更加淳厚，官吏更加廉洁，商贸更加繁荣，社会更加清平。

时光荏苒，倏忽十年。一天，南家洞高僧慧海法师忽然来到洞前，诚邀张文治结伴漫游。张文治本不忍离开，但思忖良久后，决意给天下更多的人去病讲经，鼓励更多的人读书向善，毅然随慧海法师云游天下去了。这一天，正好是农历二月初二。人们纷纷传说，张文治已化龙升天，附绵阳梓潼文昌帝君七曲老人之体，成为恩阳文昌帝君，并将他隐居的山洞称为“龙隐洞”。

到了明代，恩阳人民为缅怀和纪念饱读诗书、广兴善举的张文治，便自筹钱粮，在“龙隐洞”外建造了一座蔚为壮观的文昌宫。从此，文昌宫香火不息，游人如织，各方学子前来拜谒者络绎不绝。同时，在每年的农历二月初二，文昌宫都会举办一个月的庙会。

文昌宫后经两毁两建，更名为“文昌阁”。清代及今，山顶辟公园，山下建书院，行政设村社，无不以“文治”命名，皆因对张文治的不尽追念。

参考资料：

四川省巴中县志编纂委员会：《巴中县志》，巴蜀书社，1994。

（恩阳区政协文化文史和学习委供稿）

南宋开国将军团练使向佺

向佺（1200—1258），南宋庆元六年（1200）二月，出生于四川省通江县芝苞乡（今唱歌镇）陶家坝村坟头坪，宝庆元年（1225）中举，宝祐六年（1258）牺牲在通江县蒙坝塘。1998年版《通江县志》开篇《大事记》记载："淳祐三年（1243），四川安抚制置使权兵部侍郎余玠申报巴州知州向佺在白土坪（今通江县诺江镇猫儿垭）抗蒙古军战功，敕封开国将军团练使，佐余玠营得汉城"，"宝祐六年，蒙哥汗征蜀，洋州失守，向佺阵亡于檬坝塘山中，宋理宗赐以厚葬，谥'黑都五通'"。其卷三十八之第一章以"抗御蒙古军南下"为题，书写了向佺抗战的事迹。其卷五十二《人物传》，将《向佺传》列于卷首。

南宋末年，蒙古军入侵，战乱频繁。向佺之父尚武，时常教导其要像岳飞那样精忠报国。他自幼聪颖，博览群书，深知要保家卫国，仅学文是不够的。于是，他一边刻苦攻读，一边练习武功，以致其"力能举牛过顶"。宝庆元年（1225），向佺中举入仕，先后任山西平阳和江西吉州刺史。他在任上，清正廉明，政绩卓著。为保一方平安，他还招募兵丁，亲自教授武术。在他的带动下，人们踊跃习武，致使匪患骤减，敌军畏缩。

端平三年（1236）十月，蒙古军大举侵蜀，"不四旬，东西两川从风而靡”，四川大部分州县陷落。为挽救危局，朝廷调向佺任巴州知事。向佺入驻巴州后，一面招兵买马，训练战阵，储备粮草；一面加固城防，构筑战寨，打造兵器。同时，为鼓舞兵士，褒扬有功之人，将英勇牺牲的将士入祀忠烈祠，加倍优抚遗属，全域上下同仇敌忾。

淳祐三年（1243），因向佺“在白土坪击败蒙古军”，“战有功，宜重赏”，遂被敕封为“开国将军团练使”，提兵驻守通江得汉山。淳祐九年（1249）冬，余玠下令创筑得汉城。向佺与都统制张实共济其事，修筑城垣，屯兵聚粮，凭借山城天险抗御蒙古骑兵，使一方得以安宁。向佺长期坚守要冲，屡立战功，获“有勇且略，独守孤城”诰封，且“官三转”。

宝祐六年（1258）九月，蒙哥汗亲率重兵南侵入蜀，洋洲失守，向佺奉命率军驰援。文武双全的向佺，深知蒙古骑兵来自草原，勇猛过人，善于长途奔袭和大兵团作战，但巴蜀山川险要，沟壑纵横，不利于蒙古骑兵发挥优势。于是，向佺采取灵活机动战术，与蒙古军周旋于山川丛林之间，使其一时间寸步难行。

蒙古军视向佺为眼中钉、肉中刺，决心把他除掉。虽然蒙古军吃了向佺的不少苦头，但其战斗力还是远远强于他的部队，加之可汗亲自出征，势在必得。尽管双方力量对比悬殊，但向佺早已将生死置之度外，天天坚守在前线。一天，向佺率部在檬坝塘侦察军情时，不料中了蒙古军的埋伏。十倍于他的蒙古军先是乱箭齐射，然后猛冲合围。向佺不幸被乱箭射伤，可他仍然强忍剧痛，带领部下利用树木的掩护进行顽强抵抗，但终因寡不敌众，全军覆没，壮烈牺牲。

向佺牺牲后，宋理宗赐以厚葬，谥号“黑都五通”。他忠贞不屈、舍生忘死、奋勇杀敌的英雄事迹至今仍在巴蜀大地流传，他为国为民的大无畏精神和不朽功勋将永远彪炳史册。

参考资料:

1. 四川省通江县地方志办公室:《民国通江县志》,内部资料,2015。

2. 四川省通江县政协文史委:《通江历史人物选》,内部资料,1984。

3. 向思第:《向思第文集》,现代出版社,2016。

(通江县政协文化文史和学习委供稿)

兵部侍郎向士璧

向士璧（1203—1261），字君玉，南宋著名将领，官至兵部侍郎兼转运使，死后葬于通江县唱歌镇大钟山下。

向士璧"负才气精悍，甚自好"。宝庆元年（1225）中进士，历任平江府通判，淮西制置参议官，知淮阳道制置使，知黄州兼淮西提典刑狱，加宝章阁直学士，将作监、京湖制置参议官，进焕章阁直学士，湖北安抚副史、知峡州，兼归、峡、施、珍、南平军、绍庆府镇抚使，进龙图阁直学士。

宝祐六年（1258）十二月，蒙古军自川西北雷音境进蜀，合州告急，诏令马光祖重兵移置峡州（今湖北省宜昌市），向士璧统兵绍庆（今重庆市彭水苗族土家族自治县），以便策应制敌。根据当时形势，向士璧不待朝廷命令，断然主动进攻归州（今湖北省秭归县），并"捐资百万以供军费"。宋理宗称赞"其志足嘉"，升向士璧进秘阁修撰、枢密副都承。

开庆元年（1259）四月，涪州（今重庆市涪陵区）危急。朝廷急令向士璧前往支援，但北方军队在江两岸驻营，长达几十里，阻挡船队到达浮桥。此时，朝廷从扬州调贾似道以枢密使的身份宣抚六路，进驻峡州，传书向士璧将军事交于吕文德。向士璧担心失去战机不从，用计断桥阻敌，攻其不备，大胜，并向皇帝报捷，详细说明计策。同时，将军机方略传与吕文德。不久，吕文德也传来捷报。向士璧回到峡州，不久就被征召为宣抚司参议官。同年十月，向士璧为湖南安抚副使兼知潭州（今湖南长沙市）。不久，蒙古军大将兀良合台率军自云南往北撤退，其先锋于潭州城下猛烈围攻，向士璧极力守御。向士璧闻援军将到，便派王辅佑率领五百人前往侦察，后亲统大军会战于岳麓山南，致蒙古军首尾难顾，遂解潭州之围。同年闰十一月，诏迁向士璧为湖南制置副使，赐金带。景定元年（1260）二月，蒙古军进犯衡州（今湖南省衡阳市），向士璧会合刘雄飞“逆战于道”，生擒来犯者众多。因功，向士璧升兵部侍郎兼转运使，“名噪江南，万民称颂”。

向士璧多谋善断，“勇慑元军”，贾似道“甚恨之”。景定二年（1261）八月，贾似道“每言于帝欲诛达，帝知有功不从”，遂策动监察御史陈寅、侍御史孙附凤一再弹劾罢免向士璧，“诏夺向士璧从官恩数”，送漳州居住，又紧追守城时所用金谷，逮至刑部责偿。幕属方元善，尽力迎合贾似道的心思，对向士璧多方迫害。向士璧忧愤成疾，不久冤死狱中。又拘捕他的妻妾强行征之。潭人闻之无不垂泪。信州谢枋愤愤不平，以商鞅、苟变的典故上书皇帝，为向士璧鸣冤昭雪。德祐元年（1275）三月，下诏“追士璧原职”，遂后免征，并立庙潭州追悼其功绩。

向士璧夫人杜氏悲愤不已，携子伯英等全家扶木千里，进转蜀北，葬于通江县东唱歌镇大钟山下。现存碑联云：“人杰地亦灵，忠骨臣欣埋蜀北；年淹风不泯，贤声犹自播湖南。”

德祐元年（1275年）二月，贾似道率精兵十三万出师应战元军大败，群臣请诛，被贬职流放循州。行至漳州木棉庵，监押使臣会稽尉郑虎臣将其致死。

"士璧生伯英,伯英生九子,九子九发桠",向士璧成为川籍向姓的起源。他的英名和事迹也被载入《宋史·向士璧传》《中国人名大词典》。

参考资料:

1. 四川省通江县政协文史委:《通江历史人物选》,内部资料,1984。

2. 向思第:《向思第文集》,现代出版社,2016。

3.《通江向氏族谱》编委会:《通江向氏族谱》,内部资料,2010。

(通江县政协文化文史和学习委供稿)

广东道监察御史向翀

向翀（1445—1520），字九霄，生于四川省通江县三合乡虎台溪（今麻石镇虎台溪村），向佺十一世孙。成化十一年（1475），进士及第，初仕如皋知县，后升任泰州巡按，巡按山东。成化二十三年（1487），孝宗即位，为改吏治正世风，招天下英才，向翀奉诏对策枫宸，以知深见广得重用，敕封广东道监察御史。正德元年（1506）武宗继位，宦官得势，向翀愤然离职还乡。晚年以诗书做伴，留下了《游嘉祐寺》《赐进士琼林宴恭纪》等一批传世佳作。

向翀自幼聪明，胸有大志，勤奋好学。还在少年时，其诗文、字画就已脱颖而出，远近闻名。后来参加科举考试，顺利考中秀才、举人，成化十一年（1475）一举登上龙虎榜。他及第之后，踌躇满志，自觉报国有门。

向翀先被令为如皋县令。到了任上，他就深入民间，劝农耕织，鼓励流亡在外的农民返回故乡，给困难者以帮助或减免税赋；鼓励渔民下海捕鱼；重视培养人才，开办学校，让青少年有上学的机会。《如皋县志·名宦传》（清嘉庆十三年）载："明向翀，四川通江人，以进士令如皋，持身清介莅政……重新学舍；每年率全县官员、儒生到此祭孔"。

在如皋，向翀还不断改进吏治。他对府衙吏役进行裁减，教令他们不害民、不扰民、不敲诈勒索；提倡公务之余回家耕种，借以减轻负担，补充不足，使吏民融洽相处。上司来县考核，吏民一致称赞他是少见的好官。凭卓著政绩，他升任为泰州巡按，巡按山东监察御史。巡按是代天子巡狩，所按藩服大臣、府州县官诸考察，举劾尤专，大事奏裁，小事立断。监察御史，主察纠内外百司之官邪，或露章面劾，或封章奏劾。

向翀到泰州前，听说原巡按劣迹多，影响坏，决心鼎新革故。别人上任总是大讲排场，显威风，而他青衣小帽，不着官袍，穿常人衣服，无行李重担，只带一侍从，而且沿途不声张，不住驿馆，投小店食宿。即使到了台府，仍同吏员一道参加清扫劳作。过了几日，方才冠戴，携印击鼓坐堂。及至众吏员到了大堂，一见往日的“小厮”，却是今日大堂上的巡按，无不暗暗吃惊。自此之后，众吏员收敛了平日的秽行，遵章守法。于是他实施的除弊措施，无人敢违犯。他在此任上，民服吏畏，令能行，禁能止，市井肃然，官风大正，农业丰收，经济日渐繁荣。向翀的良好名声，不胫而走，很快就传到了朝廷。

成化二十三年（1487），孝宗即位，广纳天下贤才，意欲刷新政治，力除弊端。向翀奉诏“对策枫宸”，才华横溢，思维敏捷，对各种问题对答如流。孝宗嘉其德才，敕封他为广东道监察御史。

向翀入粤，励精图治，随即颁发文牒，以昭官民：“凡行劫杀人者严惩；斗殴伤人者查办；海面往来者验证通行；外运物资无官府公文者一律扣押；珍宝、香料及其他一切奢侈品，除朝贡外一律不得私运，不准入口；岁征民赋按期纳缴，无诏示者一律不得敛征；广开言路，庶黎对府县吏卒作奸犯科之事，均可直谏直陈。”当时的广东道，包括现在的广东、广西全境，以及湖南南部和江西、福建西南部，土地辽阔，人口众多。向翀在任，“报国心犹对日丹”，勤政爱民，革故鼎新，法纪严明，无苛捐杂税，物阜民安，政绩卓著，深受人民喜爱。

向翀由县令升巡按，再升任广东道监察御史，位高权重。但他始终如一，要求自己“仰不愧于天，俯不怍于地”，不管他人怎样，要凭着良心做官，必须当一名清官。他把历史上著名的清官和当朝前辈于谦的诗句名言贴在案头或墙上，时常鞭策自己。向翀在严格要求自己的同时，也督促眷属同守清廉。他对子女要求甚严，常以历史典故鼓励其潜心修业、刻苦磨炼，所育檕、棨、棨、檠四子，皆为贡生或监生。

正德年间（1509—1510），宦官刘瑾专权，打击迫害原改良志士。在一片腥风血雨中，向翀愤然离职还乡，隐居故里。

向翀回乡后，常乐于为人排忧解难。邻近凤来山后有一穴地，一袁氏求此地安葬其祖母，向氏族人不允，遂请向翀去调解。他实地察看后，诙谐地吟道：“凤来山上一凼窝，赐予袁氏葬祖婆，一只鸡来一只鹅，免得后人说啰唆。”他以此诗巧妙地化解了邻里矛盾，与其后的清朝宰相张英，用“千里来书只为墙，让他三尺又何妨？万里长城今犹在，不见当年秦始皇”一诗来化解邻里矛盾，有异曲同工之妙。

向翀卒于正德十五年（1520），享年七十五岁。他去世后，葬于虎台溪村百鼎子山腰之大坟坪，墓碑左边镌刻着朝廷颁发给他的诰封：“奉天承运，皇帝敕曰：朝廷设监察御史，欲其振纪纲而励风俗，以弼成国家之治，厥任匪轻。苟非公明克慎之士，弗敢称焉？尔广东道监察御史向翀，对策枫宸，绾章花县，克宣恺悌之化，爰擢风纪司，惟历岁之兹深，视激扬之益著，兹特进尔阶文林郎，赐之敕命，以为尔荣。夫官以察为名，以言为职，明大礼而略细致，扶君子而抑小人。其益端尔志，坚尔守。毋私于法，毋挠于势，毋讦以为职，毋苛以为能；明以烛之，公以行之，懋修不懈，以副朕耳目之守，钦哉！弘治元年四月二十二日。”

五百年过去，向翀英名不朽。山东曲阜孔庙至今留有他的提名碣:“巡按山东监察御史西蜀向翀,同前衍圣公弘绪,谒陵之余,款于此亭,因笔以纪岁月云。弘治元年春三月二十二日记。”位于巴中市巴州区化成镇的巴中市廉政教育基地里,也高挂着向翀的画像并记录着他的事迹。

参考资料:

1. 四川省通江县地方志办公室:《民国通江县志》,内部资料,2015。

2. 四川省通江县政协文史委:《通江历史人物选》,内部资料,1984。

3. 向思第:《向思第文集》,现代出版社,2016。

(通江县政协文化文史和学习委供稿)

南京西城兵马指挥司副指挥苟璋

苟璋（1465—1533），字廷玉，生于明成化元年（1465）三月六日，世居通江县铁佛镇社口河，继迁长滩（现称跑马村）。弘治元年（1488）武进士及第，曾任南京西城兵马指挥司副指挥，敕封为文林郎。

传说在苟璋出生之时，其父苟春夜梦晶莹白玉入怀，故为其取名为璋。发蒙之时，塾师见苟璋身材矫健、声音洪亮、聪明伶俐，故又赠字号为廷玉，希望他能成为国家之大器。苟璋读书时好动，喜爱拳脚武术和跑马骑射。父母决定让他发挥特长，遂又让他学习武术。从此，他文武兼修。

十六岁时，苟璋十八般武艺已样样精通。他科考及第后，明孝宗见其一表人才，文武兼备，便钦点到南京任统兵都副。他统兵三年，屡立功勋，遂升任南京西城兵马指挥司副指挥，统领诸军，卫戍南京。

当时，南京的社会治安很乱，一些王孙公子倚仗权势，骄横跋扈，欺压百姓，无法无天。苟璋上任后，决心整治社会秩序，于是约法五章，并布告全城：一不准深夜浪荡，二不准奸淫劫掠，三不准跨马闹事，四不准欺行霸市，五不准聚众生非，违者定斩不赦。并在晚上派兵全城巡逻，严令细查，无论谁犯一概拘押，徇私枉法、玩忽职守者同罪。

一日半夜，苟璋部卒入堂禀告：城西有几个斗鸡之徒持刀而来，我部上前捕拿，其中一人挥刀杀伤一卒，现已将歹徒押解军门之外，特请定夺。苟璋未到辕门，就看见那个歹徒耀武扬威，不可一世，还骂不绝口。苟璋上前查问，方知是皇上亲戚当朝大臣之子。此人娇生惯养，仗恃父威，无法无天，怙恶不悛，南京大小官吏都不敢管，人称南京一霸。当他看到布告全城的“五不准”时，极为不满，故深夜带着仆人出来寻衅滋事耍威风。苟璋问：可曾看过布告？答：看过。又问：有意犯令，可知如何处理？答：该当斩，你敢吗？苟璋令人将其言辞记下，并让他画押，然后喝令武士将其推出斩首，几个仆人吓得连连跪地求饶。该恶霸大喊：苟璋你要不要官？要不要命？苟璋大怒：今日丢官，明日丢命，也得杀你谢民。说完一剑挥去，恶霸人头落地，并令人翌日将人头悬于城门示众。自此，歹徒俱不敢妄为，纨绔子弟也收敛手脚不再胡为，苟璋之名家喻户晓。

苟璋因严明肃纪，治理南京有功，明孝宗于弘治九年(1496)八月十一日，特下两道诏书嘉奖。

诏书一：“奉天敕令，皇帝诏曰：国家干城之选当原教子之功，爵赏既加其身，褒封宜及其父尔。苟春乃巡南京西城兵马指挥司副指挥璋之父，传家笃厚，教子忠贞，未膺爵赏之恩，宜锡追封之命，兹特赠为兵马指挥司文林郎，以彰酬报，俾冥府有灵服，此隆宠辱，荣光幽宅。敕曰：母之于子德爱盖极，其深君之于臣礼意，必从其厚，故养有弗逮，而恩无弗加尔。王氏乃南京西城兵马指挥司副指挥璋之母，相夫尽职，教子成名，虽禄养之，未沾宜褒彰之显锡，兹特赠为孺人，俾泉下有知，服斯宠命。弘治九年八月十一特赠。”苟璋的父母分别被敕封为“兵马指挥司文林郎”和“孺人”。

诏书二：“奉天承运，皇帝敕曰：国家于都邑之内置兵马之官，所以肃清坊逵，穷诘奸盗。既分职以识襄事，必选才以授官尔。南京西城指挥司苟璋，身列成均，登名仕籍，勤劳奉职，夙夜靡遑，阅岁既多，宜申恩典。兹特进阶文林郎。克觐尔职，勿玷蕨身，俾坊事自此而肃清，寇盗由此而屏息隳，朕命是惟尔功钦哉！敕曰：臣劳与国，爵尝之所必至，妻相于家，褒封之所宜逮尔。乃南京西城指挥司副指挥苟璋之妻王氏，相夫有道，治内无违，夫既登宗尔宜偕贵，兹特赠为孺人，服之嘉名，益隆阃鲍。弘治九年八月十一日特赠。”苟璋因功“进阶文林郎”，其妻王氏因“相夫有道，治内无违”被封为“孺人”。

苟璋卫戍南京二十余年，重视武备，军纪严明，悍勇能战，忠勇刚烈，不畏权贵，惩强扶弱，抑恶扬善，保卫了南京的安宁昌盛。正德十六年（1521），苟璋辞去官职回乡养病。

苟璋回到家乡后，全心致力于维护家乡治安和发展，修建了九层楼、楼房大院、武校场（今称跑马田）、祠堂等建筑。嘉靖十二年（1533）十一月六日，苟璋病逝。为表彰其功劳，皇帝下令拨款，为他仿明陵建造了一座陵园，占地三十余亩，人们称之为兵马坟。墓门三洞称三洞桃园，石刻图案“一品当朝”“玉麒麟”“天官赐福”，八字画壁石刻图案“野鹿衔花”“二甲进士”。天井两边分立“九龙捧圣”龟碑，上刻皇帝诏文，碑前塑石战将战马。山门外三丈多高的三门石牌坊，顶部刻有“五佛冠”，其间镌有篆体“寿”字，横匾刻“南京兵马指挥司敕进文林郎”。

参考资料：

1. 四川省通江县政协文史委：《通江历史人物选》，内部资料，1984。

2. 四川省通江县政协文史委：《通江文史》（总第28期），内部资料，2017。

3.《通江苟氏家谱》编委会：《通江苟氏家谱》，内部资料，2012。

（通江县政协文化文史和学习委供稿）

解民于倒悬的向阁

向阁(1528—1585),向翀之曾孙,其祖父向桀(监生,任蜀典簿)为向翀之次子。明嘉靖七年(1528)十月,出生于四川省通江县三合乡虎台溪(今麻石镇虎台溪村)比邻之西顺溪(今属广纳镇金光村,人称澌水溪)。嘉靖三十七年(1558)乡试以亚魁中举,万历十三年(1585)十二月卒于在任官府,享年五十七岁。

向阁初任凤翔知县,后迁平凉固原通判,督三边军饷,上《筹边十二策》,再迁藩府长史。时通邑产茶,岁输本色解陕边易马,应斯役者辄倾家,且多途毙。向阁应礼部试,谒内江黄门何起鹏,奏《呈茶课》,揭露县茶课积弊,上称“可”,遂改折色,邑人便之。向阁所奏《呈茶课》为:

俯陈地方茶课重累,乞苏小县生灵事:

窃照通邑,设立万山之中;编户七乡,半系刀耕火种。原额茶课,一万二千有零,支解各省。二百年来,茶株消乏,人户逃亡,十存二三。查得洪武年间,于本县设仓贮茶,招商易马。成化以来,充赏进贡,番僧顺流入渠。正德嘉靖间,准本府守官军俸给,至十六年内本折色，改征银一千七百余两，解引济边，至今拖欠、卷存。嘉靖四十年内，巡按拘御史因一时茶商不行，权宜建议，将本府一州三县茶课一十二万，改征本色，径运徽州（甘肃徽县），直抵甘州（甘肃张掖）易马，岁编殷实十名，派夫三千名陆运，肩背七十余斤，及竹包竹篾三万有余，伐桑蒸杵万余。诸臣所费，不可胜记。中间死于道路、毙于官刑者不少。递年编迁入户，卖产鬻子，不能赔完。征解之官百计严督论刻，朽木一空。官民坐家不敢申冤。

又水运之线路，经历七十二险滩。遭风失火难赔，以此财尽民穷，逃入西乡各处山林，响应哨聚、近蒙巡按李御史具奏，奉例招安，流移未息。诚恐酿成祸患，山险林深，遽难剿灭。再思招商易马，现有祖宗成法，运亦无弊。即今解到之茶，番人不乐易马，山积堆为无用。陕西解废脚价工篾之银，往往缺乏，是在边储为无益，在内地实为重用也！合呈请仍旧征银充易马之用，亦省陕西之费，实为两便。仍乞选拔才望科甲县官县责，职满升迁，渐图苏息，急救一方倒悬生灵，幸甚！

呈文持之以据，晓之以理，动之以情，将一件关乎国计民生的大事，千言万语全浓缩在了这五百字中。向阁体察民间疾苦的做法，实事求是的文风，以及对国家之忠心，对百姓之爱心，真真切切，溢于言表。

以茶换马的茶课制度始于唐朝德宗时期，至明朝数代相沿。一项施行了七百多年的制度，向阁敢站出来说“不”，且一奏即准。通江茶农从原来以本色之茶交税，改为折合成银两交税，即“茶课改征折色”。这看似平凡的六字办法，却救民于水火之中，它使本县及周边州县万千百姓的命运得以改变。

向阁一直为官于大西北，直至藩府长史。“藩府”设何处，难于考证，但由“以称为国捍卫之地为‘藩’”和“边郡太守属官为长史”看，其府衙亦在西北边陲。“处江湖之远则忧其君”，但向阁既忧其君又忧其民，上《筹边十二策》，以为君计；呈《呈茶课》，以为民计。一路走来，虽官阶不高，由七品升六品，止于从五品，但向阁的芳名却光耀史册。

参考资料：

1. 四川省通江县地方志办公室：《民国通江县志》，内部资料，2015。

2. 四川省通江县政协文史委：《通江历史人物选》，内部资料，1984。

3. 向思第：《向思第文集》，现代出版社，2016。

（通江县政协文化文史和学习委供稿）

著作入选《四库全书》的通江三李

李蕃(1621—1694),字锡征,号振公。明天启元年(1621)二月十五日,出生于四川省通江县流二沟紫荆村(今属兴隆镇)。李蕃七岁时慈母去世,起居饮食由祖母照料。祖母授以章句,悉成诵不忘。二十一岁补弟子员。明末清初,井里萧条,虽家贫而力学不懈,考试名列前茅。广陵陈曼仙学政言:"我试全蜀得三李生(南部李久登、铜梁李之华和通江的李蕃),不负此行矣。"清顺治十四年(1657),李蕃中举。

康熙十年(1671),李蕃出任山东黄县知县。当时黄县有旧规,凡有知县上任,里社必送茶水钱,名曰"醵金"。李蕃一到县衙,就有人送来白银"为老爷洗尘"。李蕃只领受盛情,拒收"醵金",从此革除旧规。

黄县连年旱灾,但前县令却报灾为丰,致使饿殍载道。李蕃欲赈济灾民,可所准之数不足"委堪费"。于是,他便让乡绅募捐,并带头卖田产百余亩。卖出的田称"济田",济田坝的界址至今犹存。县令卖田救荒的消息一经传出,乡绅亦争先捐献钱粮,以助饥民渡过难关。

黄县盛产木材,京城修宫殿多从这里采伐。因"采取为累,而转运又与他邑均”，耗费大批劳力，造成黄县农业生产十分困难。可前县令知情不报，致使黄县“老者转于沟壑，壮者散而之四方”。于是，李蕃多次上疏，使“产木之地得免转运”，大大减轻了黄县百姓的劳役负担。

“筹饷晋升”在当时官场盛行。采取多报人口的办法，筹饷越多，晋升越快。当黄县人民生活好转后，有人劝李蕃走这条路，去打开晋升的大门。李蕃长叹道：“此当让巧者为之，我忍以一官累一邑邪?”他断然拒做自己升官、群众吃苦的事。

李蕃为政以德、明德慎刑、处事公正，很快改变了当地残破的景象，赢得了百姓的拥戴，老百姓赞他“清慎勤明”。他兴利除弊，拯灾救荒，一心为民，不阿谀奉承，不贪沾钱财，因此上官对他十分嫉妒，视他为危险人物，并想方设法编织其罪名。在康熙十八年(1679)，黄县发生了一件杀人案，一对夫妻因奸情被杀。李蕃以实情向登州府报案后，府官却诬他受贿，以盗杀报奸杀，袒护凶犯，被论罪罢官下狱。李蕃受诬入狱后，黄县数千人为其哭狱鸣冤，史称“黄民哭狱”事件。康熙十九年(1680)，李蕃被发配戍山海关，两年后遇赦，“贫无以归，侨寓芜湖”。

康熙二十三年(1684)，李蕃年过花甲，方得归里。他优游林下十年，写出各类文章三百余篇，后以《雪鸿堂》十八卷刊印问世。他的著作被收入《四库全书》时，纪晓岚点评称赞其“盖有古良吏之风”。

康熙三十三年(1694)十月二十六日，李蕃辞世，终年七十三岁。

李钟壁(1658—1736)，字鹿岚，又名元修，李蕃长子，生于顺治十五年(1658)八月十二日。仪表俊伟，温厚端肃，沉静聪慧。少时受业于父，二十岁受业于山东牟县王源水先生，潜心研习，矢志高尚。年二十二岁其父遭诬陷下狱，孑身走京师，叩登闻鼓，希昭雪无援，“事克不就”。康熙二十三年(1684)从芜湖迎父归里，家徒四壁，“念双亲衰老，冀升斗禄稍慰亲心”，李钟壁“雨夜霜晨，吟哦弗倦”。

康熙二十六年(1687)中举后,“五上公车辄屈于有司”,于康熙四十五年(1706)才被选授为广西平南县令。

李钟壁在平南县令任上,谨遵父训,生活简洁,勤于政务。他大力发展教育、举荐寒门,于康熙四十六年(1707)倡建平南义学,让读不起书的学生免费入学,四年后就有吕锦文等四位出身寒微、无钱读书的学子考中举人,此举深得民众的拥戴。因当地匪患盗抢严重,之前的七任县令都未干满一年。李钟壁为根治匪患,不顾个人安危,多次只身前往匪穴,劝其头目洗心革面,只要不再为匪,既往不咎。匪头目终被他的仁德和胆识所动,于是解散部众,顺为良民,平息了长期不能解决的盗匪问题,此举深得朝廷赏识,民众对其更加拥戴。在职七年后,李钟壁破格升任刑部督捕清吏司主事,授承德郎,赠父同官阶,赐麒麟。

由于李钟壁管理有方,才华出众,遭到个别官吏嫉妒,故其借父前车之鉴,于雍正十一年(1733)以疾辞官,时年七十五岁。

李钟壁回乡后全力帮助邻里,置私田济于穷困,任人耕种,不收一文租金。他一生酷爱读书,笃孝父母,为官清廉,盛德孚人。在文学上精韵律、善诗词,主张写诗贵独立思考,反对人云亦云,诗集自序中有言:“诗之为言思也,其端发于性情,其理通乎音律,本乎思以咏之。故曰‘诗言思’”“余生平多思,思而鲜所就,故因其兴会所至”“夫人各有思,思不同则言者异”,著有《燕喜堂》四卷,后被收入《四库全书》。

乾隆元年(1736)一月四日,李钟壁辞世,终年七十八岁。

李钟峨(1661—1749),字雪原,又字雷泉,号芝麓,李蕃仲子,生于顺治十八年(1661)六月二十日。幼时多病,六岁不能行走,十一岁始读书而不好学,十五岁稍用功读书。十六岁与井研雷进士之女结婚。十八岁正当芸窗苦读之时,不幸父亲受诬入狱,与兄钟壁奔走营救无效。从而立志要做父亲那样的公正廉洁之官。于是,“且耕且读”，勤奋学习。

在“且耕且读”中，李钟峨遇到几个德才兼备的老师。第一个是他的父亲，对其要求严格；第二个是胞兄李钟壁，经常热心帮助他；第三个是挚师马龙吟，知识渊博，善于启发诱导；第四个是妻子雷氏，人称“二先生”，“春夜伴读，讲五经之义。雪朝吟咏，发诗词之微”。在这些老师的指点下，他学业大进，三十二岁中举，四十二岁任遵义府仁怀县教谕。康熙四十五年（1706），四十五岁时考中“三甲第二十七名进士”，选翰林院庶吉士。第三年殿试成绩优异，授翰林院编修、检讨等职。五十一岁，授文林郎。五十二岁，充康熙壬辰科会试同考官。

康熙五十六年（1717），李钟峨提督福建学政。在任上，他兴利除弊，政绩显赫，共取文武生二千七百余人。是时，考官利用考试大敲竹竿，贪污成风。李钟峨对这一“贿属陋习”深恶痛绝，宣称“吾不忍名器滥至此，不卖秀才一名”。他在主考时，文武并重，纠正了重文轻武，致使武科人才得不到选拔的时弊；“绝请托”“杜苞苴”，免除供给蔬米，使州官无法借机敛财。此举使很多读书人感激涕零。为纪念他，在福建省城建的诺水书院内塑有“福建学政李钟峨肖像”，春秋享祭，以不忘他泽惠于民的恩德。

康熙五十九年（1720），李钟峨任广西学政。康熙六十年（1721），恭遇千叟盛宴，特诏肩舆出内东华门。雍正元年（1723），任翰林院日讲起居注官。是年五月，升翰林院侍讲，讲评文史，实为雍正皇帝参谋；七月，升右庶子掌坊兼翰林院侍讲；九月，转左庶子兼翰林院侍读，俱兼日讲起居注官，屡次叨从谒陵微劳，特恩加一级；十一月，钦点广西省乡试正主考，诰授中宪大夫、日讲起居注官、左庶子掌坊兼翰林院侍读加一级。雍正二年（1724），转太常寺少卿。

李钟峨在翰林院等地供职期间，特别重视选拔培养人才。据《清代四川征略》载：在雍正执政初，李钟峨上一奏疏，称翰林院为储才重地，请广储才路。雍正览毕奏疏，“甚嘉之”。经大学士及九卿评议，将李钟峨奏言请迅宣国内。李钟峨居太常寺卿职，多所见地，尤其是在政务大事方面见解独异，他卓越的政治才能，为学士、官绅咸钦。

李钟峨曾任《三朝实录》《方舆路程》《国史》《分韵近体唐诗》《一统志》等各馆纂修官，主编《盛京志》《保宁府志》《通江县志》，著述甚丰。他尤长于赋律，为清初该体之肇端，影响深远。乾隆以后，馆阁最重赋律，道光时与试贴诗同为进退人才之具。他还喜诗，虽受官职所限，多为颂圣应制之作，亦不乏雅洁之句。其《阻雨》一诗："幽居只近在林间，人阻河干梦屡还。风雨凄然烟雾满，从今最厌米家山。"仅此数句，可品其浓郁的诗味。他著有《垂云亭》二卷，后收入《四库全书》。

李钟峨晚年"目昏耳重""养疾乡居"，卒于清乾隆十四年(1749)十一月八日，终年八十八岁。

李蕃及李钟璧、李钟峨，为官清廉，学识渊博。在文学上，李蕃文，钟璧诗，钟峨赋律，各显其长。李钟峨在督学福建时，将其父李蕃的《雪鸿堂》集，其兄李钟璧的《燕喜堂》集合并，并附自撰《垂云亭》诗文集于后，共以《雪鸿堂集》刊印问世，后被收入《四库全书·集部》，其影响所及，历久不衰。因此，世人将李蕃及其二子合称为"通江三李"。

参考资料：

1. 四川省通江县地方志办公室：《民国通江县志》，内部资料，2015。

2. 四川省通江县政协文史委：《通江历史人物选》，内部资料，1984。

3. 通江县文广旅局：《通江三李故事》，内部资料，2016。

4. 共青团通江县委：《说古道今话通江》，内部资料，1984。

（通江县政协文化文史和学习委供稿）

一门三进士五举人的岳贞父子

岳贞(1623—?),四川省南江县上两乡(今桥亭镇)洋滩河人,字子介,派名允昌,学名石斋。生于明天启三年(1623),卒无考。清顺治十一年(1654)中举,顺治十六年(1659)中进士入翰林院,康熙元年(1662)授山东博昌县令,康熙三年(1664)授礼部祠祭司主事,康熙四年(1665)晋礼部仪制司员外郎,康熙六年(1667)授户部湖广司郎中,康熙七年(1668)奉差监督京仓左翼,康熙八年(1669)钦差顺天乡试主考,康熙九年(1670)任浙江台州知府,封朝议大夫。共有八子,均功名显赫,其父子"一门三进士五举人"之盛况享誉文坛。

忠孝传家科甲盛

岳贞系岳飞后裔,明朝户部湖广司郎中岳鹤宇之五子。幼年时,岳贞体弱多病,因父早丧,生活举步维艰。面对生活困境及病痛折磨,岳贞秉承"精忠报国、忠孝传家"的武穆遗风,立志诗书立身,以求功名报家国。居南江县上两乡洋滩村躬耕自给,勤学苦读,十九岁试童子考,补邑弟子员。乡试中举。任阆中训导时,赴京会试中进士,入翰林,功成名就。岳贞重视家风传承,尤重子女教育,治学严谨,所育八子均功名赫赫。其长子岳越,封中宪大夫;次子岳广考授同知；三子岳康，举人，太学生；四子岳度，字伯宪，号文江，康熙二十六年(1687)中举，康熙三十三年(1694)中进士，授翰林院学士；五子岳纶，科举人；六子岳兆元为国学；七子岳维，字叔世，康熙三十五年(1696)中举，康熙四十六年(1707)中进士，任广西荔枝县知县；八子岳经为国学。岳贞父子高中龙虎榜，科甲鼎盛于一家，创造了南江县亘古未有的奇迹。

精忠报国政声廉

岳贞性格刚正不阿，为政廉洁，忧国忧民之心为世人所称道，素以廉能、爱才著称。其任钦差顺天府主考时，公正不阿，慧眼为国选贤良，深得称颂。任山东博昌县令、礼部祠祭司主事、礼部仪制司员外郎、户部湖广司郎中、奉差监督京仓左翼、任浙江台州知府任上，躬行俭约，忠朴自好，为官清廉，深得民心，以廉能享誉政坛。在台州知府任上，欲施展治国惠民，造福一方之远大抱负，遂上书“安海策”。其上司嫉其能又恨其廉，便对“安海策”弃之不用。岳贞愤而辞官归乡，抵汉阳时，闻云贵生变，携家人再下金陵，置房产客居于此，以便诸子婚娶家居。其间海寇生乱，岳贞遂流离转徙五载，以诗游终老林泉，归葬老家洋滩河。岳贞诗游期间，以诗咏志，作《解组言怀》：“出守江西岁未除，那知清白是迂疏。官休父老留车马，道远亲朋阻雁鱼。琴鹤轻闲儿女长，梦魂安稳橐囊虚。只今赢得身还健，皓月风光到敝庐。”此诗足显其为官清廉，不畏权贵，视富贵如浮云之高贵情操。

父子诗人耀文坛

岳贞文采出众，精于诗词，著有《几江诗集》。清《南江县志》载有其《归蜀至连云线》《登烟峰楼》《归里作》《过秦岭》《访族兄丹亭过沙坝九岭子遇雨》《省墓》等数首诗作。岳贞的诗满含忧国忧民之情。他在《家乡劫后》写道：甲申乙酉岁，吾邑遭献忠，姚黄杀掠，室庐既焚，里少人烟，伤而发问："问此下民何事来，频将害气横相摧。众生有难鬼神避，劫火无情天地灰。茂草荒烟千里色，离魂惊雁万年哀。谁将否泰占天意，定有歼凶拨乱才。"岳贞寄情山水而诗，心中不忘故乡。他在《卜居南江》一诗中咏道："不羡人间千顷田，不羡人间万石权。广交争似寡交好，多事方知少事闲，林下无忧便是贵，樽中有酒何求仙？凤岩卜得盈弓地，蜗宇云连数尺天。"

岳贞的八个儿子均工于诗书，其四子岳度尤其工于诗，制艺精而有不小成就，是其子中诗词才华最为出众者。岳度，清康熙三十三年(1694)入翰林，任散馆后授检讨，山西乡试主考官，参与编修《大清一统志》。康熙皇帝亲笔上谕云："政事之暇，好书射，历年以来，所积临摹字幅，赐卿等观看。"并御赐岳度诗一首条幅。岳度后流寓江苏淮安府清河县，子孙家焉。岳度著述存世甚少，留存家乡南江的有《京中寄书(一、二)》的书信等，尤以《洋潭山水记》为后人所称道：

洋潭者，因江而得名也。洋之水，源流盛大而淳泓静深，故曰潭。潭底金砂历历可数。自洋潭溯江东北上至关坝胡家营三十余里。沿江西南下至南江县九十里，其主山名天柱峰，正居子位为水田坪。前山俗呼关爷寨，以居民避乱其上有关帝庙也。山腹一岭垂下，不数里分为二岭，岭之上下左右皆茶田宅。东岭前祖房，即朝仪鹤宇公旧居。基址坐子向午，少兼壬丙。经乱止有小楼，森然松柏凌霄。江东西岸与西岭前庄田咸属焉。西岭上名大坟亭，垒垒数冢，更无他姓，马鬣中封宗显祖宅兆也。垒石墙园，松柏桧蔚，内有石亭存焉。下名大营，营内皆祖宅，罹变黑靡存。宅后为南峰、莲峰、东峰，诸公佳城及近支坟冢。厥后园宅，尽归朝仪公次子步瀛。西惟檐宇比邻，自小沟子溪水入江，下至银杏坝、两河口之水入江处，上下二十里，渊潭澄碧，曲折耳抱，与山势相为开合，夙称佳丽之区。江之南岸为玉千山，位正午，即洋潭前山也，又名莲华峰。其山顶数峰错出如莲瓣，然形势秀挺，如王侯公辅端冕垂裳，正襟危坐，气象闲舒，袖手环搭，膝履俱现。众山罗列，似儿孙焉。山顶石壁，形如二人，一坐一立。坐者两手若捧婴儿，将付立者；立者亦若举手接抱之状，传为仙姬送子云。山之左臂，小峰数个，挨肩而起，如雁行侍立。玉女峰又如天马行空，腾骧奋鬣，旧名天马峰。山之右寨蔡家庄上，亦名天马峰，俗名鞍子坪，如骏马奔逸，载昂其首。大树垭，丹凤岭，鞍鞯缨辔宛然俱奋。山脊迤南，则遥接盐井堡之九曲岩，古舆图志所称小巫山十二峰也。江之东曰青阳峰，即景家岭上熊家后山。青阳之左，与东天马峰近者为飞凤山，即观音寺山也，形如飞凤，邑侯蒋公游而名之。洋潭正西有云鹤观，观右有溪，溪西之上则为珠泉峰，俗作珠池垭。山颈有泉自石罅中出，昔有大蚌浮出，一僧获之，得大珠数颗，故名。山后即两河口也。嗟乎！家园荒杳，吾诸子随官生长于外，细为记之，俾归时得考乡井云。

其时岳度宦游在外，文中满含游子对家乡山水的深情眷恋。

参考资料：

1.［清］胡炳，彭腆：《南江县志》（道光七年版）。

2. 中国人民政治协商会议四川省南江县委员会：《南江艺文志》，内部资料，2015。

（南江县政协文化文史和学习委供稿）

白莲教通江蓝号首领冉文俦

冉文俦(1747—1799),四川省通江县麻坝里冉家湾人。冉家湾位于巴州(今平昌)东乡(今宣汉)二县交界处,是通江的一块飞地。清嘉庆元年(1796)秋,达州徐天德,东乡王三槐、冷天禄,巴州罗其清,举起了反抗大旗。冉文俦于同年十月二十四起义,驻王家寨。其长兄文杰、二兄文海、弟文宇、子天受、侄天元、侄女天秀、妻龚月英,均参加义军。

四川总督英善得到这一消息,立即令重庆总兵百祥,并通令保宁知府李杭,巴州知州常发祥,率把总岳廷椿以及南江教谕、通江武举、巴州武生等万余人围剿。

王家寨,南北走向,形如长蛇,高耸云表,有清泉七道,终年不竭,林木蓊郁。寨东、西、南皆悬崖峭壁。北面山势较缓,但有五道寨门,坚固无比。百祥先攻北面未下,南北夹攻仍未下。再令李杭攻北门,吴廷椿攻西门,通江、南江苟方贤等攻东门,亲率常发祥攻南门。四路进兵,王家寨岿然不动。冉文俦组织精强力壮的矛手,用绳子从悬崖峭壁坠下,袭击官兵营卡,缴获不少粮食与武器,由千余人发展到三千余人。嘉庆二年(1797)四月十三日,罗其清出兵攻鹰背场。鹰背场为王家寨前沿阵地,冉文俦亦出兵夹击。百祥乘王家寨兵力空虚,以重兵攻打得手。冉文侍到方山坪与罗其清合营。

同年五月,王聪儿、姚之富率领襄阳白莲教起义军到达东乡,实现了川楚义军大会师。首领聚会,共商大计,决定编为八个支队,分黄、白、蓝、青等旗号,冉文侍领导的义军称“通江蓝号”。

川楚义军会师后,为摆脱包围,很快转移。留冉文侍、罗其清在川北,守卫方山坪义军老营。六至七月,几乎天天打仗。到七月底,方山坪面临严重困难,粮食和武器奇缺,官兵进攻日紧。在危急情况下,冉文侍、罗其清商议,派苟文明领千名精兵突围,引开官兵主力,趁机下山筹粮。这一策略,果然生效。苟文明半月之内,由方山坪至泥龙庙,至清江渡,绕了一个大圈子,筹集了大批粮食和武器弹药,保住了方山坪,牵制了官兵,给徐天德、冷天禄等在川东开辟新战场以有力支持。

八月初,徐天德、王三槐、冷天禄、龙绍周转战到巴州、通江交界的长滩河、邱家铺等地。冉文侍与罗其清为向盆中地区发展,于八月二十一日,撤出方山坪,向邱家铺转移,与徐天德靠近。九月初五,义军换上官军号衣和旗帜,装扮成朱射斗的送信人,直奔通江城,告诉知县涂陈策,次日朱总兵亲临通江县城巡察防务。第二天,涂知县大开城门,准备迎接朱总兵,哪知来的却是冉文侍和罗其清。未响一枪一炮,就杀了知县涂陈策,占了通江县城,在白莲教战史上写下了光辉的一页。

旋即八支义军首领会聚通江,盛况空前。在冉文侍的倡议与主持下,召开了军事会议,总结了战斗经验。会议确定趁德楞泰用兵陕西,四川兵力空虚的极好机会,义军由盆地边缘地区逐步深入盆地中心,同时决定采用飘忽不定的策略,打得赢就打,打不赢就走,把战火烧到官兵所谓的“安全地带”,使官兵堵无从堵,防无从防。

冉文侍和罗其清、龙绍周、王光祖等,按会议的部署,似一把尖刀直插清江渡。于九月十八日,攻占巴州城。九月底,直插营山、蓬州交界的徐家场。百祥派兵堵截，冉文俦决心给百祥以狠狠打击。在徐家场，打死守备钟德，千总白天选、周德胜，把总丁尔表等。十月中旬攻打营山，十月二十日攻打仪陇县城，十月二十八日攻占渠县静边粮台，又打死建昌外委把总李绍文、越西外委把总马志力等。十月底攻占渠县岩峰、涌兴等重要场镇。此时，徐天德、冷天禄、樊人杰等也由巴州经鼎山、响滩到渠县，占领贵福驿、三汇土溪等地，整个渠县被义军占了大半。

十一月初，冉文俦与罗其清分开活动。冉文俦到仪陇、巴州交界的思南溪，扩大队伍，筹备冬衣。十一月底，冉文俦进攻渠县静边、岩峰，打死副参领存柱、都司常存等。以后又接连打了好几个胜仗，装备得到补充，兵力发展到七千余人。

嘉庆三年（1798）一月，冉文俦由渠县到巴州，一举攻下白衣庵，截断官军运粮水路。接着又进兵达州石桥河、蒲家场、双河场、胡家场等富庶之地，队伍扩大到九千余人。二月十七日，徐天德、冷天禄等经广安、合州、垫江、梁山、万县、云阳、大宁，绕了一个大圈到通江，与冉文俦会于北山场（今平昌县得胜山）。这是通江会师后，川东北义军的第二次大会师。此时，义军活动于二十多县，队伍已达十余万人，处于鼎盛时期。

在北山场，经冉文俦提议，召开了军事会议，决定挺进渠县。二月下旬，先后占领蚊虫溪、涌兴镇、白沙寺、清河坝等地。冉文俦驻兵石梯坎。三月二十八日，总兵保兴率广东兵围攻石梯坎，冉文俦主动放弃几道隘卡，将保兴引到一条山沟，忽然大雨倾盆，官兵慌忙寻找躲雨地方，数千义军冲下山，保兴见势不妙，立即后撤，而后面左右山梁又冲下数千义军，将保兴四面包围，打死参将文奎、都司志诚，全歼一千余人，保兴也成了刀下鬼。石梯坎大捷，名震川陕，冉文俦率领的通江蓝号大显威风。

二月三十日，冉文俦率部直趋渠县李馥溪。勒保急忙调兵遣将防守渠县。三月初，轻骑队直插距县城五十里的高岩头。正当勒保担心县城被攻破，城内一片慌乱时，冉文俦迅速北上，到了岩峰，涌兴。勒保又调兵北上，在土城垭，官兵先头部队遭义军三路围攻，与此同时，冉文俦又派一支人马直扑勒保中军，勒保惨败。

三月初七日，冉文俦移营黑马山、观音岩休整，以逸待劳。勒保派提督富成率绿营攻打。富成在磨子溪、牛毛山遭义军前后夹击，从五更直打到中午，富成几乎全军覆没。三月十二日，勒保攻观音岩，调集富成、富尔赛、百祥、穆维等部人马，实行人海战术。刚进入山沟，义军埋伏在两边陡坎上的大炮与火枪齐鸣，打得官军乱成一团。勒保督促各部往前冲，泰安和李瑶带兵刚冲到山腰，树林中数百名义军一跃而出，展开肉搏，官兵被全歼，泰安、李瑶也送了命。

三月十九日，冉文俦屯兵斗智坡。勒保三次冲锋，冲至半山遇义军伏兵，守备岑现佩、千总张如龙、吴开祥等被杀。四月初，冉文俦到孙家梁，与罗其清、徐天德、冷天禄、王三槐、樊人杰、龙绍周、阮正隆等会晤。经过两年多的南征北战，冉文俦、罗其清已有两万余人，不仅学会了游击战，也学会了攻坚战，能攻善守。在孙家梁军事会议上，罗其清主张据守孙家梁，与官军较个高低；冉文俦主张放弃孙家梁，分头引散集结的官军。一场大争辩后，罗其清仍不愿放弃自己苦心经营的老营。

五月初，官军对孙家梁的包围已形成。官军除勒保、惠龄、恒瑞、朱射斗以外，又增加了德楞泰、额勒登保两支劲旅。五月中旬，官军围攻孙家梁。冉文俦与徐天德、冷天禄、樊人杰等突围，转渠县。冉文俦在大神山筑寨设卡。五月下旬，围攻大神山的官军越聚越多，有人主张分头突围。冉文俦与徐天德、樊人杰、冷天禄等认为，一旦放弃了大神山，罗其清在营山县鸡山的营地，则孤立地暴露在官军面前，对罗其清很不利。大神山与鸡山虽属两县，而相距不远，可以互为犄角，互相配合，以牵制和对抗官军。冉文俦主动提出承担守大神山的重任，他勇担重担以援友军的精神，感动了太平黄号龙绍周、襄阳蓝号阮正隆，两人也愿留守。徐天德、冷天禄、王三槐、樊人杰等突围不久，襄阳黄号王廷诏、襄阳白号高均德和张添伦在广元、旺苍突破官军封锁，上了大神山，为守山增添了力量。

大神山前的打石坡、喻家垭，是上山必经之地。六月十六日，惠龄进攻打石坡，恒瑞进攻喻家垭，德楞泰堵义军退路。义军顽强抵抗，两路官军均遭失败，千总、武举洪殿魁等百余人丢命。第二天夜间，冉文俦下令反攻，由冉天元带队，直抵德楞泰军营，即将攻破，不料惠龄、恒瑞赶来救援，致使未破。六月十八日，冉文俦下令攻恒瑞营盘，恒瑞吃了败仗。六月二十日，德楞泰、惠龄、恒瑞恼羞成怒，三路攻山，均遭失败。德楞泰于六月二十二日，命赛冲阿派一支小队潜伏山下。二十四日，假言撤兵，以引诱义军首领下山。冉文俦下令搜山，将潜伏的一百人全部歼灭，带队的千总徐有山、把总武文玉亦丧命山林。

七月四日，惠龄、恒瑞从西面玉皇寨攻香安坪、土门垭，总兵百祥，副将凝德、德忠、穆克登布四面埋伏。惠龄、恒瑞才到土门垭，锣鸣动地，杀声震天，义军两面夹击。惠龄、恒瑞大败而逃。

大神山，南距三汇大河不远。七月十四日，德楞泰、恒瑞从东、西、北三面进攻，欲将义军逼至南边大河淹死。冉文俦集中全部兵力，从北面杀开了一条血路。杀死直隶把总张奇、世袭轻车都尉阿勒唐古尔，官军伤亡近千人。义军损失亦大，高均德左膀中箭，冉文俦之弟文宇阵亡。冉文俦率队由岩峰转至营山龙凤坪，与驻鸡山的罗其清成掎角之势。徐天德、樊人杰亦由岳池又转回营山，驻凤凰寺，与鸡山遥遥相对。

大神山久攻不下，嘉庆皇帝对勒保、惠龄、恒瑞、德楞泰、额勒登保等大发雷霆，大骂“剿办不力，劳师縻饷”，要德楞泰等施离间计。八月初，惠龄给冉文俦写劝降书，欲利用冉、罗在孙家梁意见不一的矛盾，劝冉文俦为前锋攻鸡山，或生擒或击毙罗其清，若能成功，不但赦免前罪，还赏官六品。冉文俦看后，挥刀斩了来使。

离间计破产后，八月中旬，官军集中数万兵力向鸡山和龙凤坪进攻。冉文俦一次又一次与官军厮杀，杀死游击赵永成、吉林防御倭新保、云骑尉勒兴额、黑龙江副总管福僧德、委防御勒登、守备何化龙、王寒士，伤副将街坤朋。九月下旬，冉文俦离开龙凤坪，移师通江麻坝寨。

麻坝寨，在县城东北一百余里，北靠龙凤垭，南连木通垭，西接响滩坡，东临芝包口，方圆六七十里，山势险峻，为军事要地。麻坝寨与王家寨一河相隔。家乡父老听说冉文俦回老家，青壮年纷纷参加义军。月余时间，义军扩充到一万三千余人。历经两个月的修城筑寨，麻坝寨成为“外三层、里三城”的坚固营垒。“外三层”在麻坝寨四周较远的地方，建立栅卡；“内三城”，麻坝塞南面系悬崖峭壁无路可通，冉文俦在东、西、北三面，建三座木城。

德楞泰移营石窝场，前线指挥部驻东会坪，腊月下旬开始进攻。尚未攻山，冉天元率队，或夜摸或伏击，集中在坳盘寨、马鞍寨、大钟山的外三层防线中与官军激战。腊月三十日，官军接近里三城。入夜，德楞泰以为义军忙于过节，防备松懈，派都司李东山、外委把总董荣攻东门木城。义军在木城外设伏，董荣被打死，李东山败逃。

嘉庆四年(1799)正月初一，官军分三路进攻，德楞泰攻东门，惠龄攻西门，朱射斗和阿穆勒塔攻北门。朱射斗和阿穆勒塔被义军包围，逐渐败退；攻西门的游击段逢春、外委把总蒋芳、李大盈被打死在木城外；攻东门的德楞泰也准备后退。

冉文俦见大反攻的时间已到，高举通江蓝号大旗，率三千义军从麻坝寨山顶冲下。四川守备何胜华后退不及，被一刀砍下马。冉文俦与官军厮杀，刀砍矛抵，剑飞戟横，杀得天昏地暗。冉文俦身受枪箭伤数处，仍与敌人厮杀，忽见自己一身是血，仆地而倒。冉天元上前营救，冉文倚却要他不管，并下令冲出去。天元接过叔父手中大旗，与王世虎、蒲天宝等冲出重围。官军冲上麻坝寨老营，冉文倚弟文元、子冉天受、妻龚月英等与官军血战到最后，均跳岩而死。

冉文倚被俘，惨死在屠刀之下。他从起义到牺牲，参与大小数十战，是川东北义军中战功卓越的领导人。

参考资料：

1. 四川省通江县政协文史委：《通江历史人物选》，内部资料，1984。

2. 李瑞明：《斗山集》，中国文史出版社，2015。

（通江县政协文化文史和学习委供稿）

清代女诗人杨古雪

杨古雪(1773—1817),清代乾嘉时期女诗人。名继端,字明霞,号古雪,世称“古雪女史”“西川女史”,诰封宜人,祖籍四川省广元县长东路高城堡(今广元市旺苍县普济镇),后迁居四川省南江县长池坝(今南江县长赤镇)。杨古雪出生于书香门第,是一位善诗词、工书画的女诗人。遂宁才子张问莱(大诗人张问陶之弟)之妻,著有《古雪诗钞》《古雪词钞》。当时文豪梁山舟、吴锡麟等主动为其作序,对她的诗格外称赞,《巴蜀文学史》有传。杨古雪不仅擅长诗词,而且兼攻书画,并喜刺绣。《益州名人书画录》记载:“古雪有《烟雨楼》画幅传世,极飘缈之至,题亦隽雅。”

古雪之父杨玺,字辑五,号瑞图、瑞亭,晚号瑞斋。乾隆二十五年(1760)庚辰科举人,历任四川省纳溪县教谕、潼川府教授、江苏安东县(今涟水)知县、六合县知县,升太仓知州、苏州府水利同知,署松江府知府,爱士恤民,政绩卓著,嘉庆《四川通志》有传。古雪之母何氏,亦知诗书。古雪长兄杨继旦,诚实好学;二兄杨继曙,庠生;三兄杨继晓,监生;古雪居四;五弟杨继昂,字廷贤,号冠山,系拔贡,著有《冠山诗集》,其妻高浣花是一位女诗人,著有《倦绣吟》《鹃血余草》(著名书法家梁同书序、张船山夫人林佩环题额)等。

杨古雪生于清乾隆三十八年(1773)六月,天资聪颖,幼年随父居于纳溪学署;四岁父教其识字,即朗朗上口;六岁授内则女诫,能通大意;七岁随三兄继晓诵读四书、五经、唐诗等;十岁知诗词韵律,性喜吟哦,习作诗文,词意出众,师夸有"咏絮"之才,遂赐号"古雪",本谢道韫咏雪意。十五岁,其父调潼川府教授,将其兄妹送回老家,聘名师教授。她志奋芸窗,博览经史,闺中才女,渐已闻名。

乾隆五十六年(1791),古雪十九妙龄,与遂宁张问莱结婚。张问莱(1775—1838),字寿门,号旗山,与兄张问安(亥白)、张问陶(船山),均为蜀中才子。婚后五年,夫妇恩爱,吟诗唱和,各抒雅怀。张本蜀中世家,亥白、船山兄嫂姊妹诗才横溢,古雪常有诗词唱和。

嘉庆元年(1796)二月,川楚白莲教起义,战争烽火,遍及川北。嘉庆二年(1797),古雪闻家兄死难,遂遣人至南江故乡迎母亲和五弟至遂宁,以免悬念。嘉庆三年(1798)九月,古雪与张问莱送母、弟去江苏省六合县官舍,因古雪之父杨玺时任六合县知县。

在赴江南途中,每临胜地,古雪都要吟诗抒怀。舟过白帝城,作《白帝城怀古》二首,其一:"吞吴灭魏两无成,戎马匆匆了一生。白帝城边遗恨在,至今犹有杜鹃声。"其二:"庙貌倾颓事渺茫,白云天然绕瞿塘。满腔忠义今犹在,剩水残山对夕阳。"舟进三峡,两岸奇峰千仞,惊涛拍岸,卷起千堆雪。古雪作有《进峡》诗:"川曲疑无路,危峰迴入云。船从山底出,水自谷边分。树影临流见,猿声隔岸闻。行行将百里,回首夕阳曛。"船到江西九江浔阳渡口,古雪偕夫携母、弟去游览了"古琵琶亭",怀念江州司马白乐天,题《琵琶亭》诗:"独倚阑干看菊时,琵琶亭上画中诗。当年司马销魂句,留与行人醉一卮。"

嘉庆三年(1798)冬,抵江苏省六合县。骨肉团聚,悲喜交加,古雪作《抵官署》诗:"客程淹日月,万里此归宁。水郭朝停舫,琴堂夜聚星。椿萱长并茂,花萼有余馨。回首乡关路,迢迢梦乍醒。"

古雪到六合两度春秋，生活安定，钻研诗文。嘉庆五年（1800），张问莱出任浙江杭州主簿。古雪拜别父母，随夫赴任。从六合至杭州，途经胜地，都吟诗纪事。舟经镇江，作《金山》诗："塔影临流势若倾，片帆飞过一舟轻。禅房钟鼓和潮散，古殿琉璃映水明。四面波摇山独稳，两番风刮我犹惊。客途怕遇销魂处，满目云山动远情。"由江南抵杭州，纵情山水，畅游西湖。湖上诸山，多有题咏。瞻拜栖霞山下岳飞墓，感慨作诗云："宋室南渡日，二帝方北驰。鄂王秉大义，沥血誓王师。精忠字湮背，智勇振华夷。大敌克朱仙，莫敢当义旗。指日两京复，天下皆知之。无如奸相桧，苦将和议持。遂教三字狱，德载成冤词。君子与小人，原无两立时。如何亡国仇，偏安竟无疑。空自坏长城，宗社委如遗。一抔湖上坟，碧血万古垂。坟前铁铸者，愧彼向南枝。"诗中对岳飞抗金、收复失地的爱国主义精神作了高度评价，对宋高宗、秦桧等残害忠良给予无情抨击。《岳氏宗谱》《清通志》中均收录有此诗。

古雪幼习礼仪，敬仰其夫高祖、清初名臣张鹏翮为官清廉。张鹏翮曾任浙江巡抚六年，江南人民怀念他，在西湖"六一"泉遗爱堂西侧设有张鹏翮像供奉。身为玄孙的古雪夫妇，遵礼晋谒，作《拜先文端公遗像，像在西湖》诗云："乔木今无恙，甘棠在此乡。衣冠仍像设，俎豆亦蒸尝。殿阁头街古，湖山手泽长。愧非萍藻荐，瞻拜尚彷徨。"

此外，古雪还作有诗《柳浪闻莺图》，填有词《满江红·过林和靖先生墓，次香岩词韵》《买陂塘·西泠送春》等。

自夫上任后，古雪"佐理学政，罔不秩然"，常以"洁己奉公"相规勉。张问莱历任之地，皆有循声。古雪寄迹江浙十余年，以琴书作伴，笔砚为友，来往吴山越水间，饱览苏杭名胜，凡有所感，皆形于诗。咏《荷花》云："翠盖迎风影半斜，一支才放水之涯。生来不着尘根染，自是人间君子花。"

张问莱署嵊县(今浙江嵊州市)县尉时,古雪勉励夫婿要如梅花一样清白,作有《嵊县尉署对梅花作呈夫子》诗:“年来生计太匆匆,薄宦今番到浙东。一树寒香无俗韵,两家清白有门风。相期载鹤来天外,共爱看山入剡中。书报平安亲尚健,望云心事与君同。”

古雪工诗词,亦善书画、刺绣,尤善花卉仕女及山水,《益州书画录续编》谓古雪云:“能诗兼工书画,有《烟雨楼》画幅传世,极飘渺之至,题跋亦隽雅。”清代名画家王学浩将杨古雪比作恽南田。张船山有诗《题古雪斋七夕云书心字图》云:“蛛丝乞巧事陈陈,天上飞来一字新。输与月娥亲看见,无心云印有心人。”

嘉庆九年(1804)秋,亥白奉母辞别船山,由京师沿京杭大运河南下杭州,古雪至苏州迎接,从分别至今已达八年了。古雪作《闻太夫人自京师南下,赴苏迎谒,途中即事》云:“省亲不惮行千里,远别于今已八年。水驿亭前新雁候,山阴道上早秋天。望云缥缈行将近,计日团圞喜欲颠。岂独吴门成小聚,介眉天笑庆初筵。”

在苏州,与太夫人小聚后,十月,随侍抵浙江杭州。古雪作《喜太夫人至吴门,随侍抵浙,途中率呈》诗三首,其一:“忆别萱帷日,星霜阅八年。何期重聚首,复此侍长筵。扶仗人犹健,加餐昼不眠。惊心来往地,合十谢苍天。”其二:“洊岁依京国,音书问起居。今朝随杖履,喜惧复何如?水驿连官舫,江城奉板舆。君家兄弟好,花萼更相于。”其三:“计日指杭州,西泠选胜游。湖山堪献寿,梅鹤亦添筹。骨肉聚千里,欢声盈一舟。慈颜长有喜,彩舞复何求?”

嘉庆十年(1805)春,亥白奉母由杭州返蜀,古雪作《太夫人将返里门恭呈》诗云:“留亲不住意何如?为道潼川问讯疏。乱后山邱宜祭扫,荒余陇亩要耕锄。此行儿妇难随伴,若到家园好寄书。天竺有灵还忏佛,愿增眉寿护安舆。”

古雪之父杨玺,以卓荐升苏州府水利同知,署松江府知府。因勘灾触暑,嘉庆十一年(1806)九月,以勤死职,囊空如洗,士民咸悼恤之。古雪闻讣往视含殓，亲理其丧，俾弟扶榇归蜀，作长诗志哀云：“我家本广元，夙世有隐德。笃生先君子，弱冠举乡国。教授古文翁，学校著声绩。纳溪与潼川，至今犹啧啧。简擢任民社，县小荒而瘠。安东涟水界，上与淮黄逼。岁在丙辰秋，辛苦拯饥溺。全活逾万人，大吏为心恻。调赴六合宰，循声遍江北。当时州父老，爱戴同君奭。攀留逾一年，此事今罕识。上游既重贤，邻封亦望泽。卓荐超两阶，分符过千石。各州及大郡，所至人感激。儿夫宦浙东，音书常不隔。间岁儿归宁，欢欣动颜色。如何天不吊，转眼罹灾厄。忆昨弥留时，执手语历历。顾念小弱弟，嘱咐儿怜惜。感此伤我心，有泪不敢滴。哀哉永别离，黄泉无羽翼。归亲八千里，江路淹潮汐。慈亲舍我去，弱弟辞我侧。我生良不辰，先德俱终泊。授笔写哀词，灵兮鉴此臆。”

嘉庆十四年（1809）春，古雪将其所作诗词在浙江刊行，即《古雪诗钞》一卷。有清代诗人吴锡麒、书法家梁同书、状元石韫玉、名士徐步云所作序言，有黄慧云女史所作跋语。

吴锡麒《序》云：“余在都下，与张船山侍御为莫逆交。读其诗如龙跳虎卧，令人色然而骇。而船山特好奖其闺中人，每出己作，必钤船山夫妇同用印，以诧余，然余实未见其诗也。后交其弟旗山，旗山来官于浙，余亦乞养还里，因得常常见之。既读其诗，并读其古雪夫人所为诗，然后知闺门之中，风化所始要必出之至性至情者为足贵，若夫人者其殆深于三百篇之旨者乎？……其激昂慷慨者非寻常闺阁所能言者，故其音哀以思也。……今《集》中所载《述德诗》《逼仄行》《陟屺吟》诸作，痛深思挚，实可与《载驰》一章相发明，见之者皆为泣下。夫人诗，谓之香山婉约，老杜精强，人亦奚疑。……君家船山，雄于诗者也。倘寄以质之，当必以余言为然。”

梁同书在《序》中特赞古雪：“咏菊词工，簪花写古”，“白帝城边，续少陵之咏古；浔阳渡口，感太傅之左迁”，“载咏既多，选言愈雅。

一编锦字之词，几载璇闺之事。……绘因风之柳絮，咒面脯之桃花。不关天性之深，难致风人之恭。……洵备撷芳于林下，雅能挺秀于女宗”。

状元石韫玉《序》云：“《古雪诗草》者，旗山张君德配古雪杨夫人之所作也。……仆与旗山廿载通门，一朝倾盖，每因彦先之赠妇，而知德耀之宜家。授我一编，为君三复。今夫诗也者，持志为宗，必本教厚温柔以立训；缘情为体，当合欢娱愁苦以同工。执此而求，知言有几。且王文宪三世有集，未著名媛；李易安，一代清才，终逢怨耦。由来文苑，殆罕全人。维夫人德言并微，福慧双臻，享碧落之仙才，积红余之清课。湘东之完三品，纪忠孝者居先；河北之纸百翻，会古今为一体。……庶几香奁名集，益蜚金屋之声；般镜成图，重补玉台之咏云尔。”

《古雪诗草》刊行后，知其名者益多，应酬频繁，蜚声江浙。

嘉庆十五年（1810）七月，船山出任山东莱州知府，古雪作《和仲兄船山太守出任山东莱州知府》诗四首，其一：“一麾迢递出齐东，问俗犹传露冕风。见说群仙遥抗手，三神山在海当中。”其二：“清白何嫌作吏贫，棠阴重踏马踪尘。文章太守渊源久，家世朝中第一人。”其三：“官忙不及海鸥闲，捧檄今朝慰母颜。万里峨岷休怅望，蓬莱山是旧家山。”其四：“相随翟弗荷恩光，五马前头画省郎。到日郡斋观海市，烟云笔底最苍茫。”

嘉庆十七年（1812）春，船山辞去山东莱州知府，寓居江苏苏州虎丘。古雪作《韵徵三嫂自山东随仲氏引疾南来，已至吴中，却寄》云：“吹花搦管廿年初，判袂天涯翰墨疏。同作萍踪随宦辙，欣闻骑省赋闲居。”“思归未必因鲈脍，将母行看奉板舆。越水吴山分咫尺，羁怀渺渺更愁予。”还填有词《绮寮怨·寄怀仲嫂韵徵》。

嘉庆十八年（1813）六月，古雪四十初度，亲友祝贺，喜气盈门，吟成长诗一首：“韶光四十景初融，来往吴山越水中。夫婿十年成薄宦，家声五世继清风。……寥寥案牍情多暇，草草篇章咏未工。纵笔闲窗翻水墨，焚香小阁理丝桐。……杨柳阴浓湖内外，菱荷香遍浙西东。细听燕语歌三叠，初上峨眉月一弓。从此梅花宜献颂，不妨采麟更匆匆。"

嘉庆十九年(1814)八月，古雪接家书知母病，夫妇自杭州返蜀归省，归途七千余里，虽归心甚切，但每临胜地，仍赋诗纪事。

经陕西华阴、咸阳、宝鸡入栈，历紫柏山张良庙、沔县诸葛亮武侯墓祠，均有诗赞颂。如赞诸葛亮云："武侯出师地，庙貌今犹存。尽瘁三分局，病死五丈原。馨香见遗爱，风雨护忠魂。欲访琴书迹，传闻孰与论。"

十月二十九日，古雪夫妇抵四川省南江县长池故里，拜见分别了八年的老母。其母患眼疾失明，闻女儿归来，喜极而双目复明。古雪以诗纪事云："长途七千里，归思急如箭。近部询亲故，知母正悬盼。入门急登堂，搴帏视颜面。……问讯知儿归，喜极翻泪溅。欲诉别后况，不知何语善。……我病儿复明，今已视无眩。……回首语僮仆，鸡黍具欢宴。……安得长相倚，佐饺加餐饭！"

古雪承欢月余，与母朝夕相依。并为先父扫墓，并看望叔伯弟兄，均有诗纪之。早年，古雪有一义婢赵红梅，侍古雪多年。嘉庆二年(1797)死难，埋骨茶地沟荒郊。古雪从杭州归宁，夜梦红梅为她沐浴、洗脚，亲如往昔。古雪深感义重情深，死犹相依，次日踏寻亡婢墓地，为之祭扫，并雇人垒墓立碣，亲撰墓志。题墓联云："人生有死君偏惨，异地招魂我更悲。"题额云"想象芳踪"。又题诗云："红梅侠骨早流芳，九曲坡前即北邙。只恐年久埋荒草，为留小碣立斜阳。"

十二月，古雪夫妇由南江故里赴成都，拜望母亲太夫人及亥白兄，时张问安奉母居蓉城。亥白与张问莱相见，百感交集，作诗云：

“握手乍相见，离愁今暂忘”；“喜君神奕奕，而我发苍苍”；“却从聚首思分手，风雨茫茫又十年。”

嘉庆二十年(1815)正月初五，亥白病逝。二月二十二日，古雪夫妇料理完亥白丧事后，由蓉返浙。经三峡出宜昌，千里迢迢，多有题咏。四月十二日抵浙江杭州高士坊寓宅。有诗纪云：“去时霜叶飞，今来芳草碧。闻说西子湖，绿阴翠欲滴。风物正清和，容我泛舟鹢。”

古雪夫妇返浙江后，因船山、亥白二兄，已相继逝世；良师亲友，与世长辞；高堂老母，皆风烛残年。逢场作戏，兴尽当还。夫妇商定，告养归蜀，古雪月夜书怀呈夫子云：“明月照人人不见，樽中有酒休相劝。月圆人散意无穷，天上人间同眷恋。默默情怀四十余，春秋寒暑几多变。可怜骨肉尽凋残，白发高堂谁视膳。万里归来去路遥，十年重见慈姑面。家传清白受恩深，子孙未忍轻贫贱。故乡三载苦饥荒，弱弟单寒困里闬。门户萧条日似年，光阴迅速愁如线。嗟予恨不作男儿，别弟离京随远宦。主簿官闲少俸钱，夏屋风清余债券。更怜儿女未长成，八口嗷嗷常在念。竭力栽培立志行，大易明言须积善。墓道浮生事渺茫，寸肠我已愁千转。含毫万绪欲书难，肯负月明光一片。今宵再拜问嫦娥，占卜何殊资众篆。两家欢聚筮前期，定省百年酬素愿。”

古雪离杭前夕，将嘉庆十四年(1809)至嘉庆二十年(1815)之间的诗词稿，整理刊行，即《古雪诗续钞》《古雪词余》各一卷。

嘉庆二十一年(1816)秋，古雪夫妇返蜀归四川遂宁老家。古雪有《和夫子乞养归蜀留别之作》云：“十五年间况味清，闲中岁月一楸枰。唱酬敢诩神仙眷，佐理虚惭父母名。嵊邑栽花留药经，鸳湖载酒忆莺声。峨眉西望频回首，将母兴歌此日情。”“白首同归问几人？鹿车共挽性情真。葛洪早作移家计，梅福原无俗吏尘。松菊满庭知有约，琴书盈担漫言贫。西湖最是难分别，忍负慈帏老病身。”“往返吴中不计年，关情闺阁怅云烟，香分莲浦迎归棹，秋入苏台咽暮蝉。樽酒论心花底伴，芝兰绕膝女中仙。他时握手知何日？锦鲤还思别后缘。”

嘉庆二十二年(1817)四月，杨古雪逝世，享年四十五岁。

古雪逝世后，其侄杨世泰(拔贡杨廷贤、女诗人高浣花之子，号聋山)将浙江刊本《古雪诗钞》等汇编成《古雪集》三卷，收录杨古雪嘉庆二年(1797)至嘉庆二十年(1815)间的诗词作品，共计诗四百四十八首，词三十二阕。

古雪词，风格婉丽，写景佳美，含蕴无尽。清代丁绍仪《听秋声馆词话》卷十八《清闺秀词》称古雪词《伤情怨》“尤隽峭者”。况周颐《玉栖述雅·杨古雪词》云：“西川杨古雪诗余一卷。《蝶恋花·春阴》《买陂塘·西泠送春》，两词佳境，渐能融婉丽入清疏。《买陂塘》处韵十三字，余尤喜之。”

参考文献：

1.[清]杨继端：《古雪诗钞》(清刻本)，1809。

2. 中国人民政治协商会议四川省广元市委员会文史资料研究委员会：《广元市风物资料选辑》，1988。

3. 胡传淮著，四川省遂宁市历史文化研究会编：《芝溪集》，内部资料，2003。

(南江县政协文化文史和学习委供稿)

奉直大夫唐芝荣

唐芝荣(1775—1859),字元润、德钟,号瑞圃,四川省平昌县驷马镇雷山场人。清嘉庆十五年(1810)中举,历任浙江省处州缙云县知县、山东省登州荣城县知县,诰授奉直大夫。唐芝荣勤理政务,悯惜百姓,用恻隐之心深惴民意,宽恤之策关注民生,深得百姓衷心拥戴。

唐芝荣祖籍湖南省永州市零陵区谭家沟,迁入四川后初居岳池县大水桥,再居巴州鼎山蔡家沟,继迁雷山场街道。唐芝荣家境贫寒,八岁时父亲唐永瑜去世,时常遭受当地一些有钱人和大姓人的欺凌。为摆脱困境,母亲特意嘱咐他的两个哥哥唐元济、唐元清,弟兄之间一定要团结,一定要争气,再苦再累也要送弟弟读书,好有个出头之日。唐芝荣的两个哥哥当着母亲的面击掌立誓:"争一口硬气,就是去帮人、当佃田户,也要资助老三读书,以出人头地,不受欺凌。"

才智过人的唐芝荣在兄长的资助下,更是勤奋好学。民国《巴中县志》载:唐芝荣在阆中乡试中,文已脱稿,却被同场考生(权势之子)夺走,还遭到恫吓:不准他泄露此事,否则让他全家不好过。唐芝荣只好重新起稿,但时间已过,考卷无效。出榜后,夺其卷者获优考中举人。他眼见别人高兴，自己还不敢声张，想到没脸面见二位兄长，只得饮恨哭泣。但他兄长知悉原委后，并没有责怪他，还支持他复读再考。

皇天不负有心人，嘉庆十五年(1810)，唐芝荣终于考中举人。道光五年(1825)，授任浙江省处州缙云县知县，后改任山东省登州荣城县知县。此时，唐芝荣已年满五十。年迈力衰的兄长在送别之时，送给了他一句话："做官要堂堂正正，莫欺压百姓；做人要清清白白，莫吃人害人。"唐芝荣深知兄长的良苦用心，将这句话当成自己的座右铭，时刻铭记于心。

唐芝荣为人和蔼可亲。在山东做官期间，勤理政务，悯惜百姓。一次，一个偷盗的人被鞭打后，伏在地上号啕大哭。唐芝荣问他："你本是善良百姓，为何偷盗?"犯人回答："实在走投无路，活不下去啦!"经查所述属实，此人家境贫寒，无米下锅，老母病重，债主逼债，偷盗乃迫不得已而为之。于是，唐芝荣对其从轻发落，并派人送去粮食。唐芝荣用恻隐之心深惴民意，用宽恤之策关注民生，受到了百姓的称赞。有一年夏天，唐芝荣视察监狱时，看到囚犯酷暑难熬，遂令定时"通风"。不料，有一要犯逃脱，按照律令唐芝荣应被革职，但上司来调查处理时，百姓纷纷前来衙门为唐芝荣求情，都说他是一个难得的好官。上司见唐芝荣深得民心，于是免除其处分，并将其官复原职。

道光三十年(1850)，唐芝荣以"奉亲"为由改任涪州学政，奖劝诸生如亲子弟，成材者颇多。咸丰七年(1857)四月，以足疾难行告老还乡。唐芝荣卒于咸丰九年(1859)，终年八十四岁，朝廷诰授其为"奉直大夫"。

唐芝荣对文章和书法均有造诣，梓里有他撰写的《文昌宫序》和《永定桥序》，还有手书楹联(位于平昌岳家双竹堂)，至今被人称赞。

参考资料：

1.巴中市政协文史委:《巴州志校注》,内部资料,1997。

2.政协四川省巴中地区巴中市委员会:《巴中县志校注》(民国十三年版)。

3.四川省平昌县地方志编纂委员会:《平昌县志》,四川科学技术出版社,1990。

4.政协巴中市委员会:《巴中文史》,内部资料,2008年第1期。

5.平昌县人民政府办公室:《平昌政务志长编》,内部资料,2013。

6.平昌县文广新局 :《平昌文化丛书》,内部资料, 2017 。

（平昌县政协文化文史和学习委供稿）

抗英提督张必禄

张必禄(1777—1851),字培斋,号寿轩,祖籍巴州太平乡(今达州万源市辖)大钟坪村。清嘉庆、道光年间名将,被赐“励勇巴图鲁”称号。历任四川、云南提督,官秩从一品,清代巴州籍品级最高武官。张必禄死后,被追加“太子太保”衔,予谥“武壮”,赐祭文、碑文,葬平梁城,并建专祠。

应征从戎

乾隆四十二年(1777),张必禄出生于大钟坪的一户农家。家中兄弟四人,张必禄为长子。张必禄年幼顽皮胆大,喜爱武功,父亲便请武师教授其武艺。张必禄常跑马射箭,刻苦训练,掌握了多种兵器的使用技能。同时,他阅读兵书,内外兼修,为参加武举考试做准备。

嘉庆元年(1796),川东北白莲教举事。十九岁的张必禄,带领一些乡勇(自愿组织的武装力量)投奔川北镇通巴营巴州汛驻防把总岳廷春。在巴州营中,张必禄手舞大刀,单骑入阵,所向披靡。新任川北镇总兵朱射斗十分看好这个不畏死的人,出于惜才,将其从基层的通巴营巴州汛直接调到自己身边差遣。

平息叛乱

嘉庆六年(1801)八月,张必禄因进剿白莲教有功,升任直隶提标中营守备。嘉庆七年(1802),任河北蔚州营守备。嘉庆九年(1804)八月,调任四川越嶲营守备。

嘉庆十九年(1814),张必禄升任都司,赏花翎顶戴。次年,任维州左营都司。嘉庆二十二年(1817),宁越彝民起事,带兵平息,升任右营都司。道光三年(1823),升任太平营游击。

道光六年(1826),张必禄受遣参加平新疆南疆张格尔叛乱。次年,随杨遇春大破叛军,道光帝赐其"励勇巴图鲁"称号。随后,追击张格尔大胜,因功升任副将。道光八年(1828),平息张格尔叛乱,因功升任提标中军参将。道光十年(1830),升任贵州靖江协副将。同年底,调任绥定协副将。

道光十二年(1832)四月,张必禄调赴湖南,随提督余步云平息江华瑶民起事,赏加总兵衔。同年八月,随禧恩挥师广东,剿抚兼施平定瑶乱。同年十二月,升任广东高州镇总兵。

道光十五年(1835),张必禄调任建昌镇总兵。道光十七年(1837)九月,率部平息马边、雷波彝人起事。次年正月,赏加提督衔,随即升任四川提督,官秩从一品。至此,张必禄跻身"封疆大吏"之列,位极人臣。

道光十八年(1838)十一月,张必禄因彝人再起事剿办失宜,下部严议后被降职,留交四川总督宝兴差遣委派。道光二十年(1840),因防范平边有功,宝兴奏请加恩授千总,遇缺即补,不久即补潼绵营千总。

赴粤抗英

此时,欧美列强飞速发展,清政府仍以"天朝上国"自居,闭目塞听。张必禄看到大量鸦片走私输入中国,影响了民众的身心健康和将士的作战能力。于是，他严令禁止部下吸食鸦片，大力开展练兵。

道光二十年(1840)六月，因林则徐在虎门海滩当众销毁鸦片，英国军舰陆续抵达广东珠江口外，鸦片战争一触即发。道光二十一年(1841)三月中旬，张必禄奉旨疾驰广东，屯守沙面，抵抗英国侵略军。

道光二十一年(1841)五月二十一日，川军配合广东义勇军参加石门之战。夜半，张必禄率七百余名识水性的川兵在夜幕中携火箭、火弹、喷筒、钩镰，从西炮台乘小舟攻击泊于白鹅潭一带的英军船舰。川兵用长钩将船钩住，抛掷火箭、火弹。战斗中，张必禄身先士卒，全身多处负伤，仍英勇作战。由于英军船坚炮利，战斗很快失败，张必禄率众退守沙面的西炮台坚持战斗，以城防大炮猛烈攻击英军舰队，英军大败，仓皇逃遁，共击沉敌舰二艘，击伤敌舰三艘，击毙英兵数百名，有力地打击了英国殖民者的嚣张气焰。二十五日，张必禄分兵迎击自四方炮台来袭的英军，最后弹药用尽，只得撤退。不久，广州失陷。之后，张必禄镇守石门，驻防广州，助三元里抗英，屡建奇功，升任梁万营都司。

道光二十二年(1842)，英军攻占镇江进犯金陵，张必禄飞驰江苏，接受江苏督抚差委，后复授建昌镇总兵。道光二十四年(1844)，张必禄升任云南提督，驻扎大理。

道光二十五年(1845)，张必禄平定云南永昌回乱。道光二十六年(1846)，张必禄因“年迈力衰，命原品休致”。不久，朝廷又因其“屡著劳绩”，特“赏食全俸，以养余年”。

张必禄致仕后，回到原籍定居，其府邸被百姓称为“宫保府”，旧址位于今巴中市巴州区图书馆。宫保府“听雨楼”上有一副名联，上联为“雨沉云脚重”，下联为“风缓燕身轻”，至今被人津津乐道。

闲居巴州城，张必禄仍枕戈待旦，时常带一些老部下到州城西北平梁城操练，时刻准备为国效力。

陨落广西

道光三十年(1850),拜上帝会势力在广西急剧壮大,天地会陈阿贵军直逼桂林,巡抚郑祖琛年老无能,无法控制局面。于是,清廷重新起用已致仕的张必禄。张必禄以提督身份驰援广西。

临行前,张必禄特意去拜别外祖父,将一把宝剑和一本书送给外祖父留作纪念。书的两个空白处有张必禄亲笔题写的诗词各一首。诗曰:"外祖恩如山,君令焉敢违。书剑相送罢,再拜是何时?"对外祖父的无限感恩和分别时的不忍,对清廷的忠心和隐忧,对自己前途命运的茫然,尽流露于短短的二十字中。

广西形势危如累卵,刻不容缓,张必禄不顾年迈体衰,当日就带着侄子张由甫及三十名左右老部下和绿营兵三千,星夜兼程,由贵州入广西。"中途构疾,犹据鞍疾驰",十一月十二日行至浔州城,张必禄因劳累过度,疾病恶化,遽然辞世。

张必禄逝世后,朝廷赠授其"太子太保"衔,照提督例赐恤,复御赐祭文,予谥"武壮",建专祠。咸丰帝称其逝去为"将星陨落"。

张必禄棺椁在侄子张由甫及老部下护送下,于咸丰元年(1851)运回巴州。咸丰二年(1852)安葬于州城西北平梁城。

参考资料:

1.[清]国史馆,王钟翰点校:《清史列传》,中华书局,1987。

2. 隗瀛涛等:《四川近代史》,四川省社会科学院出版社,1985。

3.[民国]赵尔巽等:《清史稿》。

4. 王捂、张仲孝、马传芝、杨杰先:《民国巴中县志》。

5.[清]朱锡谷,陈一津:《巴州志》(道光十三年版)。

(巴州区政协文化和文史资料委供稿)

晚清进士、临潼府同知唐正恩

唐正恩(1790—1874),唐芝荣长子,字元润、德钟,号瑞圃,四川省平昌县驷马镇雷山场人。官至陕西临潼府同知,在丁忧时掌教过巴州宕梁书院。他为官在任,减募恤民,兴废除弊,体察下情,常年奔波于辖区,在百姓中口碑很好。

唐正恩天资聪颖,遇事喜欢独立思考。幼年时,其父唐芝荣认为他将来必定能够出人头地。清道光十七年(1837),唐正恩中举,任北京景山官学教习,其文才驰名京都,品学兼优。道光三十年(1850),唐正恩中三甲第十六名进士,任刑部主事江西司行走。咸丰二年(1852),唐正恩被授江苏省阳湖知县,未及上任即被急调任为陕西淳化知县,兼任陕甘两省乡试同考官。因淳化墙低水急,常遭水患,民众生存艰难。于是,唐正恩在淳化任期中筑城掘濠治水患,除弊减役,使吏治一新。

咸丰九年(1859),因父病故,唐正恩丁忧回籍,隐志不再出任。丁忧期间,时巴州知州见唐正恩文才出众,便请他掌教巴州宕梁书院。一时间名声大噪,学子如云,远近从师者纷至沓来,平昌岳家进士余焕文即出自唐正恩门下。

时因陕西连年旱灾未停,水灾又至,揭竿竖旗之风此起彼伏。

陕西官吏告急后，朝廷遂令四川布政使刘蓉率军支援陕西。刘蓉为完成重任，便让唐正恩当其助手，很快就平息了风波。事后，已升任陕西巡抚的刘蓉奏请朝廷启用唐正恩获准。唐正恩先后调任陕西三原、白水知县，升临潼府同知，同治十二年（1873）复任陕西乡试同考官。

唐正恩为官清廉，不贪不占不恶。他所到任职之处，皆规划兴修水利，致力开荒种植，倡导兴学，赢得陕西百姓称颂。朝廷称赞其“到任以来，规划地方利弊俱有条理”“该员前于泾阳县任内政声卓著，民情素洽，实为循良之选”。

唐正恩在临潼府同知任上，不顾无官署衙门之不便，就带上书办巡视民情，督理军务，每事皆尽心尽力。由于长年奔波积劳成疾，加之年事已高，于同治十三年（1874）在考场上，不幸突发重病辞世，享年八十四岁。临潼百姓惊悉这一噩耗，纷纷前到城隍庙吊唁，大家异口同声地说：“唐老爷待我们百姓，真有城隍庙的菩萨心肠啊！”

唐正恩精诗书，工书法。在巴中南龛坡、平昌岳家双竹堂等地有其题刻，在恩阳有其义冢碑序，在巴中曾口场张节母坊有其五律诗刻，他还为巴州戚姓之《戚氏宗谱》作序。

参考资料：

1. 巴中市政协文史资料委员会：《巴州志校注》，内部资料，1997。

2. 政协四川省巴中地区巴中市委员会：《巴中县志校注》（民国十三年版），2001。

3. 政协平昌县委员会文史教卫体委员会：《平昌文史资料》（第三辑），内部资料，1995。

4. 平昌县人民政府办公室：《平昌政务志长编》，内部资料，2013。

5. 平昌县文广新局：《平昌文化系列丛书》，内部资料，2017。

（平昌县政协文化文史和学习委供稿）

爱民知府吴铣

吴铣(1800—1856),字伯嵋,号笏承,四川省平昌县白衣镇人。历任直隶沙河、东明、长垣知县,京县大兴知县。官至云南澄江、曲靖知府,一品封职,诰授光禄大夫,后人称为澄江公。他为官任上,对百姓宽厚仁慈,对官吏倡导节俭,以减轻人民的负担,被百姓誉为爱民如子的知府。

吴铣读书勤奋刻苦,成绩突出。清道光八年(1828)中举,第二年就考中进士。他是白衣吴氏家族中第一个中进士之人,轰动一时,对其家族后来的发展有着极大的带动作用。在晚清时代,白衣吴氏家族活跃于政治舞台的多达四十多人,上至朝廷御史,下到县令知府,这在川东北一带极其少见。

吴铣入仕后,长年在直隶、京畿之地任知县,政绩卓著。长垣县古名蒲,处于几省交界之地,治理不易。吴铣任知县后,宽严并举,凡有益于民生之事,他就大力提倡推行;反之,他就挺身而出,尽力纠正和制止。几年下来,长垣旧貌换新颜,吴铣的政声在百姓之中有口皆碑。一次,朝廷中丞张竺芷视察时,路过吴铣任职的长垣县,看到这里政通人和,百姓生活在一片祥和之中,不禁感叹道:“盗不入境,蝗不为灾,水不贻患,吴公治蒲三善,当与前贤后先辉映矣!”

道光十五年(1835),吴铣因政绩突出升任京县大兴知县。大兴位于皇城天子脚下,各种豪强权贵横行乡里,根本不把知县放在眼里。吴铣对此无所畏惧,敢于为百姓伸张正义,打击各种恶势力,树立了官府威信,受到大家称赞。大兴有个育婴堂,收养无人照管的孤儿,为县丞专管。吴铣前往探视,见婴儿身体瘦弱,奄奄待毙,情形十分凄惨。于是,吴铣上奏把育婴堂改归大兴县直管,不仅加强管理,还捐赠钱物,使这些孩子避免了夭折。

道光二十四年(1844),吴铣任云南镇雄州知州,后又任广西武定直隶州知州。咸丰三年(1853),升任云南澄江府知府。两年后转任曲靖府知府。咸丰六年(1856),因父去世,吴铣丁忧回乡,途经永宁(今贵州省关岭县永宁镇)时,因过度悲痛劳累而病逝。

吴铣秉性严正,不畏权贵,清正廉洁,卓有政声。他也因此受到同僚忌恨,常遭诽谤,但总有伯乐识马,使之得到推举和重用。

吴铣的书法也很有名,工行草,擅长写匾额等大字。白衣镇旧时的文昌宫、孔庙等处都有吴铣手书的匾额,至今虽属断简残笔,但仍为罕见之墨宝。《民国达县志》收有吴铣所作的《众僧塔序》《胡石诗草跋》《易处士文库墓志铭》等文,其文语言质朴,说理透彻,意义精深。

参考资料:

1.达川市地方志办公室:《达县志》,内部资料,1997。

2.中共平昌县纪委、监察局:《平昌家风·吴氏名人传略》,内部资料,2018。

3.平昌县人民政府办公室:《平昌政务志长编》,内部资料,2013。

4.平昌县文广新局:《平昌系列文化丛书》,内部资料,2017。

(平昌县政协文化文史和学习委供稿)

魂断紫禁城的清朝进士徐炳唐

徐炳唐(1806—1872),字玉山,四川省南江县玉堂(今红光)乡徐家梁人。清同治六年(1867)中举,同治十年(1871)赐同进士出身。铨选知县,分兰州知州。

徐炳唐“生而颖悟,童稚时出语惊长老”。其父思舜虽是“皇清敕授文林郎”,但有名无职。其父死后,家道破落,一贫如洗,靠母杨氏禾稼和刺绣维持生计。然而,徐炳唐贫不移志,穷不辍学,宁可多食粗,鲜食精,也要省出一些大米卖了,用于买书和求师读书。他的妻子杨氏,虽出身书香门第,但学无就,善刺绣。最初妻子杨氏多方劝其休学,事医糊口,可徐炳唐不愿从医。妻子杨氏见夫求学心切,上进心强,意志坚毅,锲而不舍,从此起五更,睡半夜,与攻书的丈夫做伴。她还在昏黄的桐油灯下飞针走线,刺绣裹肚和童帽,托人拿到市场上出售,攒下银钱,以供丈夫读书。

徐炳唐仿效车胤、孙康苦读。他的家是一座三合小院,除了屋后有个长满松树的小山梁,其余三面都是农田,一到夏天,蚊虫乱飞。晚上,他只好坐在床上的蚊帐里读书作文。因此,他的妻子也常常坐在铺里,为他掌灯捧砚。为了不影响妻子料理家务,徐炳唐利用白天小憩之机,把墨汁磨好,倒在一个茶碗的底座里,再放进一些碎绸片，权当墨盒。为了省钱，徐炳唐要好几年才缝一套衣服。一到冬天，身裹棉被，脚踩烘笼，仍坚持伏案读写。平时裤子脏了，他就钻进帐内将裤子脱下，让妻子拿出去洗净晾干后，方才穿上出门做事或会友。

徐炳唐生养了六个子女，家庭经济更加困难，他不但自己专心攻书，而且还让孩子认真读书，鼓励其上进。为了让孩子都能成为有志之士，徐炳唐把自己的一篇文章《不专心致志贴不得也》用纸写好，张贴在室内墙上，指导孩子诵读。文章中写道："望其得，则当用其心……望其得，更当励其志""有心而不用其心，用心而自纷其心，天下有纷其心而有得者乎！虽聪明之士，恐亦无此体成也。"并根据自己的切身体验，把孟子的一段话"天将降大任于斯人也，必先苦其心志，劳其筋骨，饿其体肤，空乏其身，行拂乱其所为，所以动心忍性，增益其所不能"写成条幅，悬挂墙上，反复给孩子们讲解。他还用诸葛亮写给其外甥信中的一句话"若志不强毅，意不慷慨，徒碌碌滞于俗，默默束于情，永窜伏于凡庸，不免下流矣"，去教育孩子。后来，徐炳唐的三个儿子果不负父亲的厚望，长子成为贡生，其余两个均是增生，百里闻名。

由于家贫，徐炳唐以教读为业。他先在本乡，后来在长赤、沙河、南江公山书院等地游庠设馆，传道授业，同时继续攻书习文。由于他博学多才，教授有方，很快教誉远扬，有志之士，慕名而至。仅三年两载，增生、廪生、贡生、举人多出其门。真乃"一邑文风祚兴，实君一人之力"。他曾为迁址后的南江公山书院（今南江中学址）写有楹联"嵯峨瞻艺园当念福田，心地积荫功始问科名"，署名为"赐同进士出身铨选知县徐炳唐撰"。刻有这副楹联的两根石柱在20世纪90年代被毁，南江进修学校退休教师何特书先生保存有拓片。

徐炳唐从教，最初意欲酬资，而后却意在育人，不在求财。虽曾任龙安府视学，但仍然过着清苦的生活。经过三十余年的寒窗苦读，徐炳唐在童试、府试、乡试中连连获捷，于同治六年（1867）中举。

同治十年（1871），为臻荣乡里、启励后继，徐炳唐卖尽母亲和妻子仅留的首饰，求借亲邻数家之现款，步行五千余里去京城参加会试、殿试，最终以优异成绩获得“赐同进士出身”。由于身无余钱送朝官，本应为官而未给职，只好苦留京都候缺，第二年才被分发甘肃任兰州正堂。赴任前必须朝见皇上，他在金碧辉煌的朝殿上却被殿柱楹联所迷，拜帝后不慎抬头窃视楹联而忘俯首贴地跪退之礼，结果落得“红面视君”之犯上大罪，被斩于午门。可惜一位历尽万苦、学富五车的英才，竟被“帝礼”吞食，使之魂断紫禁城。

徐炳唐被杀后，葬于故里徐家梁（南江红光镇青山村）。乡人无不恨天怨地，悲声百里。孙清士与徐炳唐是同年进士，清光绪十年（1884）孙清士任南江知县时，为徐炳唐撰写了墓志及碑联以示哀惋。叹道：“天道无知，待玉山何如之薄也！”碑联“姓字曾邀明主选，文章堪作后人师”，碑额为“望尊山斗”。其墓碑至今尚在，时逢岁节、清明常有门人之孙和故友之孙谒墓缅祭。

参考资料：
《南江县志》编委会：《南江县志》，成都出版社，1992。

（南江县政协文化文史和学习委供稿）

擅文兼武的进士金玉麟

金玉麟(1807—1863),字石船,号素臣,原籍奉天,后迁巴州恩阳(今四川省巴中市恩阳区)。道光十二年(1832)中举,道光十八年(1838)考中进士,被钦点为兵部主事,官至宁羌州知州。咸丰十一年(1861),太平军攻打陕南,奉旨镇守汉中金牛峡,同治二年(1863)以身殉职于宁羌(今宁强县)。朝廷下诏为其建祠,荫云骑尉世职。

金玉麟父亲为镇守维州的老将,在戍边战役中阵亡。他少时随父入蜀,父亡后失去依靠,随家人流落至保宁栖身。因家贫不能入学读书,家人便将他送到当地举人黎献(举孝廉方正)办的学馆去旁听讲授。金玉麟非常珍惜读书的机会,专心听课,从不贪玩。黎献格外关注他,便有意出题考他,竟无错漏。黎献非常惊讶其才能,便收留于家中,供其就学,视之如子。金玉麟于患难中得救,成为书香名门之一员,便刻苦攻读,后成为黎献的得意门生。成年后,金玉麟被黎献招赘为女婿,入籍保宁。在黎氏名门中熏陶成长起来的金玉麟,于道光十二年(1832)中举。后结识巴州人刘春恒、徐有章,并与之友善。旅居巴州路过恩阳时,金玉麟见该地山水胜景,遂于马鞍铺置产筑室,以归老之计。

道光十八年(1838),金玉麟以三甲第一百零二名考中进士,被钦点为兵部主事，留上谕处行走。在此期间，他博览兵书，广拜师于将士，学习军事战术，刻苦操练杀敌技能。道光二十二年（1842），因对军事有深入研究，他被调派陕西协助巡抚办理军事、刑狱、吏治、盐漕等事宜。不久，先后授任陕甘乡试同考官、武会试同考官，陕西定边、澄城、渭南知县。在任上，他清廉自律、亲民济困，建学堂、修县志，名声远播。

咸丰十一年（1861），太平军挺进陕南，金玉麟奉旨带兵镇守汉中金牛峡五丁关，以堵截太平军西入三秦、南下四川的路。

同治二年（1863），金玉麟升任宁羌州知州。《宁羌州志》称其"循声卓著"，同时代诗人、画家孙兆淮称赞他为官："巨细秋毫察，精明风骨坚。甘棠载处处，古樾荫芊芊。律已循封鲊，驱民尽买犍。爱才常吐握，校士费寻研。大吏钦才干，需君治巧儇。量移来赤水，爱戴颂青天。"

金玉麟到任不久，就遇太平军猛攻州城。金玉麟誓与州城共存亡，率军奋力抵抗，但因力量悬殊，大批将士阵亡，仍孤身奋战，顽强坚守，终城破身殒，倒在南门，志节凛然。金玉麟战死后，太平军搜查其官邸，发现除几件官服和粗粮外，别无锦帛绸缎和金银玉器，果如传闻中的"惜兵如子，清正爱民"。太平军被其忠义清廉所感动，"具棺以殓"，并在棺上大书："此系陕西好官，该士民应将其灵柩好为照护，妥送回籍。"事后，巡抚刘蓉以"励精军事，通达时务，御敌顽强，持节忠勇"报功朝廷，金玉麟被追封为云骑尉，并特谕为以身殉职的金玉麟等三位官员"于汉中府城建立三烈总祠，将该三员合祀，以彰忠荩"。后因金玉麟籍迁巴州，又下诏入祀巴州忠烈祠，并派军护柩，归葬于恩阳马鞍铺佛图关关隘之上。其墓地占地六十余平方米，墓碑、坟亭等已毁于"文革"期间，墓堆现尚存。

金玉麟还善诗词、喜金石，一生创作颇丰，以购买的西汉建章宫旧物"二瓦砚"为名，著有《二瓦砚斋诗抄》，计千余首诗词，共十卷。

只可惜《二瓦砚斋诗抄》编成不久，金玉麟辞世，遗诗流传未广。尽管如此，其诗文被辗转传抄，不少作品仍传诵至今，响遍南北。

《巴中县志校注》中，载有金玉麟的送别诗《送徐友章再之建南》："少年词家数作家，轮蹄垂老走天涯。故乡负部无生计，又看蛮椒二月花。茶半酒消夜漏分，堂前春燕尽离群。浮萍飞絮终无定，忍折垂杨又赠君。十载行踪感鹿鱼，新从蝶梦访华胥。西窗独听巴山雨，愁问归期远寄书。"

金玉麟在《澄城县志序》中盛赞澄城"依梁山而为屏，绕洛水以如带"的佳句，到今天仍是介绍澄城胜境的主题词。陕西宁强人说起境内风光，总要提到在金牛峡石壁上书刻的金玉麟诗《五丁关》："崖势嶒崚耸建瓯，清空登眺俯高垌。雪封蜀岭诸天白，山扫秦关大地青。蛇行路开原有数，牛因金好亦通灵。兴亡并入春鹃恨，啼血千年怨五丁。"这首诗至今在石壁上清晰可见，现已被陕西省汉中市列为重点文物保护单位。西安人编的《雁塔诗词选》中，金玉麟的《长安杂兴十首之一》赫然在目："垓窝慈恩塔，清幽辋口川。水光孤屿外，山影万花前。画好徒镌石，诗成许问天。兴来时展卷，人世几桑田。"近代徐世昌主编的《清诗汇》，蜀人孙桐生编的《国朝全蜀诗抄》中，都收有金玉麟的诗作。

参考资料：

1. 四川省巴中县志编纂委员会：《巴中县志》，巴蜀书社，1994。

2. 巴中市巴州区政协：《古镇恩阳》，内部资料，2007。

（恩阳区政协文化文史和学习委供稿）

翰墨知州廖纶

廖纶(1816—1895),字养泉,四川省平昌县江口镇(今同州街道)人。官至海州(今连云港)直隶知州。自小聪明好学,善诗文,工书法,其书法有颜柳风度,颇具功力,在江浙和家乡江口一带至今留有墨宝。

廖纶的父亲廖元是举人,对其写字要求十分严格。从小教导廖纶,从坐姿、握笔、笔序、笔形、研墨等方面,都要做到一丝不苟。同时教他凝神、聚气、收心之法,并督促其早中晚练习。功夫不负有心人,廖纶的字果然练成,大有颜柳风度。清道光末年,在保宁府岁考时,廖纶一举而中增生。因其"文章通顺,字盖九州",遂被推荐到成都锦江书院深造。廖纶求学心诚,刻苦研读,乃可造之才,故学业未满,院长李西沤将其推荐给教授咸丰皇太子载淳的文渊阁大学士倭仁,以进一步学习深造。廖纶学业益进,亦受倭仁器重和爱戴,常以做人真谛相授,还亲赠一箴联:"要鞭辟近里著己,无苟且徇外为人。"

清咸丰四年(1854),清政府由于镇压太平军的需要,在江南组建湘军,倭仁将廖纶举荐给曾国藩做"书牍"。廖纶在承办公务外,还尽其所长,免费为同僚、友人写铺匾、扇面、联语。一次,南京孔庙修成后,曾国藩请来书法家写匾,谁知书家们看见后衙挂有"宰牲堂”三字匾，均自认不敌此书撰者的功底，便辞行而去。“宰牲堂”三字正是出自廖纶之手，从此他被曾国藩更加器重。事后不久，廖纶即被委以浙沪厘局经理之重任，咸丰七年（1857）升主管海运经理。江南军事平息后，廖纶受到李鸿章重用，监修浙江孔庙、建大程子祠与龙门书院。同治元年（1862），廖纶被委署新阳县令，任上大兴水利，培植士风，纂修志乘，政绩卓卓可传。同治三年（1864）后，廖纶分别任金匮、无锡县令，留办正阳盐务，使税收大量增加，旋补海州直隶知州。光绪九年（1883），廖纶辞官回到故里。

廖纶为官三十余年，课农十余年，所到之处留下了无数的翰墨作品，大到岩刻，小到书眉，雅到中堂条幅，闲到扇面对联。其在昆山、无锡、新阳、海州和四川及家乡江口现存的书法刊刻，均被称为“上乘之作”“难得的艺术珍品”，为山川水泽添色增彩。

在平昌江口通巴两河交汇处王家沱崖壁上，至今留有廖纶所题的岩刻，众口皆誉，影响深远。如“寿”“魁”“群山开路让人行”等字，以及《江阳十景》《石峡颂》等文。其中，《石峡颂》和“群山开路让人行”，均被专家学者认定为米仓古道的“历史铁证”。《石峡颂》文曰：“天辟灵奇，重峦叠巘。冈抱双环，路开一线。树老石悬，竹修烟暗，宿鸟晨纷，流萤夕灿。水汇岷江，云连秦栈。剑阁夔门，东西相间。玉垒铜梁，秀分阙半。拾级联登，置身霄汉。”

无锡名山惠山有四处名胜，而这些名胜的画龙点睛之处皆有廖纶的手笔。一是云起楼楹联：“腾两邑之欢，千村稻熟；据一山之胜，四照花开”，落款为“巴江廖纶书”。二是惠山寺正门联：“大哉王言，山为第一泉第二；巍然庙貌，宗以教孝祠教忠”。三是惠山上一峭壁下一泉名“悟空”，泉边石岩上“石门”和“叠嶂栖云”六个大字，落款为“清代金匮知县廖纶”。四是高氏祠堂群的“道南祠”三字为廖纶所书；惠山对岸焦山寺门上的悬联：“长江此天险，中国有圣人”，落款为“巴州廖纶”。

廖纶最为著名的翰墨遗迹，当属太湖“鼋头渚”峭壁上手书的“横云”和“包孕吴越”六个大字，每字有十平方米见方。此处的六字题刻，“面对烟波浩渺的太湖，雄浑伟岸，气吞山河，震人心魄”，“用这几个字来形容太湖浩大的气魄和湖滨石壁横空的奇景，起到了画龙点睛、深化意境的作用”。

廖纶不仅书法出众，诗词赋联亦十分了得，有遗著《已效篇》等。他辞官归里时曾写下《留别海州士民》诗三首，其一：“洪涛怒卷海天秋，扑面风高马力柔。同梦何人曾拥被，读书无处可登楼。淤河断港眠孤鹤，蔓草荒烟放瘠牛。出入戴星裘葛易，岂惟一月不梳头”；其二：“西乡才命简舆回，又报东南有劫灰。无奈尚风难偃草，遂怜踏雪匪寻梅。天心已厌人心乱，前浪微平后浪催。到处益惭龚渤海，伊谁卖剑买牛来”；其三：“学仕频年两不成，一身去就自分明。仁慈甘守庸夫拙，锻炼难禁竖子横。纵欲著鞭羞白发，何能恋栈误苍生，秋风早决归田计，蛇足重添是此行”。这些诗作既道出了当时海域的恶劣、民众的艰难、大地的荒凉，也表明了他在海州已尽责尽职，无力改天，甘归故里的理由。

参考资料：

1.巴中市政协文史资料委员会:《巴州志校注》，内部资料，1997。

2.政协四川省巴中地区巴中市委员会:《巴中县志校注》（民国十三年版），2001。

3.四川省平昌县地方志编纂委员会:《平昌县志》，四川科学技术出版社，1990。

4.政协巴中市委员会:《巴中文史》，内部资料，2008年第1期。

5.平昌县人民政府办公室:《平昌政务志长编》，内部资料，2013。

6.平昌县文广新局 :《平昌文化丛书》，内部资料，2017。

（平昌县政协文化文史和学习委供稿）

监察御史吴镇

吴镇(1816—1887),字少岷,四川省平昌县白衣镇人。先后任浙江、山东、广西道监察御史,会试同考官,工科掌印给事中,陕西盐法道。为官不畏权贵,尤善辩诘,通理明达,凡遇地方有为非作歹、贪赃枉法、冤狱诉讼之事,必亲理至水落石出方罢。其中最突出的事迹有两例:一是昭雪“东乡事件”,百姓传颂;二是促使拔掉朝中奸人、慈禧的心腹安德海,朝野上下拍手称快。20世纪80年代,戏剧家魏明伦以秉公正直的吴镇为素材,编写出大型现代川剧《巴山秀才》,荣获全国优秀剧本奖。

吴镇自幼好书,终日焚香把卷,诗书文章驰名川北,被举荐到国子监读书。清道光十五年(1835),以监生应岁试,直挑国史馆缮录,议叙盐卤大使。咸丰五年(1855),应顺天乡试中举,补户部河南司员外郎;咸丰十年(1860),应会试中榜进士,选翰林院庶吉士。同治元年(1862),因办团练有功赏戴蓝翎;同治四年(1865)授职翰林院检讨;同治七年(1868)奉旨记名以“御史用”;同治九年(1870)任浙江道监察御史;同治十年(1871)充会试同考官;同治十三年(1874)丁母忧后复职。光绪元年(1875)任山东道监察御史,转掌广西道监察御史;光绪二年(1876),奉旨“繁缺知府用”,巡视中城事务;光绪四年(1878)补刑科给事中,以"繁缺道员"用;光绪五年(1879),巡视西城事务转补工科掌印给事中;光绪九年(1883)稽查旧太仓事务,经吏部拟选陕西盐法道,十一月奉旨依议,在任三年后因病请辞归乡。

吴镇为官从不媚上压下,欺软怕硬,敢于伸张正义,为民做主,严厉打击鱼肉百姓、仗势欺人的恶劣行为,力所能及地为民除害。

光绪元年(1875)五月,四川绥定府东乡(今宣汉县陈家坪)贫民袁廷蛟带领乡民七八百人,在东乡城外游行,要求减少粮税,清算粮账。这本来是正义的要求,但知县孙定扬做贼心虚,慌了手脚,飞报绥定知府易荫之,以求支持和庇护。易荫之获情后不但不及时化解矛盾,平息事态,而且亦同流合污,密谋采取欺骗手法,诱骗扣留民众代表八人,使事件进而加剧。光绪二年(1876)二月,孙定扬捏造袁廷蛟"抗拒官兵,夺取军火,劫掠四乡,聚众数千""县城危在旦夕"的假情,向上级请兵清剿镇压。假情反映上去后,川督文格不经调查核实,就派裕字左营勇丁五百名,并调提督李有恒率军二千人,"入东乡剿办"。三月,李有恒带兵攻打被县官指名的村寨,逢屋就烧,见人就杀。他们先后烧杀十多天,"壮者夺路逃出百余人,攀岩死者数十人,被兵勇乱杀者近三百人,半属老弱妇孺",劫走年轻妇女数百人,虽然根本没找到袁廷蛟的罪证,仍上报"清剿顽匪,大获全胜"而邀功请赏,人为地制造了惨无人道的"东乡血案"。

面对官军的烧杀掠抢,袁廷蛟只能出逃藏于丛山之中。绝境中,他得知吴镇是个好官,便乘夜潜入白衣吴镇的家中,向吴镇家人求援。吴镇之子吴德济和侄儿吴德沄,对袁廷蛟的遭遇十分同情,欣然同意帮助申冤雪恨,遂将袁廷蛟扮作仆役,冲破重重风险上京面见吴镇。吴镇悉情原委后,决定上报朝廷,对血腥镇压乡民的罪行如实揭露,提出对东乡人民"挟嫌诈杀、残虐降革、淫凶掳掠"的罪犯要"确切查明,秉公严办"。同时,吴镇还以"老乡家宴"名义,动员内阁中书萧宗禹等四十七名川籍官员,联名上奏朝廷。朝廷重视，于是令川督文格严行查办。谁知文格徇情枉法，百般掩饰，仍诬袁廷蛟等是“暴民”，结果激起陕西道监察御史李廷萧列举八大可疑之处予以批驳。文格见势不妙，便将李有恒革职治罪以保全自己。但此时“东乡血案”已轰动全国，朝廷无法不了了之。于是朝廷将湖广总督李瀚章调任四川总督，同时将山东巡抚丁宝桢与文格对调。丁宝桢履职后虽严惩一批贪官污吏，但碍于文格仍为巡抚，态度暧昧，遮遮掩掩不敢认真。朝廷知悉缘由后，于光绪四年(1878)“密命在四川开县养病的两江总督李宗羲就近复查”。此案几经周折，直到光绪五年(1879)十月，清廷才了结此案，对纵兵殃民的提督李有恒和捏词请剿的知县孙定扬处斩；对东乡的劣绅张裕康、李开邦等发往四千里外充军永不释回；对东乡应收的地丁、津贴、捐输、茶课等项重定统一章程，规定不准劣绅个人插手征收钱粮。至此，东乡人民的冤情终得昭雪，当地民众欢欣鼓舞，特为吴镇建立了功德碑。

吴镇一生为官，体恤民情，热心善举。除开平常“灾年平粜”“建堂平仓”“舍药施棺”“建立义冢”“建白衣会馆”“捐办义学”外，凡百姓遇到困难，他都力所能及地予以帮助。光绪五年(1879)，吴镇回家探亲，得知渠河船筏在重庆无停泊码头，被抽头盘剥，极为不便。遂即商议让四川总督丁宝桢在临江门、千厮门两岸修建渠河码头，结束渠河船筏在重庆无码头现象。光绪十二年(1886)，吴镇先捐巨款，同时召示族人解囊以助，在当地为老百姓办了许多实事。其一是建鳏寡孤独老人住居。此居位于白衣场北约二百米处，占地二百余平方米，六开十八间木架结构瓦房，亲书“做好事”三个大字。住在这里的老人不愁吃、不愁穿，每逢老人生日或年头岁节，吴氏总派人送礼祝贺。其二是建栖留所。该所位于白衣市场之南的严家嘴，占地约一百五十平方米，一楼一底木架结构，共计六间，可容五十人左右，并购置田产请丐头经营。凡有白衣流丐到来，丐头都会给他们宣布条规，内容大致是不许相互打骂；不许争地盘；不许偷盗；不许露宿街头巷尾；不许虐待病残；对难以维持生活的要大家供养；对逝者要掩埋，不许置之不管；到人户乞讨要有礼貌，不许说粗话等。每遇人家红事，丐头带着少则七八人，多则二三十人前去祝贺，鞭炮一放，祝词一番，便成排坐在院坝左角，主人则摆好桌子，放上烟茶，让其休息；每遇白事，丐头带人跪叩于灵前祭拜，事毕亦坐院坝左角，主人按礼接应。栖留所除经营少量土地外，还教授竹编手艺，深得民众赞赏。

吴镇一生乐善好施，回乡后改修翰林府第，因资金短缺，只修了五开三进木架瓦房，墙壁和室内装饰直到此地解放时尚未完工。

吴镇喜诗词、善书法，在为官之处和家乡留有大量脍炙人口的诗词作品，以及令人垂爱的书法墨宝。

光绪十三年（1887），吴镇逝世，诰封为中宪大夫。

参考资料：

1. 达川市地方志办公室：《达县志》（1938年版），内部资料，1997。

2. 中共平昌县纪委、监察局：《平昌家风·吴氏名人传略》，内部资料，2018。

3. 平昌县人民政府办公室：《平昌政务志长编》，内部资料，2013。

4. 平昌县文广新局：《平昌系列文化丛书》，内部资料，2017。

（平昌县政协文化文史和学习委供稿）

云屏书院山长余焕文

余焕文(1825—1892),字伟斋,四川省平昌县岳家镇人。清咸丰二年(1852)中举,咸丰十年(1860)考中进士。

余焕文幼年时,一见父母不高兴就拿书诵读,逗父母开心。长大后喜欢古文、辞赋,特别喜欢农田水利、边防军政等方面的书籍,凡山川扼塞、民生缓急、学校兴废,尽察其轻重本末,一直坚持,从未间断。乡试中举后,恰遇父病不得参与会试,逾年"居父丧礼与哀"。中进士后,被钦点为礼部主事,不久称"既官礼部,思迎养之难也",于是辞官回乡,闭门教子,侍奉母亲。

时蓝朝鼎、李永和率顺天军入川,全蜀骚然。余焕文立即成立团练,与兄长余洁"散家财,制器械,选丁壮,部勒之,数百里内外皆应,警召立至"。当时,顺天军虽多次流窜于绥、顺、保、潼之间,但始终不敢接近岳家。四川总督骆秉章听闻后,礼延至总督府,叹余焕文为异才,要上奏朝廷为他授官,却被他婉言谢绝,事后又请他督办川北团练,还对部属说:"川北交付之余君,吾无忧矣。"足见骆秉章对余焕文的倚重。

四川布政使刘蓉也非常欣赏余焕文,同治二年(1863)七月,他升任陕西巡抚后,便向朝廷疏荐余焕文调陕西协助自己,称余焕文

“品正学纯，通达时务，办理团防，井井有条，才望尤著”。随即，余焕文被诏授礼部员外郎，随营治军。后来，余焕文以母亲年迈为由向刘蓉请辞。前三次辞职，刘蓉都不同意。第四次时，余焕文与刘蓉约定“不计功劳，不代理职务，变乱平息后就回老家”。于是，攻克汉中，平定剑北，治善后，赈抚事，疏奏章程皆出自余焕文之手。刘蓉知余焕文还可大用，想让他担任西安知府。余焕文提起之前约定，坚决请辞，自此再也不出来做官。

余焕文辞归故里后，在岳家金斗寨筑室，吟诵自适。他将周敦颐、程颢、程颐、张载、朱熹“五子”像绘于书房之中，门楣上写有“默养吾诚”四字以自励，取程颢、程颐“活泼泼地”和谢良佐“常惺惺法”书联以自勉，还为山寨撰有一联：“此地有崇山峻岭，茂林修竹；所居在廉泉让水，文川武乡。”民国五年（1916），当地贡生冯秉圭在他的《金斗山记》中写道：“中宪公余伟斋戎马归来，讲学其地，环邻数百里皆来从游，而山名大著。”“学为人，当自‘五子’书入；学为文，当自注疏入。”余焕文时常用这句话教导其子，且自身坚持知行合一，以至诚感人。同时，余焕文还捐赠千金，扩建岳家寺义塾，置办学田以租赢资“宾兴费”，还历掌巴州宕梁、云屏书院及绥定汉章、龙山书院。

巴州云屏书院（今巴中中学前身）草创于同治七年（1868），是时任知州陈洪绪根据原有的宕梁书院现状——“斋舍湫隘，多士难容”及州人兴学的呼吁，选址州城西南状元溪畔、明代学宫故址上兴建，办学宗旨是“夫化民以士，而教士以学”（余焕文《云屏书院碑记》）。余焕文在担任云屏书院山长时，于光绪三年（1877）捐资千金赎取义产以置学田，岁有增益，收入足以给六年薪金，从而使书院的经费得到充分保障。他用“实学提倡后进，而造端于蒙养。里中设正蒙学塾，用朱子四学之制，自洒扫应对，言行仪节，莫不以礼检饬，勉为成才”的办学理念及教学方法，使巴州文教事业达到了清朝以来最鼎盛的时期。书院学子济济一堂、人才辈出，其知名弟子有李含菁、冯文经、刘汝安、唐纯经、胡子烈、余晋、冯蔚藻、李廷魁、张汝霖、朱学程、王勉、王协和等数十人，从学者千余人。从学者皆恭敬诚实地守古礼、重公义，从来不敢有些许超越。

余焕文为人恭谦善良，品德高尚，贤名远播。有一次州学考试时，学子与差役发生冲突，众人大哗，他到现场劝说后，双方均觉惭愧，各自息事退去。有一次发生山民械斗，官府拟发兵弹压，余焕文知情后，不带一兵，骑马疾驰三百里，打比方、讲道理，晓以利害，双方都觉有亏礼之处，便各自散去。有一次余焕文遣仆人带着现银上京，在路过新宁境内时遇盗贼被劫。当盗贼知道那银子是余焕文给其儿子余堃在京城读书的学费时，惊讶而心虚地说：“余公大德之人，他的钱怎么能抢呢?”当即奉还银两，并派二人护送前行。可没走多远，再次遇到群盗拦路抢劫。当群盗得知是岳家寺余进士的银子时，也连说“抱歉”而去。

余焕文一生墨迹颇丰，著有《梦传文钞》八卷、《日记·杂录》二卷、《西汉读史论断》二卷、《鞭心录》四卷、《大中讲义》二卷等。同治年间(1862—1874)，代巴州知州陈洪绪作有《筑后河堤序》。同治二年(1863)，巴州发生大水灾，之后又出现大旱灾，他怀着沉重的心情作《散谷篇》。同治八年(1869)，代巴州知州陈洪绪作有《云屏书院碑记》。同治三年(1864)，作《金斗山狮子关望星楼记》，同年还作《金山石鼓序》。光绪四年(1878)，作《游府傅兰阶捐置营兵义冢序》，记叙巴州营游击傅兰阶为士兵捐置墓地事。光绪三年(1877)巴州大旱，各地无收，是年冬及次年春，死亡枕藉，物价奇贵，他悲天悯人，与胞兄余洁实施救济的同时，作《悯荒竹枝词》七首。《悯荒竹枝词》字里行间深切体现了余焕文体察民间疾苦、与民众同甘共苦的博大情怀，以及仁义之心。

光绪十六年(1890),四川总督刘秉璋向朝廷疏荐余焕文,称其"持身清介,处事和平,学术深纯,孝行卓著",被赏四品大理寺少卿衔。光绪十八年(1892),余焕文病逝。赴葬者上千人。

参考资料:

1.平昌县人民政府办公室:《平昌政务志长编》,内部资料,2013。

2.平昌县文广新局 :《平昌文化丛书》,内部资料, 2017 。

3.平昌岳家寺余氏简谱编纂组:《余氏家谱》,内部资料,1999。

4.政协四川省巴中地区巴中市委员会:《巴中县志校注》(民国十三年版),2001。

5.平昌设治局:《平昌设治局概览》,内部资料,1949。

6.巴中市政协文史资料委员会:《巴州志校注》,内部资料,1997。

(平昌县政协文化文史和学习委供稿)

挂印知县喻秉渊

喻秉渊(1827—1892),本名喻元吉,字福庵,号秉渊,四川省巴中市恩阳区兴隆场喻家梁人。喻秉渊自幼读书刻苦、秉性聪明、武功过人。清道光己酉科举人,以大挑一等入仕,官至云南保山知县。一生清廉,保山人民亲切地称之为“喻青天”。

文武兼修

喻秉渊出身书香世家,曾祖喻龄昌,号龄懋,乾隆四十二年(1777)入贡,后任云南恩安县知县,为官清廉。其祖父喻贯一,父亲喻焯先,都是饱读诗书之人。喻秉渊从小就受家庭影响,立志文武兼修,报效国家。幼时常偷跑到近邻三星乡的武状元苟大人处请教习武。十六岁考中秀才,入州学,获州府廪膳优供生待遇,更加发愤,样样精进。道光二十九年(1849)己酉科中举,后在巴州宕梁书院讲学。因学识渊博,深受巴州知州赏识,特委托其代为设宴招待参加乡学考试的学子,并创立“宾兴”为困难学子解难。

整肃吏治

清乾隆行科举大挑之制。喻秉渊便以朝廷大挑一等的身份,委派到云南沾益州署理知州两年，随后实授任保山县知县。他在保山，恩抚兼治，整肃吏制，清除匪患，治乱安民，颇有政声，被称为“喻青天”。

一天，喻秉渊接到报案，说在县内某地发生了盗窃。喻秉渊便派巡检带人将盗贼捉拿归案，速审速判，把七个盗贼关押到了监狱里。不出三天，喻秉渊又接到报案，说在抓盗匪那里又有盗匪。有人怀疑说是喻秉渊做个样子，就把那些人给放了。为查明实情，喻秉渊带随从去监狱察看，发现关押的七个犯人竟只有三人在押，其余四人不知去向。

为整治“内鬼”污吏，喻秉渊便设法寻找证据。刚巧，老家一位亲戚来访，他便暗中将亲戚当诱饵，故意以偷蔬菜之名抓进县衙。喻秉渊升堂问案，因罪行轻微，他亲戚被判关押半月，随即也送到了那个监狱。他亲戚被关押后，因没行贿挨了一顿打，后送上银子马上就被放了。此事的全过程，早被喻秉渊看得清清楚楚。最后，人赃俱获，那个贪赃枉法的监狱典史官受到了应有的惩罚。从此，保山官场再无人敢贪赃枉法。

惩恶扬善

云南保山地处边陲，矿业发达。有伙盗匪长期为非作歹，专抢冶炼好的金银，不给就杀人放火，矿主苦不堪言。为彻底清除匪患，喻秉渊亲自到矿区走访，要求大家做到“统一挖矿，统一入窑，统一烧炼，统一出金”，还派人蹲守保护，一度盗匪藏匿。可衙吏一走，盗匪便又出动，案发频频。喻秉渊决心不破此案决不罢休，于是他带上几个随从，化装成烧窑工潜伏侦察。一天，盗匪再次抢劫时，喻秉渊装成矿主，说有的是金子，但要他们头儿自己来取。盗匪嚣张至极，蜂拥而上，想置喻秉渊于死地。只见喻秉渊沉着应对，指挥手下把盗匪们打得抱头鼠窜，进山报告盗匪头目去了。后来，盗匪头目带人前来复仇，被喻秉渊巧妙设伏，全被围歼，盗匪头目被活捉。

匪首一除，乌合之众也销声匿迹。喻秉渊镇抚兼施、首恶必办，使得盗匪潜行，保山的矿业得到了较快发展。

秉持清廉

喻秉渊秉承曾祖父遗志，清廉为官，深受百姓拥戴。他有一个习惯，每次审案之后总要反复思索案情，扪心自问断案是否公允，是否做到上不愧朝廷皇恩，下不愧黎民百姓。后来，此习惯慢慢传到了道光皇帝那里，为了褒奖他，皇帝赐其“问心堂”匾额一块。喻秉渊视这块匾为至宝，回乡后把它高悬于堂屋神龛上，“破四旧”时被毁。

其身正，不令而行；其身不正，虽令不从。喻秉渊对身边人，特别是对家属子女，要求特别严格，从不准其收受礼品和银两。有一个小官为了巴结喻秉渊，给他送来银子，被他严词拒绝。路过的小儿子刚好看到，等那人一走便问：“你怎么不要银子？我们在老家饭都吃不起呀！”喻秉渊怒斥：“滚回去！要是我不在家，你岂不败坏名声。耻辱！耻辱啊！”他随即召集家人，严肃地讲明不能收取别人东西的道理，并定下“不收、不拿、不吃”的严格家规。

挂印辞官

一次，喻秉渊巡察民情刚回来，就有人来报杀人案。由于案情简单明了，犯人也供认不讳，他便当堂宣判秋后处决。谁知那罪犯竟当庭咆哮：“怎么，要了银子还要脑袋？”喻秉渊深感诧异，只好宣布退堂。

喻秉渊退到后堂后，夫人郭氏才将实情相告。原来，那罪犯欲逃重罚，就找人向喻秉渊的妻弟行贿，郭氏得知后不敢擅自做主，本想等喻秉渊回家再作处置，哪知喻秉渊一回来就升堂问案。喻秉渊知悉原委后，痛心疾首，深感有悖家风，愧对官职，立马派人缉拿妻弟。然而，他妻弟早已卷银潜逃，不知去向。喻秉渊只好一边变卖家产，退还银两，一边连夜书写辞呈，上奏朝廷。不待朝廷批文下达，他就挂冠封印而去。

保山百姓听说喻知县要辞官后，便自发联名劝留，缝织了“万民衣”，制作了“万民伞”，希望朝廷网开一面，让清官喻秉渊继续在保山为官。喻秉渊不禁潸然泪下，尽管舍不得离开，但为保全清誉家风，他仍毅然辞别众乡亲，回归故里。

回馈乡梓

喻秉渊归乡后，旧房早已破烂不堪，需要修缮。但他做官五年多，教书十年，却没有积蓄。他便让家人栽茶种桑卖钱，以积攒建房款。为了节约资金，还组织家人自己动手，只请少量工匠。最后，没用多少钱就建起了新房。一百多年过去了，这座老房依旧保存着过去的风貌。

喻秉渊还积极为新修考棚而奔走。他联络在江西任知县的堂兄喻元熙，共同出资修建一个规范的考场。此举也得到官府和社会贤达的支持，很快就建起了一个科考场所（在今巴州区原人武部址内），并在考棚前修了一座石桥，取名为“状元桥”。该桥在“文革”中被拆除。

喻秉渊归家后以耕读传家，劳作为生。一天，他在屋后耕田，忽然来了几个陌生人要找他帮忙。“喻举人在家里读书，我马上去叫。”他便从后门回家换好衣服，迎了出来。一行人立马面带疑惑，心想是喻举人不愿接见，叫个长工来敷衍。于是，他直接问他们为何事登门，听明白后帮助他们出了主意。一行人满意而归。这时，其中一人忍不住问道："喻举人，你怎么又当举人做官，又当长工耕田？"他听后顺口吟道："举人长工都是人，耕田读书度此生。能解民间百姓苦，便是世间快乐人！"

在巴中市恩阳区兴隆场镇的喻家梁，至今还传诵着许多喻秉渊清廉为民的故事。

参考资料：

1. 中国人民政治协商会议四川省巴中地区巴中市委员会：《巴中县志校注》（民国十三年版），内部资料，2001。

2. 中国人民政治协商会议巴中市巴州区委员会：《巴州志校注》（重印本），内部资料，2002。

（恩阳区政协文化文史和学习委供稿）

晚清进士何岚崧

何岚崧(1836—1924),字文玑,号少峨,四川省南江县正直镇荆江村人。清咸丰末年贡生,同治年间进士,民国十三年(1924)病逝,享年八十八岁。秉性刚直,疏财仗义,不苟全性命于乱世,不求闻达于仕途,进士及第不候缺,坐拥功名不为官,终身设馆执教,兴办私学,传道授业,以文化人,控烟禁赌,倡导农耕,为一代名儒。

设馆授课开新学

何岚崧系当地大户何中衢之长子,自幼天资聪颖,勤奋好学。同治三年(1864),在他获取功名之时,正值国势颓危之际,面对官场尔虞我诈和民不聊生的社会现实,他毅然放弃候缺做官,立志教书报国、劝学育才,先后在正直坝杨家院、关帝庙、王爷庙设馆执教四十六载,娶杨氏为妻,育有三子,并以馆束之资置办农田十余亩,雇农租种度日。

何岚崧顺应时势,思想开明,坚持“中学为体、西学为用”的理念,首开平民教育之先河。他招收学员不分男女老少,因材施教无论贵贱亲疏,但凡想学、愿学、能学的乡邻学子,都大开方便之门。

对那些年岁较高的乡邻，他重在教授识文断字；对那些立志科考的童生，他重在讲解四书五经；对那些大户人家的千金，他重在教导德操礼仪；对那些家境贫寒、交不起学费的门生，他主动放宽就学条件，允许欠费读书，或以物抵资，甚至免费教学。他的这些行为在当时可谓"离经叛道"的壮举。

通过苦心经营，何岚崧的学馆桃李满园。据考证，晚清贡生、同盟会会员蔡宗周和晚清监生、同盟会会员蔡尊德都是他的门生。他在通江、南江、巴中、旺苍一带都非常有名望。

兴文除弊匡正气

晚清和民国时期，何岚崧以尊崇传统文明、弘扬民族文化为己任，身体力行，兴文除弊，引领社会。他在当地利用建祠修谱、礼祭主持、题碑作序和品茶论道的机会，大力倡导"强国兴教、立德铸魂"思想，宣扬"破旧立新、移风易俗"观念，树立"耕读传家、勤劳致富"美德，培养"积德行善、孝老爱亲"品格，坚决革除"吸毒好赌、铺张浪费"恶习。

何岚崧痛恨秦始皇"焚书坑儒"，曾经在何家祠堂厢房高声诵谒《焚书坑》，义愤填膺；他怒骂秦桧谗害忠良，没有读书人的气节，寡廉鲜耻；他谴责晚清割地赔款，签订卖国条约，丧权辱国；他痛斥民国军阀混战，加重农民负担，祸国殃民；他提倡控烟禁赌，建议颁布法令，革除邪气歪风；他推崇民主共和思想，倡导变革求新，维护民权。他曾有联云："宇宙赖撑持，俊彦旁搜，所难在寰区住脚；民军皆公辅，群情效顺，直巩固共和楚基"，"与斯民共治生民，酌成和议，再无遗议；破常典新颁令典，刷去冗员，尚得能员"。

这些思想和主张，主要体现在何岚崧的诗稿遗文中。他现存的墨宝有：正直鹞池牌坊题诗，狮子石太平桥撰写的碑文，正直老戏楼匾额“义演春秋”，正直文风塔门对“大观在上——一支文笔冲星斗；万派长河镇水源”，正直花桥匾题“勤襄义举”等遗作，并留有手摹王羲之《十七帖》和自遣诗八首、寿文九篇、联对一百四十七幅。这些遗作不仅内容精美，书法成就也极高，结字为体，无论行楷皆源出王、颜，行书飘逸灵动，楷书端庄秀美，笔力雄浑潇洒，字里行间无不彰显出一股豪迈高洁之气。如《建修太平桥碑序》：“宣统元年以前，此地沟深岩险，石乱径微，过客至此，极艰步履，一遇雨淋泥滑，岸阔浪急，欲济无舟，欲行迷径，徘徊道左，太息咨嗟，此所以蜀道之人，难以上青天也。历年来，我境有志诸公，屡欲建修石桥，奈工程浩大，恐难竣事，嗣因遐迹善士，成头捐金，乃于是年冬十月，订簿募化凿石鸠工，越六个月，而功告成，爰勒石贞碣，以志鸿名，非邀誉也。吾人生当晚近，纵未能旋乾转坤，俾臆万姓，共荷生成，而此共由之，周行有以弥逢其缺卞，未尝夫济子世，况当兹川陕通衢，上下千万里，往来千万人，一旦而化险为夷，征夫无苦，彩虹载渡，一路平安，砥柱中流，万年巩固，斯诚乐捐资义士仁人，所如原相偿者，倘不表彰姓字，以揭其善，与人同之隐衰可乎哉。虽然积善之家，必有余庆；潜德之士，必发幽光。行见高车驷马，题柱扬名，人杰地灵，捧檄称孝，报施不爽，如响应声耳。岂特刊碑勒石，姓氏馨香已乎。是为序。何岚崧年七十撰书大清宣统二年辛亥冬十月初二日”。

不畏强权摘顶戴

何岚崧一生公道正派，不畏强权，敢于仗义执言，极富传奇色彩。光绪初年的一个初春时节，正直坝檬子咀春意萌动，生机盎然。晌午学馆放学后，何岚崧独自走在回家途中，远远就看见佃农吴应章租种的麦田里人头攒动，两匹高头大马比肩擦颈，引颈长鸣。一个县官模样的中年人一把推倒吴应章，其随从赶紧把他拉开。只听他不断大声怒斥着倒地的佃农，闻声赶来的群众围了一大圈。

何岚崧三步并作两步走，来到现场一打听，才知道是一个姓刘的县丞受知县委托下乡办案，骑马途经此处不走大道走捷径，踩坏了吴应章田地里的一大片麦苗，吴应章要他赔偿，他却蛮不讲理，仗势欺人，口吐狂言。在旁观看的何岚崧怒不可遏，立马上前摘掉县丞的顶戴，狠狠地甩在地上，怒目圆睁："当官要为民做主，你不要欺人太甚！"围观的群众都喊着何岚崧的名号大声叫好。县丞见何岚崧凛然正气，自知理亏，留下两枚铜钱，捡起地上的顶戴，牵着马灰溜溜地走了。从此，当地群众称何岚崧进士为"摘顶老爷"。

强农助耕话桑麻

何岚崧长期居于乡野山林，与世无争，他一面设馆育人，一面躬耕田园，过着闲云野鹤般的日子。晚清和民国时期，巴中、南江历届州县官员都对他敬重有加，光绪年间南江县令孙清士和其他几任知县都曾多次亲临拜访，问计富民强县之策，他均主动出谋建言，并带头捐资捐物，组织群众修桥补路，发展农耕，活跃商贸，成为开明士绅的典范。

据当地何阳春、谭永达、杨建儒等几位老人讲，在他们小时候正直坝家家户户都种桑、养蚕、栽苎麻，这些农作物就是何岚崧带头引进推广的。光绪二十九年（1903），何岚崧在大邑拜访友人时，发现当地桑麻种植利润丰厚，返乡后就引苗试种并初见成效。他把自己试种的心得编撰成册上报给县令，县令非常重视，遂筹集公款私银，购买麻种桑秧下发各地，并下令报数登记，视其荣枯而赏罚。

何岚崧还注重积德行善，发展商贸，修桥铺路。相传正直坝老蛙石的跳蹬桥，龙滩河上的花拱桥，狮子石的太平桥和正直集镇船运码头都是他倡导修建的。他还倡议开通正直坝上至木门、下至恩阳的河道运输，组建排筏船工队伍，加强两地商品流通。与此同时，他还组织民工疏通正直集镇的河道，安砌河堤堡坎，并在沿河两岸栽种一大批柳树，形成了正直古镇的“清江垂柳映河塔”美景。如今这些古镇遗迹，由于时过境迁，已经物是人非，渐次淡出人们的记忆。

参考资料：

1. 四川省南江县地方志编纂委员会：《南江县志》，中国文史出版社，2011。

2. 中国人民政治协商会议四川省南江县委员会：《南江文史》（第18辑），内部资料，2017。

3. 南江县诗词楹联学会：《县南风物》，内部资料，2007。

（南江县政协文化文史和学习委供稿）

第二篇　近代历史文化名人

戊戌变法先驱吴德潚

吴德潚(1847—1900),字季清、筱村。四川省平昌县白衣镇人,吴铣之三子。他历任浙江山阴、钱塘、西安知县,同其子吴铁樵、吴仲弢,均为维新运动的中坚人物。与康有为、梁启超、谭嗣同、黄遵宪、陈宝箴、汪康年等交往甚密,与孙中山、张之洞、翁同龢等亦有深交。积极参与创建"强学会",开办《时务报》,为变法图强踊跃活动,系戊戌变法先驱。清光绪二十六年(1900),在西安任上被杀害。

父亲吴铣去世时吴德潚年仅九岁,便随在云贵为官的仲兄吴德溥(吴铣次子)宦游读书。弱冠之年考中秀才,同治十二年(1873)拔贡,后中试四川第三名举人,考取咸安营教习,任满后被大挑一等知县,但他自动放弃为官机会,前往北京拜师苦读。他的书法优美俊朗豪放,俨然名家,一时名公巨卿皆称之,享有盛誉。光绪二十二年(1896),被选任浙江西安(在今衢州市境内)县令,至省即调署山阴县,第二年调钱塘县,第三年回本任。

光绪二十年(1894),湖广总督张之洞在武昌聚天下英才开译书局,吴德潚在此任职,并结识了汪康年、陈三立、杨锐、梁鼎芬、黄遵宪、邹沅帆、叶瀚等政治主张与其相同的名士。光绪二十一年(1895)三月,康有为在京参加会试,联合各省应试举人,讨论上书请愿。会试后，康有为起草“万言书”，提出“拒签和约”“迁都抗战”“变法图强”和“富国”“养民”“教民”等言论，千余名举人签名响应。“万言书”呈递到都察院，震撼全国，史称“公车上书”。同时，社会上已广为流传，文字见报后，颇为当朝士大夫称赞，史称“维新派”。这些变法主张得到光绪皇帝的赞许，邹沅帆、陈三立、汪康年和吴德潚父子等开始筹建创设“舆地学会”“中国公会”，以及议设报馆之事，成了“聚集维新同人”的纽带和创办《时务报》的根源。同年八月，康有为在京创办维新派第一份报纸《万国公报》(后改名《中外纪闻》)，宣传西学，宣传变法。同月，北京建立“强学会”，定期集会公开讲演国内外时事。光绪二十二年(1896)春，北京强学会遭以慈禧为首的封建势力的打击，吴德潚与谭嗣同通信说：“旋值学会之变，心绪恶劣，不能把笔……鄙意京会不过略存大意，实力举行，求有成效，仍望在外诸君也。”吴德潚希望学会能在外地做些实事，如译书、办报等。同年，吴德潚与谭嗣同、杨叔峤、梁启超在上海成立“强学会分会”，免费发行《强学报》和《中外公报》，宣传变法维新思想，但均遭到严重打击。此情之下，各省相继组建各式各样学会，设立学堂和报馆。康广仁在澳门办《知新报》，康有为在北京成立“保国会”，陈宝箴、黄遵宪、谭嗣同在湖南兴办“时务学堂”。吴德潚则与梁启超、黄遵宪、邹凌瀚、汪康年在上海创办《时务报》，并得到张之洞的默许，继续为变法维新铺路奠石，鸣锣开道。

《时务报》传播维新救亡思想，是中国近代出现的新式报纸，也是宣传变法图强的主要刊物，曾风行一时。为办好《时务报》，解决办报的经费困难，吴德潚父子想方设法为报纸筹集资金，将白衣的桐油、生漆运往上海通过出口赚得大笔资金，使报社能够正常运转。梁启超到上海任《时务报》主笔时，吴德潚还筹钱为其租房，买日用物品等。

光绪二十三年(1897)三月，吴德潚由山阴知县调任钱塘县知县。他认为梁启超年纪尚轻，宜习欧文，就出资在杭州西湖租赁房屋，购买大量书籍，还聘请英文、法文教员各一人为其授课三年。康有为来杭州也住在吴德潚家中。

光绪二十四年（1898）二月，吴德潚调回浙江西安县本任。他在任上，积极推行新政，向百姓宣传维新变法之道；购买各种西学书籍，开办学校；注重农桑，自刊《樗茧谱》试养山蚕；推行实业，组织当地百姓编草帽增加收入，购买各种机器织布制衣、造樟脑等。当时，因江西的大米要出口，造成当地百姓恐慌，米价陡涨。吴德潚严令属下“明察暗访，逐户清查，市价稍平”。米价风潮之后，又遇旱灾，百姓争水斗殴、借故抢掠，命案时有发生。他一面忙于审理诉讼，秉公不徇私情；一面劝募积谷存仓，让灾年的饥民受惠。

光绪二十六年（1900），浙江江山县土匪刘加福联合多股黑恶势力，以“仇杀洋人”为借口，抢掠外国人的资财。六月十六日，衢州总镇喻俊明得到线报，立派把总项升率兵剿灭。至二十一日夜半，讹传有匪进城，居民狂奔西门外逃，城外乡民为了避乱又扶老携幼，蜂拥入城。二十四日午后，江山、常山二邑失守，把总所率兵勇全军覆没。杨怀清、陆嗣恺狼狈逃回，衢州文武各官相顾失色，危机四伏。

此时，衢州城内人心惶惶，风声鹤唳。当地恶吏罗楠和都司周之德，因对吴德潚有积怨，便造谣县令“与匪有勾结”。消息从都司口中出，城内百姓信以为真。六月二十五日早晨，吴德潚正与衢州知府洪思亮在保甲局与各绅董筹商防守事宜，遭罗、周煽动的人一哄而入，借搜索匪徒、拆教堂为名突袭。吴德潚被摘去官帽，剥去官袍，赤身绳捆索绑，拔去须发，并被强制招供与城外土匪和叛党有勾结。吴德潚见这些人无法无天，怒不可遏，直骂他们罪不可赦。众恶徒遂用利刃刺穿其腹部，使吴德潚当场死亡。但这些恶徒还不肯罢休，又将吴德潚次子吴仲韬、三子吴以东、长孙吴恕昌、幕友萧德荣及家丁共三十四人残酷杀害，对十一名外国教士及亲属亦不肯刀下留人。

这起“衢州教案”震惊全国，光绪帝下诏：“吴德潚着交部从优议恤，余依议。”光绪二十七年（1901）七月六日，与“衢州教案”有关的各级官吏遭到严处。时任浙江巡抚刘树堂被革职，永不叙用，饬令回籍，交地方官管束；浙江布政使荣铨被革职，发往极边；金衢严道道员饱祖龄被定为斩监候罪名，发极边充军，永不释回；浙江衢州府知府洪思亮被革职，永不叙用；衢州镇总兵喻俊明被革职，发往极边，永不释回；罪魁祸首罗楠、周之德等十四人，被押解到行凶作恶的犯罪现场斩首示众；还有多人被监禁。

吴德潚遇害后，黄遵宪、梁启超、汪康年等二十多位名人作诗、作文、拟联、填词、著书，对其表达了沉痛哀悼和怀念。

参考资料：

1. 秦国经：《清代官员履历档案全编》，华东师范大学出版社，1997。

2. 汤志钧：《戊戌变法人物传稿》（增订本），中华书局，1982。

3. 陈恭禄：《中国近代史资料概述》，中华书局，1982。

4. 中国史学会：《中国近代史资料丛刊·戊戌变法》，上海人民出版社，1957。

5. 康有为：《康南海自编年谱》，中华书局，2012。

6. 胡 滨：《戊戌变法》，新知识出版社，1956。

7. 梁启超：《饮冰室诗话》，人民文学出版社，1959。

8. 上海图书馆：《汪康年师友书札》，上海古籍出版社，1986。

9. 黄遵宪：《人境庐诗草笺注》，上海古籍出版社，1981。

10. 谭嗣同：《谭嗣同全集》（增订本），中华书局，1981。

11. 达川市地方志办公室：《达县志》（1938版），内部资料，1997。

12. 中共平昌县纪委、监察局：《平昌家风·吴氏名人传略》，内部资料，2018。

13. 平昌县人民政府办公室:《平昌政务志长编》,内部资料,2013。

14. 平昌县文广新局:《平昌系列文化丛书》,内部资料,2017。

15.《中华史书精典系列:清史稿》,新疆青少年出版社,1999。

16. 政协平昌县委员会文史委:《吴德潇父子与戊戌维新》,内部资料,2009。

17. 郑永禧:《浙江省衢县志》(民国版),成文出版社有限公司。

（平昌县政协文化文史和学习委供稿）

武榜眼、御前头等侍卫李承恩

李承恩（1850—1921），字延育、召南，晚号树棠，四川省通江县杨柏镇李家沟人。清光绪二年（1876）中武举，光绪十六年（1890）榜眼及第，被封为“御前头等侍卫”“乾清门行走”，后任湖南澧州参将，钦加提督衔，头品顶戴，授湖南常德镇总兵。

李承恩的祖辈都是武秀才，到他父亲这代则是个没有取得“功名”的普通读书人，所以家人对“世代簪缨”继承人的培养很迫切，无论是文是武，必得其一。他童年受教于私塾宿儒，成绩优异。兼之家教谨严，上进心切，学业进步很快。十二岁后文思大进，立志成名，勤苦学习，禀遵家训，力争承先启后，光宗耀祖，名扬于世。

鸦片战争后，清廷筹议武备，一时国内各地倡办武学堂风起云涌。李承恩的家人乘机在附近玉皇庙开办了一所讲武学堂，开设耍刀、端蹬、跃马、据鞍、拉弓、射箭等课目，李承恩也在学堂里积极操练。至十八岁时，李承恩文武兼长，到保宁府初试文考中秀才，后院试因诗跳韵落榜。遂改变志向，潜习武技，光绪二年（1876）应省试考中武举。

光绪十六年（1890），李承恩应会试中进士，紫光阁复试中一等第一，御箭亭校射，皇帝亲临主考，试其箭法，他准确稳健，连发三箭，屡中如神。试其臂力，他举刀、端磴、矫健敏捷，力胜千钧，又中一等第一。保和殿试策，其胸有大略，对答如流，获辛卯科“鼎甲三元”第二，钦点“榜眼及第”，名标金榜。因其身材魁梧，气宇轩昂，又长于文学，深得朝廷器重，被光绪帝封为“御前头等侍卫”“乾清门行走”两官职，兼办颐和园万寿山东西陵事。现通江县文物管理所保存有他的一枚长方形铜印，印刻“皇宫侍卫值官印”字样。

光绪二十六年(1900)八国联军入侵，清王朝被迫弃京，光绪帝同慈禧太后驾迁西安，李承恩被任命为“导引大臣”随驾西迁。联军退走，靖谧回京，李承恩护驾有功，敕赐“壮勇巴图鲁”名号，赏戴花翎，一品顶戴，诰封三代为“武功将军”。其父封为“昭武都尉”，其母封为“一品夫人”，钦准其子李碧玉肄业于“贵胄学堂”，享受皇宫晋禄。同时，慈禧太后赐予亲笔书写的“福寿”金匾。接着，李承恩被任命为湖南澧州参将，钦加“提督衔”，一品顶戴，授湖南常德镇总兵之职。

李承恩在总兵任上八年，历任两朝，为人谦恭，民怀吏畏。宣统二年(1910)，清廷筹备立宪，裁除绿营，屡召李承恩赴京，改授文职。但他念国事日非，力以老辞，屈任通江县征收课长，不几年便退居田园。

李承恩晚年闲居家乡，常借诗酒以遣兴，寄情于山水以自乐。在他门前有两条溪流：一叫响滩溪，一名数钱溪。响滩水流急湍，声响如洪钟；数钱溪水细流，如数铜钱铿锵有韵。为此，他作有《咏响滩》：“榜眼府门有响滩，潺溪滴沥名数钱；早晚何用鸡报晓，一派吼声送客眠。”他亦酷爱书法，曾书“榜眼及第”于住宅头门之上，现保存的石鱼缸外侧上也刻有其书写的诗文：“鱼以水为天，水因鱼易活，鱼水两相偕，波自乐其乐；我以心养物，相悬于不觉。观水与观鱼，有如此活泼。”

民国十年(1921)，李承恩病逝，享年七十一岁。

参考资料：

1. 四川省通江县地方志编纂委员会:《通江县志》,方志出版社，2011。

2. 四川省通江县政协文史委:《通江历史人物选》,内部资料，1984。

（通江县政协文化文史和学习委供稿）

太子太傅岳森

岳森(1852—1899),字林宗,四川省南江县平岗乡张公塘人,清同治年间拔贡生,咸丰贡生岳凌云(曾为清同治帝太傅)长子。自幼随父在四川尊经书院(四川大学前身)读书,是晚清经学家、文学家王湘绮的得意门生。后经四川学政张之洞举荐进京,教授皇族子孙,深得皇帝赏识,光绪帝御笔赠联:“八旗书生皆北面,九重天子是东家。”自公车北上入南学,名噪京城,著作颇丰,有《成均课士录》,后被善化学使瞿子玖延聘到襄校尊经书院讲学,培养了大批知名弟子。返乡后于南江长赤龙池书院讲书,讲经独辟蹊径。一生著述颇多,有《癸甲襄校录》行世。后以疾终,年仅四十七岁。

巧对公差

光绪年间,岳森带着书童岳礼宗等轻车简从,从北京返乡省亲,途经巴州寄寓鼓楼街客栈,安歇后便去拜访同僚。正在寒暄叙旧之时,书童满头大汗跑来报告:“县衙十多个公差查号时,把老爷的住房和行李统统封存了!”岳森听后从容不迫,回到客栈后亲手将御赐灯笼挂出。公差们一看那灯笼上写有“太子太傅”四个大字,便吓呆了,跪地如捣蒜般磕起头来,向岳森求饶。岳森并没有以势压人,叫他们快点起来,连连说道:“不知者不为过嘛,这没得什么。”公差们回县衙将此事禀报给了县大老爷。第二天一早县大老爷就来赔礼道歉,并要摆设酒宴为岳森接风洗尘。岳森以省亲时间紧,必须赶路为由而婉言谢绝。

教化恶人

平岗乡有个平岗寺,建于清乾隆时期,塑有大佛一尊、罗汉像十八尊,是当地百姓祈福朝拜之所。当地有一个员外,名叫王庆祥,拥有大量土地,上自双泉洞、下至红鱼洞,左右直抵两边大沟,有好几千亩,这块地上住的农家差不多都是他的佃户。他仗着有钱有势,鱼肉乡里,胡作非为,没人敢说一个“不”字。父母双亡后,他随意将平岗寺正殿里的佛像毁掉,换成为其父母塑的金像。塑像落成那天,礼炮彻天,祭礼盛典热闹非凡。当地百姓看在眼里,怒生心头,嘴上却不敢言语。

正在这时,岳森从北京返乡路过此处歇气,听见鞭炮声、锣鼓声响成一片,十分惊讶,心想:今天并非庙会,为什么如此热闹呢?正在纳闷,听到群众大声抱怨。他便索性问个究竟,百姓异口同声地说:“是员外郎王庆祥,仗势霸占了平岗寺正殿,给他父母塑了金像,今天落成,进行祭拜。”岳森闻言说道:“岂有此理,真是霸气十足,无法无天!”就是这十四个字解决了问题。有人向王员外说了此事,王员外深感大事不妙,当晚就将其父母塑像易地安放,重新塑了佛像。王员外还亲自到张公塘岳森家里赔礼道歉。岳森见他尚能悔悟,经过教育就此作罢,自此王庆祥的霸气和恶行收敛了许多。

家乡修桥

岳森以家乡忧患为己任。他精心谋划,在一年时间内,修建起了缝源桥。

从张公塘村口缝源桥的碑文中得知,此番修桥有几大特点。一是组织严密,责任明确。总理:岳森。协理:杨秀清、岳升台、岳克勤。经工：杨秀棠、于学成。管账：于学成。二是集资量力而行，百姓“乐捐”。碑文云：岳森“召集五方之人，凡由斯道者”按“上中下户乐捐”。集资分片由首事散簿收款。三是作好预算，计划工程量。除修建缝源桥，他另将张公塘至赶山寺的二百九十七丈石梯路修好，议定每丈石梯路工钱一百二十文。四是公开透明，实施“晒账”，公布预收和实支账务，罗列如次：石工修桥费贰拾叁仟文；木工桥梁费捌佰文；追加工钱贰拾叁仟文；口食钱壹仟伍佰肆拾文；起酒会壹仟叁佰叁拾文；散会酒席及踩桥费陆仟叁佰叁拾文。共支捌万叁仟伍佰伍拾文。尚差：伍仟捌佰伍拾文。五是差钦集资合理。总理会议定：首事每人壹仟文。张公塘域外的人不再捐款，本地域的上、中户捐款，下户免捐。总理岳森捐资伍仟文。六是用工时间较短。光绪二十三年（1897）秋开建，至年底竣工。桥修成后，岳森在缝源桥碑题联：“幽谷阳春邹子发，桃园万户圣时开。”

岳森为官一任造福一方，即使赋闲在家，也情系父老乡亲。修建缝源桥这件事情，就充分彰显了岳森的高尚人格。他虽地位显赫却不自矜其功，虽富有却不忘木本水源，主持办事一丝不苟、一文不贪。建桥账目清楚明白，经得起审查，体谅民生，区分贫富，并立“乐捐”为上，下户免捐，第二次筹资域外的人不捐，扶贫之心彰显其中。

岳森一生著作等身，现知在北京大学图书馆、四川大学图书馆均有收藏。除《成均课士录》《癸甲襄校录》外，尚存《胡氏凌云阁序》《新桥碑序》《听秋雨赋》《秋日田园赋》《策问》等诸多诗词联。

参考资料：

1. 岳飞家史南江首卷编辑委员会：《岳飞家史南江首卷》，内部资料，1999。

2. 中国人民政治协商会议四川省南江县委员会：《南江艺文志》，内部资料，2015。

（南江县政协文化文史和学习委供稿）

除蛊知州余艮

余艮（1858—1906），字止安，四川省平昌县岳家镇人，余焕文之五子。天资聪颖，机灵过人，十六岁上学读书，二十七岁与弟余堃同科中举。“大挑一等”授刑部主事，后外放任云南武定州直隶州知州、大理州知州、威远知府。为官爱民为民，逢恶不怕，逢善不欺，不幸不过半百就猝逝于公堂。

清代“大挑”制度挑选的官员，大多都被外放到条件艰苦的边远地区。到这些地区做官，一是朝廷对他们才能的检验，二是朝廷对他们的重任。余艮被派往云南任职，朝廷就是希望他能把困人已久的蛊毒清扫干净，还百姓一个安定的生存环境。

蛊毒从汉代开始就有传说和记载，言传、口授和文载源源不断，且越传越神，越说越恐怖，成语“蛊惑人心”即由此演变而来。关于蛊种的培植，传说是在端午前后，将毒气最盛时的蛇、蝎和知名毒虫收集起来，用容器把它们放在一起，让它们厮杀，最后一个没被吃掉的物种即为蛊种。蛊种培植好后，就用特殊手段将其制成可以害人的毒汁。只要人一接触此毒汁便无药可医，立即死于非命。这种以蛊毒杀人的方式，先从一人一己开始，再到张三或李四两个家庭，或者一个家庭的两个人互用蛊术残害对方。然后发展到一个地域伤害另一个地域，一个民族伤害另一民族。在那个缺医少药的时代，特别是在一些迷信色彩浓厚和百姓知识水平较低的地方，常常弄得四邻不安，人人自危，社会环境极其恶劣。到清朝时期，云南、贵州、广西和湖南、四川一些少数民族地区都有“种蛊”（培植）、“放蛊”（植放在寄主身上）的种种说法和做法，朝廷也经常得到这样的奏报。为有效清除蛊毒危害，朝廷还专门制定了惩治以蛊害人的《律条》。

余艮出身书香门第，从小就受家风熏染，养成一种逢恶不怕、逢善不欺的性格。他“大挑一等”授官以后，性格刚直，操守廉正。在云南为官时期，为稳定当地社会，他长期走村临寨，向百姓讲解朝廷禁止相互放蛊害人的重大意义。同时，在民间到处收集解蛊草药，向蛊毒受害百姓发放救济善款，而对自身安危却无暇顾及。在审理“蛊毒”案时，他根据不同情况宽严适度对待放蛊害人者，使得治下蛊毒案减少。在定州、大理、威远三地的百姓中口碑良好，也得到朝廷的充分肯定。

孰料，一位被百姓拥戴、朝廷认可的好官，却遭飞来横祸。余艮在威远连审数起蛊毒案后，准备斩杀几名害民蛊匪时，不承想被身边内鬼暗算，下毒于他的茶杯之中。在斩前核审人犯时，余艮突然呕血而逝。

余艮因打击蛊毒而仕，又因蛊毒而忠节。他不过半百就猝终于公堂，当地百姓闻之无不痛哭流涕，深深怀念这位爱民为民的好知州。

参考资料：

1.平昌县人民政府办公室：《平昌政务志长编》，内部资料，2013。

2.平昌县文广新局：《平昌文化丛书》，内部资料，2017。

3.平昌岳家寺余氏简谱编纂组：《余氏家谱》，内部资料，1999。

4.政协四川省巴中地区巴中市委员会：《巴中县志校注》（民国十三年版），2001。

（平昌县政协文化文史和学习委供稿）

民国续修《通江县志》总编吴世珍

吴世珍(1858—1933),本名元义,字聘甫,号世珍,四川省通江县民胜镇元顶村人。清光绪三年(1877)考中秀才,后补廪。光绪末年,在四川绅班法政及巡警等高等学堂读书,毕业后于宣统元年(1909)任保宁警务长。

吴世珍体察民情,时常解囊以息纠纷。他在审查保宁城状元街唐理元控告李其明黑夜撬门入室盗走白米一案时,该盗供认不讳,问其原因,答曰:"我乃搬运力夫,上月被军队拉去背夫,月余不放,十天前逃归。家中老少数口,母病卧床,断炊数日,迫于活命。恳将所偷之米,缓在两月内加利偿还。"言毕,潸然泪下。但被盗之家也是贫民,家中女人生小孩未弥月,无力周济别人。吴世珍感到难于按法律处理,于是自己捐出白米,给被盗之家以息案。后川北道尹张澜赠其"膏泽下民"一匾。

吴世珍主张维新,并加入中国同盟会。重庆成立同盟会支部,吴世珍被列为特邀代表,奔走于革命活动多年。民国元年(1912)三月,骆秉章任四川省参议长,吴世珍被选为省参议员。民国四年(1915),吴世珍任通江县第一高级小学校校长,为通江培养了一批人才。黄烈臣、李宝成、王尧笙、王子厚等皆是其学生。

民国十四年(1925),时任通江知事钟英以每月工薪四元(银圆),聘吴世珍为《通江县志》总编辑。此时军阀割据,赋税奇重,知事更换频繁,从民国十四年(1925)到民国二十年(1931)的六年时间就更换九任知事。这六年中,两年遭受旱灾,一年遭受风灾雹灾,土匪遍地,民不聊生。开头一两年,吴世珍每月的工薪尚能领取,后来就停发了。为了糊口,他不得不到通江县立初中任课,而教书又影响他编写工作。一次,县政府开会提出工薪问题,知事低头不语。他气愤地说:“陶渊明不为五斗米折腰,我难道为四元钱折腰?没有工薪也要完成。”从清道光《通江县志》问世,经咸丰、同治、光绪年间,数次续修《通江县志》均未成功,地方史已留了九十多年的空白,如再拖延,留下的空白就更大了。于是,吴世珍毅然辞去初中教席,隐居西寺,潜心编史修志,由家里送米送菜来完成这一艰巨任务。由于生活条件差,操劳过度,吴世珍患上了严重的神经衰弱与胃病,病发就昏厥不省人事。亲朋好友关心他的身体健康,写信劝说,要他停笔静养。他在回信中说:“老朽以身许国,一生坎坷,没有为桑梓作出多少有益的事。编史修志乃千秋大业,就是死了,也心甘情愿!”

吴世珍经过五年不懈努力,《通江县志》续修初稿写成。全书分《沿革》《山脉河流》《风景》《城市》《祠庙》《风俗》《武备》《公署》《坊表》《险要》《职官》《人士女士》《物产》《仓储》《户》《赋税》《实业》《灾异》《气候》《宗教》《交通》《教育》《科第》《艺文诗》等二十余卷。其体例沿袭道光《通江县志》,设置不一定合理,内容也较为粗略,不能算一本上乘的地方志。但在动乱年代,他从家里背米来完成如此艰巨任务,本就十分可贵,何况还填补了道光十八年(1838)到民国十九年(1930),这九十余年的历史空白。人们要了解通江县这一段时间的政治、经济、文化、教育、军事等史实,它是唯一的著述。吴世珍的功绩是不可磨灭的。

从续修的史实中，不难看出吴世珍的爱憎分明。如《职官》中，他既写了清官，也写了贪官。民国四年（1915）任通江知事的薛晋封，在数月之间，就勒索民洋十三万有余，全县绅士敢怒不敢言，廪生杜星桥“讽其贪”而横遭杀害。民国十年（1922），杨希云任通江知事，以其姑夫蓝某为案牍兼审判，受理案件时先看贫富。富的能送包袱，无理可成有理，贫的不能送包袱，有理可成无理，由此索赃三万有零。以上诸事，吴世珍秉笔直书，毫不隐讳。民国六年（1917），王殿章任通江知事，做了一些对通江人民有益的事他也写了出来。吴世珍笔下的清官贪官，一看即知。编写期间的几任知事，吴世珍不便直书其劣迹，只记其名，让后人明白他们吃饭不干事。

吴世珍续修的《通江县志》写成后，誊写两份，一份送四川省政府，一份留县上。此书应由文教局设法付梓，可是文教局长谭次元对此事漠不关心。1932年冬，中国工农红军第四方面军入川，谭次元忙于卷物逃跑，竟将这份志稿放在一张破烂的桌子上，意欲毁掉。吴世珍知道后，毛发倒竖。他到文教局将志稿拿回了家中，并对儿子吴本相说：“这是我用五年心血浇出来的一株幼苗。家可倾，产可破，房屋可毁，志稿不能丢！”此时，吴世珍的病情严重，不几天后就与世长辞。一说吴世珍的死，是县上某贪官暗中派人在他药中投毒所致死。由于吴世珍爱憎分明，在志稿中记述了那位贪官的事实，从而恼怒了那位贪官。当那位贪官听说他已将志稿拿回家中，就派人投毒暗杀了他，欲毁掉志稿，蓄意不让付梓。传说不一定为真，但可从中更加了解吴世珍。

民国二十五年（1936），李泽任通江县长，吴家本想将志稿送到通江县府，恳请刊印出来。李泽收下志稿后也未付梓。后来，由于保管不善，这份志稿已经残缺。现存的志稿，系从省档案馆复印。

参考资料：

1. 四川省通江县志编纂委员会:《通江县志》,四川人民出版社,1998。

2. 四川省通江县政协文史委:《通江历史人物诗文选》,内部资料,1984。

3. 李瑞明:《斗山集》,中国文史出版社,2015。

（通江县政协文化文史和学习委供稿）

云南乡试主考、陕西提学余堃

余堃(1861—1921),字子厚,四川省平昌县岳家镇人,余焕文之小子。他自幼受父严格教育和文才熏陶,学业和仕途一帆风顺。光绪十六年(1890)中进士,授翰林院庶吉士。光绪十九年(1893)为散馆。光绪二十一年(1895)授编修,国史馆提调,总纂国史,修辑清代奏议,稿成进御,获二品衔,赏戴花翎。

余堃为人正直,不随不阿,严厉不苟。光绪二十三年(1897),余堃以编修充湖南乡试副考官,后任云南主考官,兼任湖南乡试同考官。当时科举制度已处在没落阶段,舞弊之风盛行,但他仍坚持正义,杜绝舞弊行为,极力选拔真才之士,赢得学子一片称赞。光绪三十三(1907)年,改道员用,署陕西提学使兼布政使。在陕西任职期间,他身体力行,洁身自好,衣着不华,饭食简素,车马简陋,“严绝苞苴,吏服民怀”,虽“岁节公帑数万金”,但全都用于建设学校。宣统元年(1909),筹办女子师范学堂,聘请日本教习任教。宣统二年(1910),创办陕西模范两等小学堂,校址位于今西安城内北大街二府街。一时士风蔚然。

宣统三年(1911),辛亥革命爆发,随之清朝覆灭。之后袁世凯篡任民国大总统。由于余堃在北京和陕西为官很有政绩,被推选为

“国会议员”。虽然推翻了封建帝制，但社会风气却没有本质的转变，余堃已对仕途失去信心，不想再为官。京省函电“屡召之”，催促他赴京上任，他“亦不就”。不久，又被推选为“陕西省都督”，他仍以不懂军事为由，婉言相拒，于民国二年(1913)弃职，声称“出家”去“留侯祠”，辞去随从，换上僧衣，然后只身取小道悄然回到故里金斗寨。袁世凯得知后，遂派人到余堃家里说服，并许任“教育总长”，但余堃仍托词拒绝。

余堃回归故里后，“结庐金山(名止止斋，现存遗址)，以读书研史自娱，办团练，兴学堂，救荒济贫，恒竭力以赴”。民国三年(1914)，他将自家翰林院的大部分资产捐出办学，在金斗寨举办高等小学堂。民国八年(1919)，捐资成立“育才会”，以资助贫困子弟入学读书。在他举办的学堂里，先后有巴中、达县、营山、渠县、宣汉等地的学生慕名而来，最多时达九百多人，培养了大批优秀人才。中共早期优秀党员、著名无产阶级革命家刘伯坚即是其得意弟子之一。

川北地区土匪头子郑启和，攻克阆中、巴中，成为威镇通、南、巴的“土皇帝”。郑启和匪性不改，横征暴敛，无恶不作，遭百姓强烈反抗。李子洪在通江、南江一带组织“红灯教”拒交“特别捐”；胡子桢在平昌龙岗寺、土地垭、佛楼寺一带组织农民武装抗捐。鉴此，郑启和出巨资邀请颇有名望的余堃为其效力，以平息反民。但余堃不为金钱所动，装耳聋以拒绝。民国八年(1919)，郑启和再次慕其名望，送来大洋二千，余堃仍不接受。经众亲友劝告，又迫于郑启和的权势，余堃只好勉强受礼。但他并未效力于郑启和，而将金钱用来购买田产，送给了育才会。

与此同时，余堃还捐谷子置田产，在岳家协办“十善会”，“助膏火，表节孝，施冬衣，送年米，施棺椁，置义冢，救灾荒，深受梓里爱而敬之”。“助膏火”即救济老弱病残中生活特别困苦者，“表节孝”即救济因守节和尽孝而家中确有困难的妇女,“施冬衣”即救济鳏、寡、孤、独无越冬御寒能力者,“送年米”即救济家中生活长期拮据、逢年过节有难者,“施棺椁”即施予外地来本地逃荒而亡者,“置义冢”即买官地做坟场,“救灾荒”即灾年施药、施粥。

余堃晚年还喜欢栽花、种竹、植树,教育家人劳作稻禾菜园,并派人到南充学习栽桑、养蚕等技术,传给四乡民众,帮助百姓找到生财之道。

余堃一生平易近人,生活简朴,从不看重财物,并留遗言其死后丧葬从简。民国十年(1921),余堃在家中病故,享年六十岁。他逝世后,家人遵照遗言,在其墓前立有一块碑,上书“乡贤余堃墓”。

参考资料:

1. 平昌县人民政府办公室:《平昌政务志长编》,内部资料,2013。

2. 平昌县文广新局 :《平昌文化丛书》,内部资料, 2017。

3. 平昌岳家寺余氏简谱编纂组:《余氏家谱》,内部资料,1999。

4. 政协四川省巴中地区巴中市委员会:《巴中县志校注》(民国十三年版),2001。

5. 平昌设治局:《平昌设治局概览》,内部资料,1949。

6. 巴中市政协文史资料委员会:《巴州志校注》,内部资料,1997。

7. 四川省平昌县地方志编纂委员会:《平昌县志》,四川科学技术出版社,1986。

(平昌县政协文化文史和学习委供稿)

民国时期致力于新教育的邓天壁

邓天壁(1862—1935),字东垣,别号东洋,祖籍四川省通江县新场镇,后迁居通江县城南苟家湾。祖父邓范之,道光中期任江安县儒学训导,敕封修职郎。邓天壁幼时淳厚颖慧,言无浮词,学习刻苦,二十岁时能背诵默写唐宋诗文三百余篇。光绪初年,邓天壁文思大进,由秀才、廪生而至拔贡。历任通江县劝学所所长、壁山书院院长,高县知事。

邓天壁执政高县时,凡遇案件必亲自过问,案无留牍。在处理案件时,他秉公执正,不徇私情。高县苛捐繁重,赋税特多,当地百姓苦不堪言。他到任后,免除部分苛捐,减轻赋税,赢得百姓称道。

邓天壁在任高县知事时,正值北洋军阀当权,各省军阀明争暗斗,政局极度混乱。他对钻营投机的市侩风气深恶痛绝,不愿献媚取宠于军阀之门。在任一年半,他就被排挤下台。军阀们虽恨之,而老百姓爱之。他离开高县时,社会团体送其"德及生民"的"万民伞"一把,以颂其德。此伞保留到他第三代子孙后丢失。

邓天壁离开高县回通江,任县视学。民国二年(1913),以视学身份,被推举赴日本留学,考察教育,研习新学制。民国五年(1916),返回通江,仿效日本学制,创办诺江镇高等小学堂,亲任堂长。他自制粉笔,是通江使用粉笔于课堂的第一人。

邓天壁十分重视女子教育。文化落后的通江,"女子无才便是德"的传统观念束缚着人们的思想，妇女被剥夺了受教育的权利。他全力与传统的观念做斗争，于民国九年（1920），在通江城南创办女子小学堂，并推荐肖福春（后改名肖海冬，李宝成的妻子）任校长，邓兴秀（邓天壁之女）、何兴玉为教员，从而使通江的女子有了受教育的地方。

通过几年的努力，邓天壁意识到，要废除旧教育，推行新教育，仅从理论上做宣传是不行的，必须按新教育的理论，办出新型的示范学校，让大家从实践中看到新教育的优越性，认识到旧教育的落后。于是，民国十年（1922），他又在通江县城张家祠堂创办模范小学堂，并任名誉校长，聘李昌阳、王海门为教师。

民国十二年（1923），毕业于保定军官学校，任过中将师长、速成军官学校教官的甘德隆任通江知事。他对通江县文化教育较为关心，在邓天壁创办模范小学堂时，又勖勉符孔昭在通江县城文庙开办国学专修馆，专门培训年龄较大的以儒书为教材的农村私塾教师。这时，通江城内办有四所学校，有一般小学，有典型示范小学，有女子小学，有培训教师的学校，盛况空前，是民国初通江教育事业兴盛时期。

在邓天壁的苦心经营下，全县推行新教育，培养了一批人才。历任成渝两地军医院院长的李芳圃，任三台、通江、南江教育局长的黄烈臣，任保宁联立中学校长的李宝成，北京大学毕业后任通江中学校长的张荣策等，皆是诺江高等小学堂和模范小学堂的学生。

邓天壁为官正直清明，兴教治学严谨，将全部精力用于开办通江教育事业，把宝贵的一生献给了通江的教育事业。他于民国二十四年（1935）十一月去世，享年七十三岁。

参考资料：

1. 四川省通江县政协文史委：《通江历史人物选》，内部资料，1984。
2. 四川省通江县政协文史委：《通江历史人物诗文选》，内部资料，1992。

（通江县政协文化文史和学习委供稿）

中国银耳大王陈利生

陈利生（1864—1942），四川省通江县陈河乡人，生于清同治三年（1864）十一月二十五日。陈利生本姓阎，其父阎能元育有五个儿子，他最幼，因左眼有疾，人称“扯巴眼”。他的家里十分贫穷，冬天无鞋穿，以树叶或棕片包脚，夏天无衣，仅披几条襟，吃了上顿无下顿。阎能元无力养活一家人，想把孩子抱养给别人。恰逢大地主陈审斋膝下无子，便到阎家商量抱养一个孩子。陈审斋去时，“扯巴眼”正蹲在桌子下面吃生洋芋。阎能元说：“我家娃儿多，要哪个由你选。”陈审斋把五个孩子看了一遍后说：“小时穿襟，长大穿金，就要这个扯巴眼娃儿，不怕他孬。”他抱养到陈家后，取名利生，小名五娃。

通江银耳之乡久负盛名，享誉海内外。这不仅与银耳品质有关，更与早年把通江银耳推销到全国、东南亚及欧美的陈利生密不可分。

陈利生来到陈家后，养父送他上学念书，精心培养，决心让他将来继承家业，光耀门庭。陈利生天资聪颖，勤劳好学，心地善良，也深得养父一家喜爱。陈家山多田多，一直以来有种银耳的习惯。陈利生长大成人后，全力经营耳山，研究种植银耳。数年后，陈家富甲一方。

陈利生在精心经营耳山时，看到了通江银耳的巨大商机。那时，通江银耳初有名气，他不但把自产的银耳通过市场进行营销，而且还把周边耳农的银耳收购起来外销。他的生意越做越大，资金越来越雄厚，便成立了“金利成”银耳商行，共计二十余人，经理雷焕文，管账杨芳锡。商行主要经营方式是通过“秤杆子（小商贩）”在各地收购。“秤杆子”又分大秤杆子和小秤杆子，大秤杆子下面又分若干小秤杆子，小秤杆子将零星收购的银耳交给大秤杆子，大秤杆子又交与陈利生的银耳商行。加上陈利生自产的银耳，商行一年可收购两千余斤银耳。

陈利生将收购的银耳进行加工整理，分成一、二、三若干等级装袋，实行分级定价，分级销售。他十分重视质量，决不允许以次充好。他经常深入厂房坐镇检查，如果发现不合要求的，工人就要受到处罚，轻则扣工钱，重则开除。他还十分重视银耳的品牌效应，为此，他专门注册了“金利成”银耳商标。包装好的银耳按级用铁皮箱装箱，小箱五斤，大箱三十斤，然后用锡焊接，外部用麻布包裹，再贴上商标。

“金利成”银耳商行在陈利生的精心经营下，名气越来越大，生意越来越火，从通江逐渐发展到了巴中、重庆、上海等地，并设有号口。因为通江银耳朵张大，肉头厚，胶质重，营养丰富，既是高档食品，又是名贵药物，具有滋阴补肾、化痰润肺等功效，深受洋人喜爱。特别是在上海滩的洋人品尝了通江银耳后，连声说“OK！OK”！

在军阀割据的年代，治安混乱，商行运往重庆、上海的银耳常常遭到土匪抢劫。为了顺利运送通江银耳，陈利生等人组织成立了银耳武装护送队，每次一连人或一排人押送银耳销往重庆、上海。商行经常主动与洋人接触，宣传推介通江银耳。洋人们不但看中“金利成”银耳的优良品质，更加看重陈利生诚实守信的品格，便主动与

“金利成”做起了生意。通过这些洋人,“金利成”把通江银耳成功销往欧美、南洋各国。因此,陈利生也获得了“中国银耳大王”的雅号。通江银耳走出了通江,走向了全国,走向了世界,陈利生功不可没。

陈利生把通江银耳销向世界各地的同时,又从上海购买布匹、日杂百货等运回通江、巴中、达县等地销售,日进斗金。陈利生迅速暴富,成了远近闻名的大财主。发家致富后的陈利生,不忘回报乡梓,时常出资济困,积极捐资办学。民国九年(1920),陈利生从上海回通江途经巴中,恰逢旱灾,饿殍载道,百业凋敝。巴中商界发起募捐,商会会长欲请陈利生捐款一百元,又恐数目较大,勉为其难。陈利生却说:“巴中与通江同山共水,亲如手足,贵县受灾,也是敝县不幸,一百元太少,写一千二百元吧!”从此,“金利成”的名号在南江、江口、巴中及达县一带更加有名,陈利生“中国银耳大王”的名气也越来越大。

20世纪初,通江文化教育落后。陈利生为了支持发展通江教育事业,捐出巨资,从民国十年(1921)到民国十五年(1926),历时五年多,在家乡陈家坝建起了一所高等小学。学校可容纳五百多名学生学习,宿舍、餐厅、运动场等设施一应俱全,教室的玻璃都是从上海运回通江的。修建学校的每项工程,陈利生都要亲自督促过问。

为了使通江银耳实现可持续发展,在陈利生的带领下,当地还制定了耳山资源保护、诚信经商等系列发展保护措施。陈家坝一带也在“金利成”商行的带动下,商贾云集,生意兴隆,热闹非凡,当时人们称其为“小上海”。但由于社会动荡不安,民不聊生,加之他仗义疏财,济贫救困,且因他名气较大,常遭土匪抢劫和官府勒索,致使生意渐渐难做,其家业也渐渐衰落。民国三十一年(1942)十月四日,陈利生因病去世,终年七十八岁。因家室空虚,家人变卖了巴中商行的房产才将他安葬。

涪阳镇内的“耳山会碑”至今保存完好，它是通江银耳发展光辉历程的见证。陈利生一生从事银耳事业，为银耳的栽培、营销、发展作出了不朽的贡献，是当之无愧的“中国银耳大王”。

参考资料：

1. 四川省通江县地方志编纂委员会：《通江县志》，方志出版社，2011。

2. 四川省通江县政协文史委：《通江历史人物选》，内部资料，1984。

3. 曾星翔：《通江银耳志》，方志出版社，2010。

4. 李瑞明：《斗山集》，中国文史出版社，2015。

（通江县政协文化文史和学习委供稿）

青城山长联作者李善济

李善济（1870—1921），字筱康，生于清同治九年（1870）农历正月十五日，四川省通江县板桥口堰流溪村五组甘树坝人。他聪明伶俐，十五岁入县学，十八岁补廪，均名列前茅，“冠保九署”。其放浪形骸，恃才傲物，不拘于礼，有李白之风，故人称“仙李”。

李善济幼肄业于牛脑山太虚庵。庵内供一菩萨名送子娘娘，每年六月的送子娘娘庙会，远乡近村想生儿子的妇女必前往参拜，庵庙借以敛财。庙会期间，庵庙必蒸馒头，并涂以红，名“红桃”，宣称吃娘娘座前红桃一颗，定生儿子一个。待这些妇女还愿时，就将红桃折合成善功钱捐给庵庙。幼年时的李善济，识破了庵庙的阴谋，便写诗揭穿“红桃”骗局：“子果由神送，胎身定不轻。为何闺阁女，也有小儿生？闺女胎怀子，红桃并未吞。娘娘偏要送，太不懂民情。”

李善济博闻强记，长于联语。乡友姚宗邦，性耿直，有侠义之风，游扬州溺死，他撰挽联凭吊：“鲠骨葬江鱼，剑挂芦边，琴挂芦边，想秋水伊人，宛在？宛在？指波心之水而宛在；雄风惊海怪，魂游天际，神游天际，望家乡何处，归来！归来！跨扬州之鹤以归来。”平溪五童坝文生朱制堂六旬晋二寿辰，恰逢其子朱朴人补廪，设宴庆贺，祈写楹联。李善济信手写出："吾老矣，黄卷何为，但做个海燕秋闲，君苗试罢先焚砚；尔勉哉，青云做伴，直赶上樱桃春宴，温公年少一簪花。"他以《晋书·陆机传》中崔君苗见兄文辄欲烧其笔砚，和司马光十九岁中进士的典故，来鼓励朱朴人奋志苦学。

宣统二年（1910），李善济任灌县视学。他在青城山撰写了三百九十四字长联。长联对仗工整，声韵铿锵，寓意深远，气势宏大，情景交融。上联以青城山为中心，"纵横八百里舆图"，看"雪岭腾光""锦江春涨"，思"峨眉秋月""玉垒浮云""剑门细雨"，绘出"青城天下幽"的特色。下联，以"上下四千年"中有关青城山的历史轶事、神话传说，抒发其遐思怀古的深情。上联曰："溯禹迹奠岷阜以还，南接衡湘，北连秦陇，西通藏卫，东峙夔巫，葱葱郁郁，纵横八百里舆图。试蹑屐登上清绝顶，看雪岭光腾，红吞沧海；锦江春涨，绿到瀛洲。历井扪参，须臾踏蜗牛两角，争奈路隔蚕丛，何处寻神仙帑库？丈人峰直墙堵耳！回思峨眉秋月，玉垒浮云，剑门细雨，尚依稀绕襟袖间。况乃夜朝群岳，圣灯先列宿柴天；泉喷六时，灵液疑真君唾地，读书台犹存芳躅，飞赴寺安敢跳梁。且逍遥陟檐葡岗，渡芙蓉岛，都露出庐山面目，难遽追攀，楼观互玲珑，今幸青崖径达，问当初，华渚姚墟，铜铸明皇应宛在。"下联曰："自轩坛拜宁封而后：汉标李意，晋著范贤，唐隐薛昌，宋征张愈，烈烈轰轰，上下四千年文物。漫借瓻考前代遗徽，记官临内品，墨敕亲颁；曲和甘州，霓裳同咏。鸾章翠辇，不过留鸿爪一痕，可怜林深杜宇，几番唤望帝归魂。高士传岂欺予哉！莫道赵昱斩蛟，佐卿化鹤，平仲驰骡，悉缥缈若遐荒事，兼之花蕊宫词，巾帼共谯岩竞秀，貂蝉画像，侍中与太古齐名。携孤琴御史曾游，吹长笛放翁再往。休提说王柯丹鼎，谭峭踬鞋，那堪他沫水洪波，无端淘尽，英雄多寄寓，我亦碧落暂栖。待异日，龙吟虎啸,铁船贾郁定重来。"在写长联时,他还写了《古银杏歌》,后镌刻于青城山天师洞石碑。

民国元年(1912)春,板桥口庆祝"民国"成立。李善济又信笔挥毫,写出巨幅对联以抒壮怀:"以摄政王始,以摄政王终,二百年妄自称尊,扰乱中华;该大汉国兴,该大汉国盛,十八省联邦独立,震荡全球。"

民国初,李善济任通江视学。民国八年(1919)春,李善济反对郑启和强收捐税"十元半",毅然辞去通江县视学,回板桥口过隐居生活,并写了一首悲天悯人的诗:"断无名士不标骚,骑马年年过板桥。笛里江山怀故国,酒边风雨送春朝。天涯鸿爪青城远,地迥龙门北斗高。安得新蒲为彩笔,尽书心事一条条。"还在门上写了一副楹联:"名士岂虚生,小则为霸,大则为王;全才堪自信,文不借笔,武不借刀。"

民国九年(1920)二月,岳州丁睿任通江县知事,很器重人才,与李善济相敬而交。翌年二月他离职回岳州时,李善济写诗送别:"德星久聚首难分,忽唱骊歌耳怕闻。正喜青琴同识曲,何堪白发又离群。一江秋水旌旗远,全县苍生感佩深。倘到岳阳楼上望,大巴山上有奇云。"

李善济于民国初迁板桥口小东坪闲居。因其博通古今,才思敏捷,远近文士为之折服,常有骑马坐轿者登门拜访,其诗文开一代文风,给乡邻学子树立了典范。

民国十年(1921)农历腊月二十四,乡邻胡明和请客,李善济赴宴晚归,被人暗杀,年仅五十一岁。惜哉,一代才人竟早逝,满腹经纶付东流。他死后,归葬在老家堰流溪村甘树坝。

参考资料：

1. 四川省通江县地方志办公室：《民国通江县志》，内部资料，2015。

2. 四川省通江县政协文史委：《通江历史人物选》，内部资料，1984。

3. 共青团通江县委：《说古道今话通江》，内部资料，1984。

4. 都江堰市青城山管理局，都江堰市政协文史文化委员会，都江堰市楹联协会，都江堰市青城山旅游产品开发公司：《青城山楹联选集》，内部资料，1991。

（通江县政协文化文史和学习委供稿）

辛亥革命先驱董修武

董修武(1879—1915),字特生,四川省巴中市巴州区光辉镇人。辛亥革命先驱,中国近代民主革命家,中国同盟会缔造人之一。

董修武祖父董毓清,佃田为业,兼打铁帮工等为生。父亲董必禄,迁居巴州县城,由百货学徒发展到经营"董兴顺"百货店。董修武自幼聪颖,勤奋好学,十六岁中秀才。时值甲午战败,人们竭力寻求救国之路,维新思想广泛传播,董修武阅读了一些新书新报,萌发了报国的愿望。

《辛丑条约》签订后,清政府推进所谓的新政,在全国普遍设立新式学堂,并广派学生留学日本。四川学政吴郁生在成都创办东文学堂,为学生补习日语做出国准备,学生由各州县选派,毕业后以官费资送日本留学。董修武由巴中县保举应考,成绩优异而被录取。在校期间,他深受传入内地的革命书刊影响,与同学刘季刚、张俊生、董鸿诗等十余人秘密组织进步团体,对孙中山领导的革命十分仰慕。他曾对刘季刚说:"他日若有机会,必与孙文相见。"光绪三十年(1904),董修武获官费东渡日本,就读于明治大学。

光绪三十一年(1905),孙中山到日本活动,准备创建统一的革命组织,董修武首次与之相见,彼此相谈甚欢。是年,光复会领袖章太炎也从上海出狱，留日学生将其迎到东京。董修武深敬其学行之精，与之意气相投，于是积极与孙中山、章太炎沟通，促成兴中会与光复会合作。同年八月，兴中会、光复会、华兴会在东京联合，成立中国同盟会。董修武以及川籍留日学生熊克武、但懋辛、吴玉章、吴鼎昌、黄复生均被选为评议部评议员，董修武任庶务，负责日常政务工作。后各省会员相继归国举事，如胡瑛入鄂，秋瑾入浙，熊克武、佘竟成入川，喻培伦入粤，黄复生、汪精卫入京，多为董修武绸缪。同盟会成立之初，董修武与诸人谋改革，创办《民报》，董修武、黄复生筹集款项，购买印刷机等物品，出力甚多，当时人称："《民报》风靡神州，君实为其主干。"

董修武在日本期间，与宋教仁、于右任、吴玉章、张澜、熊克武、黄复生等关系甚密。他与川籍同盟会会员雷铁崖、邓浩、李肇甫等创办《鹃声》杂志，高举爱国反清旗帜，宣传民主主义，欲效鹃啼唤醒万千民众，拯救民族危亡。后来，《鹃声》激怒清政府，被迫停刊，《民报》亦被查封。董修武专心治学，光绪三十四年（1908）毕业于日本中央大学政治经济科。

宣统元年（1909），国内革命风潮日益高涨，董修武等留日学生纷纷回国，发动革命。宣统三年（1911）四月，广州黄花岗起义失败后，董修武奉孙中山之命回川主持同盟会四川支部工作。此时，正值成都"丁未起义"失败，同盟会会员黄方、杨维、黎靖瀛、张治祥、江永成、王炳章"六君子"被捕，其他首要人物如熊克武、谢持、佘英等亦被通缉在案，会员星散各地，难以开展工作。董修武以四川法政学堂绅班教员身份进行秘密活动，团结党人，工作渐有转机。

宣统三年（1911）十月十日，武昌起义爆发，在川同盟会会员黄遂生等联络军界、学界百余名同志秘密商议，推举董修武为召集人，筹划响应起义。十一月二十二日，四川总督赵尔丰见清朝大势已去，为图保全自身，遂与立宪派签订《四川独立条约》，交出军政大权。十一月二十七日，大汉四川军政府成立，原咨议局长蒲殿俊任都督，陆军十七镇统制朱庆澜为副都督。大汉军政府欲拉拢同盟会人，装潢门面，董修武断然拒绝，声明“同盟会人不参加蒲军政府”，并在成都南校场召开万人大会，向到会群众宣讲同盟会的革命宗旨，揭露“蒲军政府”的真实面目，于是孙文之名家喻户晓。

蒲殿俊、朱庆澜之大汉四川军政府未能有效控制局势。十二月八日，当蒲、朱在成都东校场阅兵时，发生兵变，蒲、朱逃走。陆军部长尹昌衡闻讯，即驰凤凰山新军营，得六十五标标统周骏支持，率部进驻皇城都督府。十二月九日晚，董修武、张澜等和一部分军政界人士召开联席会议，商议重新组阁四川军政府，董修武力主民选，未得到多数支持。最后，以推举方式推出尹昌衡、罗纶为正副都督。新的四川军政府成立，董修武任总政处总理兼财政司长。总政处为一切政事之总汇，出入文牍，发布命令，皆得经办。罗纶有病，不能治事，政务处置全决于董修武。当时财政拮据，经军政府决议，省商会同意，制发军用纸币，分一元、五元、拾元三种面额，由省银行“浚川源”号发行，流通市面，定期一年，加息收回，使财政困难得到缓解。又整顿税收和田赋，裁减苛捐，统一正税和副税，百姓称快。十二月底，孙中山由欧洲回国，消息传来，董修武即与尹昌衡商议，由四川军政府派代表到上海、南京欢迎。

宣统三年(1911)十一月二十二日，重庆宣布成立蜀军政府，同盟会员张培爵出任都督，于是四川出现了成渝两个政府分治的局面。尹昌衡欲以兵力统一，董修武等力主不可，认为成渝分立，两军政府事权既不统一，财政亦无法治理，又加之川军骄悍，“哥老”纵横，长此拖延不决，川民痛苦必深，究其终极，势将两败俱伤，遂首创合并之议。重庆的同盟会党人如张培爵、杨庶堪、熊克武、谢持等亦深感有此必要。两方通过协商，于民国元年(1912)四月二十七日成渝两军政府合并，尹昌衡任都督，张培爵任副都督。董修武于成渝军政府合并，出力尤多，被推为总政处总理。军政府通告全国，宣布四川统一。

民国元年（1912）四月，孙中山辞职后，袁世凯窃据大总统职务。时藏兵侵犯四川边境，英国参与其间，图藏之心昭然，尹昌衡遂电呈北京政府，请求西征。袁世凯乘机任尹昌衡为川康经略使，将其调离成都。尹设筹边防，以董修武为处长，负责后勤，接济军饷弹药。董修武一手承办，未分毫剥取于民。同时，董修武还暗中策划以熊克武继任重庆镇守使，为同盟会人留一重要据点。由于代理四川都督胡景伊是袁世凯的走卒，董修武深感难以相容，遂于是年九月辞去四川军政府所任职务，而专主四川同盟会党务。

民国元年（1912）八月，董修武在成都设立国民党办事机构，任国民党驻川负责人。翌年三月，袁世凯谋杀宋教仁于上海，董修武悲愤万分，在成都举行大规模追悼会。同年，四川省议会选举，国民党议员取得多数票，董修武遂成为胡景伊的心腹之患。“二次革命”失败后，张培爵被袁世凯杀害于北京，董修武亦遭胡景伊严密监视。董修武觉察处境险恶，于民国二年（1913）八月设法离开成都，计划经上海到日本，但在射洪县太和镇被胡景伊抓获。胡景伊诬其昔主财政时，滥发军用纸币以殃民，欲加杀戮。此事发生后，国民党人及民众大哗。囚禁一百余天后，迫于各方压力，胡景伊只得将董修武释放。董修武出狱后，除负责国民党党务外，亦从事实业活动，与周道刚、林冰骨等创办“同益曹达公司”，又筹款设立“聚昌印刷公司”，每天印刷报章、书籍数以百计。

民国四年（1915），袁世凯亟谋复辟帝制，为控制四川，派其心腹陆军部次长陈宧任四川巡按使，率军入川。袁世凯以董修武为川中革命党首，嘱陈宧除之。陈宧遂罗织所谓的董修武滥发军用币之罪状，将董修武拘捕，于七月二十九日缢杀于狱中。

董修武牺牲后，其夫人将遗体运回巴中，安葬于城东红岩河畔祖茔。民国八年(1919),四川省议会在成都举行隆重追悼会,董修武入祀忠烈祠。民国十三年(1924),巴中人民在城西建回风亭以纪念董修武先烈。民国二十六年(1937),于右任、冯玉祥等呈请国民政府对董修武予以表彰,将其生平事迹列入国史馆,并举行公葬。民国二十七年(1938),民国巴中县政府亦举行公葬仪式。1984年冬,中共巴中县委、县人民政府将其坟墓迁到城东白塔山上(今晏阳初公园内),并将其事迹勒石树碑,人民群众常年缅怀。

董修武乃辛亥革命先驱,中国近代民主革命家,中国同盟会缔造人之一,并担任重要领导职务,早早举起爱国反清旗帜,多次掀起革命浪潮,加速了清王朝灭亡的进程,为探寻新中国的出路作出了不可磨灭的贡献。

参考资料:

1. 董国祥:《董修武传略》。

2. 四川省巴中县志编纂委员会:《巴中县志》,巴蜀书社,1994。

3. 朱之洪:《蜀中先烈备征录》,重庆新记启渝公司铅印本,1923。

4. 任一民:《四川近现代人物传》,四川省社会科学院出版社,1985。

(巴州区政协文化和文史资料委供稿)

四川西医倡导者李芳圃

李芳圃(1883—1967),号壁端,生于清光绪九年(1883)二月,四川省通江县杨柏镇人。民国初年,毕业于成都军医学堂,是四川省西医诊疗的倡导者之一,也是通江县建立西医机构的开创人。

李芳圃自幼好学,刻苦自励,喜欢绘画、书法。著名的国画家蓝雅笙是他的舅父。青少年时,经舅父教诲、指点,加上他的艺术才能以及刻苦的学习精神,李芳圃在绘画上有了一定造诣。他以单色水墨描绘出的螃蟹栩栩如生。每作一幅,浓淡适宜,黑白分明,无论蟹数多少,总是多姿多态,被誉为“李螃蟹”。在蓉、渝等地,常有人争相索取。在当时四川的国画艺坛上,他曾被认为是一位独具一格的画家。

李芳圃在保宁联中时,除研读正课外,对课外书报亦兴趣浓厚,更是喜欢医学,将来想成为一名出色的医务人才。保宁联中毕业后,他听说成都有军医学堂,欣喜若狂,报考意志坚定。他被取录入学后,对新兴的西医学科感到新鲜,潜心研读各门学科,学习成绩十分优异,结业时被誉为“医科举人”,遂任军医副军校通判。后历任川军总司令部军医科中校股长,三十三师唐式遵部医正,二十一军刘湘部军医处中校科长，第一后方医院院长，军医讲习所教育长，重庆残废兵医院院长，川康绥靖公署军医处上校科长，军医研究所教官等职，长住成都。

清王朝被推翻后，西医已在国内引起普遍重视和推广。李芳圃置身医务界五十五年，声誉较高，他与巴中的罗小渠、合川的欧阳既明，同是四川西医界的老一辈，他们开创了四川的西医事业，为四川培养了大批西医医务人才。

鉴于通江卫生事业落后，西医奇缺的状况，李芳圃于民国三十三年（1944）抛弃高官厚禄，返回通江开创西医业务。他带领亲自培养的医术良好的侄子李慎等人在县城建立起了卫生院，自任院长，献出了自己所有的医疗器械及适用药物，奠定了通江卫生事业发展的基础。

考虑到农村山遥路远，交通不便，医药俱缺，一遇急性病症就束手无策，李芳圃将历年积累的临床经验，以及屡试见效的民间验方，编辑成《不费钱的便、贱、奇验方》一书，并自费印成千册惠赠县人，希望他们在医药治疗方法上能获得一些知识。

李芳圃生活简朴，粗茶淡饭，几十年如一日。他为人处世谨为慎行，鄙视奢望浮华，主张自奉俭约，胸怀宽广，乐于助人。“通江旅蓉同乡会”设于他寓所，每当乡亲来访，或在成都求学的青年们有事嘱托，或在经济上困顿时，不论在任何情况下，他总是有求必应，尽力满足他们的要求。他时常鼓励青年立志上进，从艰苦奋斗中创造美好未来。

李芳圃还任过通江县参议会副参议长。他于民国三十六年（1947）秋回到老家，或读书看报，或出外闲散，或做些力所能及的家务。他每食讫以手摸面及腹，使津液流通，常对老人们说：“莫久行，久立，久坐，久卧，久视，久听。久行伤筋，久立伤骨，久坐伤肉，久卧伤气，久视伤血。”“常应小劳，不能大疲。户枢不蠹，流水不腐。常服药饵，食必珍馐，不知养生，亦不能长生。”邻居老人们用此养生经验，收效甚好。

李芳圃于1967年10月去世，享年八十四岁。

参考资料：

1. 四川省通江县政协文史委：《通江历史人物选》，内部资料，1984。

2. 四川省通江县政协文史委：《通江文史资料》，内部资料，2005。

（通江县政协文化文史和学习委供稿）

爱国民主人士叶良一

叶良一（1884—1973），名世元，字菁年，四川省平昌县粉壁镇人，民国八年（1919）举家迁至巴中县城。国民党少将旅长，爱国将军，民主人士。

叶良一幼时读于私塾，清光绪三十年（1904）入巴州高等小学堂，光绪三十一年（1905）九月考入四川陆军弁目队，次年转入四川陆军速成学堂，就读炮兵科。

光绪三十四年（1908）九月，叶良一于四川陆军速成学堂毕业，分到新军十七镇炮兵营。宣统元年（1909年）正月，任炮兵右队排长，次年升任队长，经同乡董修武介绍加入同盟会。他按照董修武的指示，与军中的同乡同学李劲枝、吴震等一道，在新军中秘密发展同盟会员，并协助同盟会开办“粹记书庄”，发行古迹书画，暗中发行《民报》，同盟会的革命宗旨在成都得到广泛传播。

宣统三年（1911）十月，辛亥革命爆发，叶良一所在的部队发动起义，拥护新成立的四川军政府，积极维护社会秩序。民国元年（1912），叶良一升任炮兵二团三营少校营长。八月，由同盟会会员转为国民党党员。民国二年（1913），袁世凯派心腹胡景伊代理四川都督，排斥革命党人，叶良一所在的部队被整编到陆军第二师，叶良一遂以家事告假回乡。

民国四年（1915）十二月，川军旅长钟体道同川北道尹张表方（张澜）于顺庆成立川北护国军，讨伐袁世凯复辟。叶良一应同乡李挽澜的邀请，于民国五年（1916）元月奔赴顺庆。后奉命到通江、南江、巴中、广元、昭化、剑阁等地商借民团枪支弹药，充实反袁武装。其间，他任十二团中校团副兼司令部参谋。是年六月，袁世凯垮台，川滇军混战，他任四十三旅参谋长。川军失利，李挽澜战死在内江，钟体道率部退守陕南。民国九年（1920）六月，潘文华率四十三旅赶走驻巴中的郑启和部，他随部队回到巴中。民国十年（1921）十月，他任南江县知事。民国十二年（1923）七月，应川军十六师师长杨森部团长李劲枝之邀，他辞去南江县知事，赴成都组织金堂、中江、简阳、乐至四县清乡军司令部事务，任参谋长兼金堂县知事。他到任后，解除袍哥武装，剿灭匪首，清理明团暗匪，匪患平息，百姓称道。

民国十四年（1925）夏，叶良一任杨森部向时俊师（第五师）参谋长。后向时俊援鄂，杨森遂整编教导团及留守各部为二十军第二混成旅，叶良一任少将旅长，驻防重庆江北区。

民国十六年（1927）夏，杨森出兵武汉时，刘湘以四个团的兵力围攻叶良一驻地，因寡不敌众，叶良一遂率部归刘湘。不久，刘湘、杨森重新修好，杨森向刘湘索要叶良一旅，刘湘许诺。叶良一闻讯，趁刘湘裁兵之机，毅然辞职，于民国十八年（1929）回到巴中。

叶良一热爱祖国，痛心于外国列强践踏中国领土。他在担任杨森部第五师参谋长驻防重庆江北期间，积极谋划收复川江航运权。当时，日本及各国列强军舰、货船在长江流域横行霸道，中国官船、民船惨遭蹂躏。叶良一借北伐战争的革命高潮，积极与政治部主任、国民党（左派）四川省党部执委会委员漆南薰和政治部教官、国共两党四川省委书记杨闇公联合，以扶持民族企业为由，强行驱逐日本列强船只，成功扶持起了卢作孚的民生实业股份有限公司，后来在抗日战争期间，为运输枪支弹药起到了非常重要的作用。

同时，叶良一积极支持革命，暗中给予大力帮助。在重庆期间，促成巴中旅渝同乡会成立，其中新闻界进步人士、同乡王鳌溪得到了他的大力保护。民国十六年（1927），重庆"三三一"惨案前夕，他劝杨闇公和漆南薰不要参加菜园坝群众大会。杨闇公说："今日会议由我主持，纵有危险，也非去不可！"结果杨、漆均遇难，叶良一因当时未能力阻，痛悔终生。

叶良一返乡后，仍心系国家安危，积极支援家乡建设。民国十六年（1927）冬，巴中人民为纪念辛亥革命先驱董修武先烈筹建回风亭，他慷慨捐献银圆五百元。抗日战争时期，为唤起民众抗日热情，他以书法作品为武器大张旗鼓做宣传，"国家至上、民族至上""同胞自悟、协力御外""军事第一、胜利第一"等标语遍布巴城城郊及城内街巷。

民国二十八年（1939），巴中县临时参议会成立，叶良一任副议长。之后，历任县银行监察、董事长、粮食监察委员等职。民国三十二年（1943），在巴中中学任教的中共党员杨正武被捕，叶良一大力参与营救工作。民国三十六年（1947），中共地下党组织学生开展反内战、反独裁、反饥饿斗争，从延安回巴中的中共党员、红军干部陈占魁和巴中青年王大金等七人被中统特务卢杰生抓捕，准备处死，叶良一获悉，及时赶赴现场，将其七人营救。

1949年冬，国民党溃军云集，巴中县公署相关人员召集会议，商讨应变措施，有人主张"走为上策"。叶良一却说，蒋介石黩武专横，听陈诚整军之计，军心离散；用王云五法币之策，物价疯涨；徐蚌会战，大势已去，民心尽失，不可逆转。他表示决不离开巴中。后闻中国人民解放军到达平昌，便致电杨正武，积极筹备迎接解放军到巴中的准备工作。

当时，叶良一任巴中县解委会供应部长，旋即捐献黄谷二十市石，以应军需。“土改”中，叶良一担任巴中县土地改革委员会委员，城乡土改调处委员会副主任，带头交出“五大财产”。后历任巴中县人民代表大会第一届常委、第二届副主任、第三届常委，第一至六届巴中县人民代表、县人委委员，第一至四届巴中县政协驻会副主席。

1973年12月11日，叶良一因病在巴中逝世。叶良一终生爱国，积极支持革命。他逝世后，巴城老百姓送他一副挽联：“半生戎马卫中华，一生清廉护苍生。”这是对他一生最好的写照。

参考资料：

四川省巴中县志编纂委员会：《巴中县志》，巴蜀书社，1994。

（巴州区政协文化和文史资料委供稿）

辛亥革命烈士孙洪震

孙洪震(1885—1912),字东瀛,四川省平昌县石垭乡人。清光绪二十六年(1900)考入巴州中学堂。毕业后,考入保宁师范学校,继而升四川高等法政大学。他一边钻研中国历史、政治、法律,一边感悟和探求孙中山的各项政治主张,是孙中山民主革命的积极参与者之一。

光绪三十一年(1905),孙中山在日本组建中国同盟会,孙洪震在国内积极响应,大力宣传"驱除鞑虏,恢复中华,建立民国,平均地权"的革命主张,并从事与之相关的革命工作。

宣统三年(1911年)四月二十七日,同盟会会员黄兴等发动广州黄花岗起义。起义虽然失败了,但在全国起到了极大的革命激励作用。同年五月,清政府宣布强收川汉铁路、粤汉铁路为"国有",公开向外国出卖川汉铁路、粤汉铁路修筑权。消息传到四川,民众极为愤慨,随即爆发"保路运动"。这两次英雄壮举,深深鼓舞了孙洪震的革命斗志。

同年九月底,同盟会员吴玉章和王天杰领导的革命军,在荣县建立起由革命党人领导的第一个地方政权。在此形势下,革命军指挥部将在成都的同盟会会员分派到各州府县组织、领导推翻封建政权,建立革命政府。孙洪震被分配在川北。他日夜兼程返回平昌老家,宣传推翻封建王朝、建立革命政权的重大意义,并在亲友和邻居中招募有革命志向的人组成民军，亲率先头兵勇二十余人向保宁赶去。由于革命心切，没弄清楚援军是否能够准时赶到等重大军情，孙洪震就向保宁守军虚张声势，宣称："革命大军以怒涌火腾之势，直捣保宁、潼川，若不缴械投降，恐鸡犬难留……"保宁府官摸不着"革命大军"究竟有多大来势，立即闻风丧胆，为保命，遂开城投降，听候处理。

孙洪震遂发布告示昭告民众，此次革命之目的是改陋规、布新政，建立革命政权，推翻封建王朝。但由于孙宴清、孙作宾、张新见等所率的援兵没有及时到达，孙洪震所率的围城民军实际上是孤军作战，很快被城内投降的官兵散勇和恶霸豪绅，以及反革命派看出破绽。他们乘孙洪震势单力薄之机聚众反扑，很快便使围城人员和孙洪震限于绝境之中。危急时刻，孙洪震毫无惧色，抱必死决心，一面派人外出联系援兵，一面与敌枪战。但终因寡不敌众，不幸被流弹击中脑部壮烈牺牲，年仅二十八岁。

民国七年（1918），中华民国临时大总统黎元洪为彰扬孙洪震为国捐躯之壮举，特从国库中拨发抚恤金，并在其老家石垭场为孙洪震树纪念碑。该碑峡石材质，高5米，顶帽饰九龙捧圣浮雕图案，正面中刻："癸丑革命殉难烈士孙公洪震字东瀛先生之神道"。两侧柱楹联上联为："早岁著勋名，曾举义师因护国"，下联为："满腔皆热血，为除帝制竟捐躯"，横额："一朝千古"。此碑后在"文革"时被损坏。2014年，当地人民为缅怀先烈，又将断碑残碣复原修复。

参考资料：

1. 四川省平昌县地方志编纂委员会：《平昌县志》，四川科学技术出版社，1990。

2. 平昌县文广新局：《平昌文化丛书》，内部资料，2017。

3. 平昌县人民政府办公室：《平昌政务志长编》，内部资料，2013。

（平昌县政协文化文史和学习委供稿）

巴中党的隐蔽战线杰出代表苟寿南

苟寿南(1885—1949),原名苟国兴,别名苟仁活、苟南山,化名苟敬文,四川省巴中市巴州区三江镇人。巴中早期共产党主要领导人之一。

苟寿南幼年家境贫寒,清宣统二年(1910),到保宁的一家英国人开办的"仁济医院"当杂工。他勤劳朴实,专心好学,被医生收为学徒。民国九年(1920)回乡,在巴中县城肖家巷开办"寿南诊所"。

民国十三年(1924)二月,苟寿南到重庆购药,时值山城进步人士举行列宁逝世追悼会,反对日轮"德阳丸"盗运银币等活动。他在此萌发革命思想,以苟仁活之名,参加国民党(左派)。

民国十四年(1925),中共四川地方委员会成立后,苟寿南转为中共党员。同年,在巴中县大堂坝街开办"活仁药房",一面行医,一面秘密开展革命活动。时值巴中大旱,瘟疫横行,苟寿南除义诊外,还节衣缩食帮助穷人。民国十五年(1926)七月,苟寿南与进步知识分子姚希夷等在城南开办"辅仁书社",发行《朝曦》《创造》《湘江评论》等进步书刊。同年秋,应巴中县中学校长赖虚室之聘,苟寿南任学校体育教师,期间首次发动学生运动,反对田颂尧重征捐税。民国十六年(1927)二月,国民党(左派)省党部特派员许湘舲赴巴中筹建县党部，设农民运动委员会，苟寿南任主要领导人，张诗州任委员，姚希夷任干事。

根据四川省国民党（左派）第一次代表大会《政治报告》制定的“应多培养农民运动的专门人才，普遍到农村中去”的政治方略，苟寿南同张诗州、姚希夷等深入农村，积极开展工作。民国十六年（1927）春，他们先后到兴文乡魏家沟、苟家湾、岳家湾，利用苟寿南在魏家沟的医疗店为据点，动员贫苦农民，联合起来打倒土豪劣绅，废除苛捐杂税。一周后，自愿报名参加农民协会的贫苦农民四十余人。接着，他们在魏家沟观音庙，秘密组织召开“农民协会”成立会，苟寿南主持会议，大力宣扬“农民协会”的宗旨，团结广大贫苦农民群众，实行孙中山的“三大革命”政策，打倒土豪劣绅，打倒贪官污吏，打倒军阀，反对苛捐杂税，为生存而斗争，在兴文树起了川北第一面农民协会的旗帜。之后他们又深入清江乡昆山寨、铁炉沟、龙门沟等地发动群众，相继成立农民协会，一时间有近千农民入会。

农民协会成立后，庚即开办夜校，培训骨干，苟寿南亲自编写教材，定期讲课。苟寿南讲课生动，常常拿身边的人和事举例，会员学习激情饱满，斗志高昂，坚定了走上革命道路的信心。

同年三月的一天，县知事杨俊卿坐着大轿，在一群衙役的跟随下去清江督催捐款。农会会员们拦路抗议，要求“县太爷给条生路”，但官员置之不理，甚至差役抓人。于是，会员们拿起扁担、锄把，砸烂官轿，口呼“打旱魃啊！”，县太爷一行狼狈而逃。随后，农会组织数百农民扛着犁耙，牵着猪牛到县衙“交捐”。猪牛叫声不断，屎尿臭气熏天。县知事不得不宣布减免捐款。农会进一步清理以前捐款收支情况，勒令经办人员把多收部分限期交与农会，退还给穷苦农民。此事后，农会在农民心中形象大增，人们纷纷以加入农会为荣。

同年四月三十日，苟寿南在清江发动农民悼念重庆“三三一”惨案烈士，举行反蒋游行示威活动。二千多名农会会员身背火枪，肩扛锄把、扁担，涌向清江街头，高呼口号：“打倒帝国主义！打倒列强！打倒一切苛捐杂税！严惩‘三三一’元凶！实行孙中山‘三大政策’！”兴文乡六百多名农会会员，同时游行到清江渡，齐集万寿宫大会场，声势空前，巴中农民运动从经济斗争发展到政治斗争。苟寿南以郭沫若写的《请看今日之蒋介石》为内容发表演讲，揭露蒋介石勾结帝国主义，破坏“三大革命”政策，屠杀共产党人的滔天罪行。会后，参加农会的人越来越多，抗捐斗争热潮不断高涨。

同年五月，清江团总苟元勋以“倡党阻款”罪名控告农会，军阀田颂尧派军警将农会骨干王美一等二十余人以“赤化”为由逮捕下狱，并查封县党部，逮捕张诗州、姚希夷，通缉苟寿南。

苟寿南转移至平昌佛楼寺，一面秘密活动，编印《灯笼火把报》（又名《赶场报》）、《一声雷》等宣传资料，四处散发，揭露田颂尧的罪恶行径；一面疏通驻军和县衙关系，营救战友。最终张诗州、姚希夷被释放，他的通缉令也被解除了。是年冬，巴中县城爆发第二次学生运动，反对田颂尧“百万大派款”。苟寿南于民国十七年（1928）返回县城，发动第三次学生运动，反对田赋征收“毫厘归分”。

1932年12月，红四方面军解放通江。翌年元月，红军向巴中进发，苟寿南带领数百农会会员，举红旗、抬大匾、送肥猪，到距县城十余里的枣儿垭，欢迎红四方面军到巴中。红军根据他提供的情报，首先解放了清江，然后兵分三路顺利解放巴中。不久，反革命分子撺掇群众诬告苟寿南是大地主，随即苟寿南被捕。

农会会员得知苟寿南被捕后，一起找到苏维埃政府为苟寿南申冤辩解。苏维埃政府经过多方调查，证明苟寿南不仅不是大地主，而且出身于贫苦农民家庭，是热心革命的进步分子，便立刻释放了他。

1935年3月下旬，红四方面军北上抗日。4月，外逃土豪劣绅先后回乡，对苏维埃干部和红军家属进行反攻倒算，残酷迫害。苟寿南避难于重庆，七个月后返回巴中，苟寿南的药房、家财被洗劫一空。

1938年春，苟寿南决定奔赴延安，彻底投身革命事业，不料途中身染重病，只得返家医治。

1941年7月，中共党组织派王叙伍、郝谦等到通江、南江、巴中开展工作，苟寿南家成为联络点。机密信件、重要书刊均在他家保存、中转。期间国民党多次跟踪破坏，都被苟寿南机智化解。

1949年10月中旬，苟寿南病重逝世，留有医学著作《药物配方》《官药提炼与运用》流传于世。

苟寿南作为巴中共产党早期主要领导人，在巴中积极开展大规模的农民运动，唤醒了广大民众反封建、反军阀的意识，对中国工农红军进驻巴中，迎接巴中解放创造了良好的群众基础。

参考资料：

1. 四川省巴中县志编纂委员会：《巴中县志》，巴蜀书社，1994。

2. 巴中市南龛文化产业园管理委员会：《巴中历代文选》，内部资料，2017。

（巴州区政协文化和文史资料委供稿）

“蜀之三龙”吴樵

吴樵(1866—1897),又名吴铁樵,四川省平昌县白衣镇人,系吴德潚长子,晚清维新变法运动的积极分子。他素与康有为、梁启超、谭嗣同等志同道合,交往甚密。谭嗣同评价吴德潚、吴铁樵、吴以棨(吴仲弢)父子三人:“三吴,蜀之三龙也。吾国有此等人才,岂是亡国气象!”

吴樵少年时随父在北京读书,入同文馆,并学算术等新学,对当时西方传入的物理、化学等都很感兴趣,且接受能力强,很快就掌握了这些西学,可谓西学无所不窥,在当时是很难得的科技人才,深得时人赞赏。梁启超在《饮冰室诗话》第十七则中写道:“吴季清先生德潚……有子三人,长曰铁樵,名樵;次曰仲弢,名以棨;季曰子发,名以柬。皆有过人之才。余与谭浏阳及铁樵约为兄弟交,而父事季清先生。乙未秋冬间,同客京师,吾三人者,连舆接席,未尝一日相离也。”

吴樵创办《民听报》,自任总理和主笔,专门刊登商贾事宜。凡《时务报》刊登的内容,《民听报》绝不重复,而且用“英商”字样,是《时务报》所不能及的。他还常在该报上发表他反省近代中国为什么失败,而俄、日却发愤图强、改革成功等的文章,一时轰动很大,被誉为难得的一位西学专家。他重视学习西方的法律、医学和农学等，当时朝廷拟将他与黄遵宪作为政府特派出洋办外交，他奉命组织翻译了《日清战争纪实》《俄属游记》《工作》《出入度支表》二卷等书。与此同时，他更看重翻译西方科技实业方面的著作，以激发国民发愤图强、摆脱国际激烈竞争的落后命运，争取民族光明的未来。他倡导输入西方社会学说，以此来指导研究中国的文化、学术、政治、法律、医学、农学、矿冶、科技。张之洞评价吴樵“西学甚好”“吾欲见之”。

吴樵还是一位实业家。他通过对国际市场考察，联系中国的民族危机，倡导“用中国的矿产，中国的工人，西方的方法，制造矿业产品输出”。

吴樵认为“国势日亟，而当道者不足与有为”，深信求活之法“唯有实业、教育。感时会而奋志农工，用自己脚步踩出一条封建士大夫所从未走过的道路”“欲国之强，当先教育”，而“欲兴教育”又须“先兴实业”“洋货输入以纱布为大宗，振兴实业当以矿业为急务；湖南盛产矿石，利权外溢，无异‘沥血肥虎’，更应急办矿厂，以资抵制”，以与外国“争利权”。《马关条约》订立后，在民族危机、外资涌入的刺激下，“设厂自救”的呼声更为激昂。清朝当局迫于形势和舆论，不得不表示“提挈工商”，谕令各省招商，多设工厂以收利权，官绅尽力“附股”，并颁布《振兴工艺给奖章程》，对发明、仿造新式机械的给予衔赏、管制和专利权等奖励。

光绪二十三年（1897），陈宝箴在湖南兴矿务，邀请吴樵前去具体总理矿业开采中的各种事务。这与吴樵“欲兴教育”“先兴实业”的初衷不谋而合，他欣然应诺。孰料天有不测风云。是年四月，吴樵由上海至汉口时，不幸突患病恙，英年早逝。吴樵逝世后，同仁、亲友无不深表惋惜，万分哀痛，认为这是“维新运动的一大损失”。

谭嗣同作《吴铁樵传》曰："中国有铁樵，则中国之事之待于铁樵者，不知凡几，铁樵必不死。而铁樵竟死。然则吾又将奚适也！"又《哀吴樵联语》曰："魂气无不之，人因季札思观葬；华阳渺何许，鹤到林逋更合铭。"陈宝箴之子陈三立作《清故光禄寺署正吴君墓表》曰："余与君父交尤挚，尤痛君后生英才，不能忘也。"

吴樵有一子一女，名吴仲实、吴训华，均留学日本。光绪二十四年(1898)八月，戊戌政变突发，梁启超逃往日本后，与其子女常有来往。

现存吴樵的史料，除散见于康有为、梁启超、谭嗣同等文集，以及其他各种研究戊戌变法的资料中外，比较集中的是在《汪康年师友书札》中，其写给汪康年的四十余封书信。书信写于光绪二十一年(1895)至光绪二十三年(1897)间，正是清末维新变法活动的重要时期。书信中主要记载了吴樵与孙中山的交往；与其父筱村至北京参与讨论建立强学会；其后强学会被查禁，以及返回南方在上海与汪康年、梁启超办《时务报》，以及讨论兴办农学会、不缠足会、医学善会等维新进步组织等事迹，还论及筹办实业，于湖南开采矿产等。

参考资料：

1. 汤志钧：《戊戌变法人物传稿》(增订本)，中华书局，1982。

2. 陈恭禄：《中国近代史资料概述》，中华书局，1982。

3. 中国史学会：《中国近代史资料丛刊·戊戌变法》，上海人民出版社，1957。

4. 康有为：《康南海自编年谱》，中华书局，2012。

5. 胡　滨：《戊戌变法》，新知识出版社，1956。

6. 梁启超：《饮冰室诗话》，人民文学出版社，1959。

7. 上海图书馆：《汪康年师友书札》，上海古籍出版社，1986。

8. 黄遵宪：《人境庐诗草笺注》，上海古籍出版社，1981。

9. 谭嗣同:《谭嗣同全集》(增订本),中华书局,1981。

10. 达川市地方志办公室:《达县志》(1938 年版),内部资料,1997。

11. 中共平昌县纪委、监察局:《平昌家风·吴氏名人传略》,内部资料,2018。

12. 平昌县人民政府办公室:《平昌政务志长编》,内部资料,2013。

13. 平昌县文广新局:《平昌系列文化丛书》,内部资料,2017。

14.《中华史书精典系列:清史稿》(494 卷),新疆青少年出版社,1999。

15. 政协平昌县委员会文史委:《吴德潇父子与戊戌维新》,内部资料,2009。

(平昌县政协文化文史和学习委供稿)

辛亥革命烈士陈恺

陈恺(1888—1911),字膺祺,号燮阳。四川省南江县八庙乡五台寨陈家湾人。"辛亥(1911)十一月死难于巴中",后被追认为"辛亥革命烈士",英名载入《四川辛亥革命史料》《南江县革命烈士英名录》。

陈恺祖上从通江茶坪迁入五台寨山下定居。长兄陈绍虞,科举未第,设馆教学,他曾随兄读书。童年时代家境贫寒,父兄以务农为主,兼营小商和手工业。母王氏,教子严谨,持家勤俭,后家道小康。陈恺自幼聪明机智,有胆识,好武。在他六七岁时,秀才黄金廷设馆于青宝观,母亲便送他入馆就读,喜观武经。十三岁入南江高等小学堂读书,文思颇有长进,但他意在从戎,功课日渐疏忽。其母知情,先以劝说,他与辩之,母怒常呵斥责罚。他生性刚烈,毅然归家,售卖自己继承的全部房屋田产,离家出走投入清军,在赵尔丰部当兵,时年十五岁。

陈恺入伍后,日夜勤习武艺,不分刀枪戈矛,件件精熟,还练就轻身飞檐之功。时逢四川准备筹建新军,在川东、川北招募并成立四个步兵和一个骑、炮兵弁目队。陈恺身材高大,面庞黝黑,声如洪钟,目似星月,性情豪爽,精于"汉操"。所在部队见他年少有为,于清光绪三十一年(1905)保举到弁目队学习。他进校后学习用功,成绩优良,表现突出。是时,孙中山民主革命思潮高涨,学校出现同盟会组织。他受新思潮影响,倾向革命,经考验后,由黄晓辉介绍正式加入同盟会,成为革命党人,从事革命活动。他从学校毕业后被推为川北各路运动员,宣统元年(1909)初春,调任重庆巡防助教,常以革命鼓动军士,为营长所嫉,乃只身走广安。时州署卫队及附近之顺庆存枪两千余只,兵力异常薄弱,党人欲图广安得其枪械,扩充革命军武力,但因准备不足,武器装备差,广安发难失败,党人多失亡。陈恺毫不气馁,立志图报,乃日夜纠合党人图谋光复之计。

宣统二年(1910)九月,陈恺与王巨伯、黄晓辉、张观风等同黔江温朝宗互为犄角,决定在渠县、大竹起义。不久,陈恺率众由大竹反正。

宣统三年(1911)四月,清廷发布"铁路干线国有"命令,并派端方为督办大臣,激起川民大愤。同年六月十七日,川汉铁路股东代表临时会在成都召开,成立"四川保路同志会",意在收复路权,归川人自办。全川展开轰轰烈烈的保路斗争,不到半月,发展会员十万,陈恺此时革命激情更加高涨。同年旧历八月,陈恺带兵去垫江支援曾省斋起义军,部队入城后纪律严明,秋毫无犯,民众燃放爆竹,夹道欢呼相迎。同年十一月十一日,起义军宣誓攻克广安,所向无阻,连复广安、渠县、邻水、岳池,并传檄蓬溪、射洪、营山等州县,均次第反正。同年十一月二十二日,曾省斋在广安召开民众代表大会,成立蜀北军政府,举曾省斋为都督,张观风为副都督。随即派何庆云带兵八百余人攻顺庆,陈恺带五百人进巴州,周铭盘带五百人攻营山。

陈恺之部属革命军川东北都督李绍伊(大竹起义)部。李部率统领李克豫、蔡受之、杜昆山、陈恺四人,向川北进击,"四方警耗,一日数传”。由罗朝举、罗朝佐、李克言(均系同盟会会员)辅佐,陈恺率军经渠县,同年十一月二十六日攻占营山,二十八日进入仪陇县城。县知州、总爷闻风逃遁,陈恺军开监放囚,没收库银,张贴文告,秋毫无犯,城乡人民往从者有周至息等数十人。部队士气旺盛,浩浩荡荡挺进巴中。

同年十二月十六日,李绍伊派出的东路军千余人,由李克豫、蔡受之、杜昆山统领,出大竹,经绥定,抵平昌江口,沿巴河直逼巴中。

此时,以知州张又栻为首的反动势力,仍图维护皇权,反对革命。他一面召集“三老”李含清、李本善、刘汝安,“三小”李挽澜、李敬临、李双壁密谋策划:紧闭“五门”防守;筹民团两百,招城防兵一百,并将城厢巡警西区乡镇巡警归并团防,速加训练;暗集四乡民团偷据城周九寨,形成里外夹攻之势。一面与“三老”密谋,炮制诈降之策。当夜,张又栻晓谕恩阳等地乡绅准备对义军“盛情接待”,并派员从东西两路专程“迎接”。

同年十二月十六日,陈恺率军抵距巴州城仅五十里之恩阳时,即受到早已等候多时的士绅名流的夹道“恭迎”。翌日,陈恺部又被张又栻派人迎至巴州城南劝学所扎营。头天,李克豫部已驻城西外王爷庙。

张又栻表面上热情款待,暗地却紧闭城门,防卫森严。州署虽也传话愿降,但接待义军者皆为社会人士,难见州署官员。义军统领心疑,一面部署攻城,一面通过守城兵丁递书给张又栻,令其立即开城交印,否则即破城问罪。骤然,内外相峙,剑拔弩张,张又栻紧急议事,决定以议降为诱饵,引诸统领入城议事,一网打尽。随即速放监狱精壮囚犯百余人,充当其屠刀手。张又栻又亲笔传书,邀义军四统领入城议降。信中称:为避免冲突,不开城门,不带兵丁,缒城而入。四统领对此虽有争议,但自恃沿途无阻,所向披靡,已有骄胜之心，且有数千围城义军做后盾，并未将张又栻放在眼里。陈恺急于求成，执意接受印信。余众均被张又栻所设之假象所惑。

同年十二月十八日，义军四统领对所部做安排后，到西城门下，由守城士兵接应，进入城内，迎至万寿宫。张又栻又摆酒宴相迎，并率州署官员及社会名流轮番敬酒，力表归顺。四统领渐有醉意，宴会还无结束之势。陈恺终按捺不住向张又栻问道："你打算何时交印？""交印？"张又栻脸色突变，厉声道："你们奸淫抢掠，行如土匪，岂能交印与尔等！"随声猛击桌一掌，伏兵即从四周一拥而上。四统领毫无戒备，加之饮酒过量，还未拔出佩刀，就全部被生擒。此时陈恺如梦初醒，追悔莫及，但毫无怯意，皆疾言斥之。张恼羞成怒，遂用酷刑处死蔡受之、杜昆山二人，却留下陈恺、李克豫，以令其诱降义军。陈、李仍大义凛然，誓死不从，当晚在义军攻城时，亦被惨杀于万寿宫内。

至夜，义军未见统领出城，军士疑噪，举云梯欲登城。乡团鼓角竞鸣，义军见状，恍然大悟，近二百人撤向广安。次日凌晨，张又栻发起猛烈攻击，四乡民团合围于城周，先攻东门外的李克豫、蔡受之、杜昆山部，随之将陈恺的首级挂于城边，大书"弃械投诚免死"大旗，以诱降之办法瓦解军心。革命义军三千余人，由于群龙无首，特别是无险可凭，又背水作战，虽英勇抵抗，"击毙团勇李怀富，警兵王成玉"数人，终因缺乏指挥，战地一片壮烈景象，肉搏丧命者，赴水溺死者，被清军罐子炮轰击者，俘虏后被立即处死者，幸逃藏于僻街小巷被挨户"梳篦"搜查而杀者，无计其数，最后全部英勇就义。

陈恺牺牲时，年仅二十三岁。他牺牲后，民国元年(1912)，中华民国临时政府陆军部长通电纪念殉难烈士名单中，载有"陈燮阳，南江人，辛亥(1911)十一月死难于巴中"；国民党中央政府于民国十三年(1924)悼念辛亥革命阵亡将士，曾寄悼文、挽联及家属慰问信于其家；川北道署还送“忠恕堂”金字匾（“文革”时被毁）挂陈姓之中堂；1982年，由四川人民出版社出版的《四川辛亥革命史料》一书，刊有陈恺烈士简介；1984年7月30日，南江县人民政府追认陈恺为“辛亥革命烈士”，其英名被载入《南江县革命烈士英名录》。

参考资料：

1.《巴中县志》（民国十三年版）。

2. 中国人民政治协商会议四川省委员会、四川省省志编辑委员会：《四川文史资料选辑》（第一辑），《四川文史资料选辑》（第五辑），内部资料，1979。

3. 隗瀛涛、赵清：《四川辛亥革命史料》，四川人民出版社，1982。

4. 程大钊、易伟：《永存的足迹　悲壮的颂歌——孝义军攻打巴州纪略》，《文史杂志》，1987年第5期。

（南江县政协文化文史和学习委供稿）

五四精神在巴中的传播者赖虚室

赖虚室（1888—1948），别名心镜，四川省巴中市巴州区曾口镇人。五四运动积极分子，爱国民主人士。

赖虚室祖籍陕西汉中市，父辈系汉中富商，迁往巴中后，广置田产，富冠一方。他自幼聪慧，民国十一年（1922）毕业于北京大学。在京期间，值五四运动爆发，他积极加入反帝爱国行列。民国十二年（1923）春，他回巴任巴州中学堂（今巴中中学前身）校长，向师生大力宣讲五四运动实况，高度赞扬北京学生反帝爱国热情。民国十三年（1924）五月四日，赖虚室在学校（此时已更名为巴中县立初级中学校）主持召开师生员工大会，纪念五四运动。在会上他发表讲演，激发师生反帝爱国热情。

民国十四年（1925），为加强学校文化建设，他仿照北京大学图书馆，在校内修建一座八角楼式图书馆，三楼一底，陈列北京大学同学巩晋孚赠送的《朝曦》《湘江评论》《创造》《新青年》及郭沫若著的《三个叛逆的女性》《女神》等进步书刊。他在全校教唱《打倒列强除军阀》《中国男儿》等歌曲，在师生中影响很大。同时，这些革命行动得到了巴中县立高等小学校校长刘震东的响应。两校联合举行了几次声势浩大的学生示威游行，把巴中的反帝反军阀斗争推向了高潮，震动川东北地区。

为进一步加强革命力量，赖虚室聘请巴中早期共产党领导人苟寿南任学校体育教师，在学生中大力宣传反帝反封建的革命思想，激发学生的爱国热情。

民国十五年（1926），川军二十九军田颂尧部驻军团长董长安设禁烟查缉局，搞“寓禁于征”，名为禁烟，实则为了征收高税，民众怨声载道。是年十月的一天下午，巴中县立初级中学学生自治会派出学生代表数十人到县公署请愿，质问县知事田一夔：“中央禁烟，你们为什么发放烟种，强迫种烟？”当场揭露种烟毒害人民，重抽捐税的罪恶目的。田一夔深知学生“闹事”的厉害，只好推诿说是驻军在办理。学生代表旋即转至董家公馆去质问董长安（兼任巴中禁烟查缉局局长），但董长安傲慢无礼，拒绝接待，激起了学生的强烈不满。

是日夜，巴中县立初级中学学生自治会联合巴中第一高等小学校，经过一夜筹谋，制订了斗争计划。次日中午，一千多名学生，头戴白帽，身穿白色制服，手持球杆哑铃，从西门入城，高喊口号，高唱《打倒列强除军阀》的战歌，直奔董长安住所。当游行队伍经过西街巴中县禁烟查缉局门前，愤怒的学生蜂拥而上，砸烂吊牌，捣毁办公室，烧毁税据。群众云集西街，无不拍手称快，更加鼓舞了学生的革命斗志。

庚即，游行队伍又去新街捉拿董长安。董长安闻讯从后门狼狈逃走。为此，两校校长均被军方扣留。这进一步激起了学生的义愤，学生再度游行请愿，罢课七天，联名上告，并发出快邮，揭露董长安的罪行。直到二十九军驻区办事处发出通告，撤销查缉局，调走董长安，学校才恢复上课。

民国十六年（1927），川军二十九军旅长谢庶常驻巴中，在武官衙门设联团事务处，拟派款筹费百万银圆，组建常备兵一个团。一天下午，县立初级中学学生正要赛球，谢庶常旅部一个连来到学校操场训练，与学生发生冲突。当士兵架枪休息时，学生将枪支提走。谢庶常便派出一营兵力包围学校，最后在县知事的调处下，学生归还枪支，军方却扣留了校长赖虚室。第二天，学生自治会代表带领学生，组织两校学生罢课游行，向县署抗议。同时，通电全省、全国，强烈要求撤销联团机构，取消百万派款，调走谢庶常。这一行动，立即得到了北京和上海同乡会的声援，以及社会各界进步人士的大力支持。罢课持续一个星期。田颂尧迫于舆论压力，决定取消百万大派款，撤销联团办事处，责令谢庶常公开向校方赔礼道歉。

民国十七年(1928)，巴中田赋征收局局长郑晓岚搞“毫厘归分”，多收田赋，且不与地方分成。收支所长李成龙坚持按利率分成，遭到郑晓岚横加斥责，遂向巴中县立初级中学学生自治会倾诉。赖虚室也支持学生自治会派代表找郑晓岚质询。郑晓岚却无视学生，并持枪威胁。气愤之下，学生联合其他学校罢课，向县署请愿，要求逮捕郑晓岚，取消“毫厘归分”，向李成龙赔礼道歉。新任知县范洪铨同意学生要求后，此事方了。

当时，县内烧香拜佛、抽签问卦之风盛行，巫婆神汉随处可见。赖虚室主张“信科学、破迷信”，多次向学生讲演：要想报国，还靠自己。学生们听后，深受启迪。

在赖虚室的积极支持和带动影响下，巴中民众和学生及早投入了反帝反封建反军阀的行列，掀起了三次大规模的学生运动。但这些行为触怒了军阀和地方守旧势力。郑晓岚被赶走后，赖虚室也被排挤出了学校。他回到曾口老家后，痛心于民族危机，散尽家财，扶危济困，于民国三十七年(1948)病故。

参考资料：

1. 四川省巴中县志编纂委员会：《巴中县志》，巴蜀书社，1994。

2. 巴中市南龛文化产业园管理委员会：《巴中历代文选》，内部资料，2017。

（巴州区政协文化和文史资料委供稿）

我国早期铁道专家严恭寅

严恭寅(1888—1952),名恒隆,号迪恂,四川省巴中市巴州区曾口镇方山寨村人,系我国早期蒸汽机车和铁道建设权威专家。

严恭寅祖籍四川岳池县,严氏家族于清乾隆十三年(1748)迁到巴州,世代佃农。其父严兴周上过私塾,知书识礼,细心盘算,家境渐有转机。但家里无余钱供其兄弟二人上学,其兄严咸隆常常自学儒书,他亦效仿之。父亲看在眼里,便想方设法办起了塾馆,他兄弟二人和邻近穷家孩子都可以入馆学习。严恭寅兄弟所读课本,均系手抄,前后抄本达千余卷。

光绪三十一年(1905),严恭寅考入巴州高等小学堂。因无钱缝制校服,其母用旧马褂为其改制,改制过的校服长不过腹,袖不过肘,常被同学讥笑,他一心向学,不予理睬。光绪三十四年(1908)考入成都铁道学堂。其间,兄长病逝,无钱安葬,翌年,他从成都赶回家乡将兄长安葬入土。宣统二年(1910)考入直隶唐山路矿学校,民国二年(1913)毕业后,公费赴美国芝加哥普渡大学,学习蒸汽机车和铁道建设,民国八年(1919)毕业获学士学位。他回国后,执教于成都高等师范、四川甲等工业专科学校,兼任四川军工厂机械工程师、四川督军署参议。民国十年(1921),任成都公学教务长。民国十一年(1922)秋,任省立第一中学校长。民国十二年(1923),筹资创办私立瀛寰中学,自任校长。民国十七年(1928),任成都市党务指导员。民国十八年(1929),任四川外国语专门学校校长兼潼保公路协办、二十九军军部参议。民国二十一年(1932),任二十九军驻区事务署建设处长、兵站总务主任。民国二十二年(1933)调任仪陇、盐亭县长,因病均未到任。民国二十五年(1936),应铁道部杜镇远局长之邀赴浙江,任机务课副工程师。民国二十六年(1937),任金华机务二段段长。同年,调任江西新余机务第五段段长,兼任铁道运输公司司令部浙赣路湘桂战区机务处驻处少校段长。

民国二十八年(1939)四月,南昌失守,铁路被日军霸占,严恭寅辞职回川寓居郫县。民国二十九年(1940),任四川省政府建设厅技正。民国三十四年(1945)春,巴中县中学增设高中班,应同乡邀请回巴中就任校长。民国三十四年(1945)十一月,倡议修建巴(中)仪(陇)公路,并主动承担勘测设计工作,该路于1949年完成路基工程。民国三十六年(1947),患病,遂返回成都休养。新中国成立后,任四川省政协委员。

严恭寅一生勤俭,严于律己。他办学治学严谨,为防师生外出游玩,常深夜守候大门,学生称其为"守门将军",颇为百姓称道。他工作兢兢业业,重干实事,在任潼保公路协办期间,亲赴工地测量施工,布衣素食,不贪享乐,深受同仁敬佩。

严恭寅热爱祖国,积极支援革命。他在江西新余机务和湘桂战区机务处任职时,积极组织抗日物资运输,支援前线抗日。民国二十七年(1938),他将长子严国立送到延安"鲁艺"学习,之后赴苏联学习航空工程,回国后加入抗美援朝战争,后任西安空军工程学院训练部部长。

1952年10月，严恭寅因病在成都逝世。

严恭寅是我国早期学习并从事蒸汽机车和铁道建设的权威专家，对中国的铁路建设起到了重要的引领作用。

参考资料：

1.四川省巴中县志编纂委员会：《巴中县志》，巴蜀书社，1994。

2.巴中市南龛文化产业园管理委员会：《巴中历代文选》，内部资料，2017。

（巴州区政协文化和文史资料委供稿）

成都十二桥烈士刘仲宣

刘仲宣（1890—1949），字明德，号仲宣，四川省南江县长赤镇人。其父承祖业、续家风，兼做生意，在闭塞的山区中，算得是鼎盛之家。刘仲宣早年毕业于四川政法学堂，后在刘湘举办的四川省县政人员训练班学习，曾任垫江县县长、四川省禁烟督办署密查员、金堂县县长。民国三十四年（1945）六月，在狱中毅然参加中共地下组织，积极推进川西解放组的活动。成都解放前夕，被杀害于成都外西十二桥畔，史称“成都十二桥惨案”。刘仲宣身为国民党县长，而坚决为民请命；他出生于封建地主家庭，而坚决和封建社会决裂；他置身于官场之中，而坚决走上民族解放的道路；他抛弃高官厚禄，而坚决跟共产党走。

刘仲宣七岁发蒙读书，聪慧过人，老成持重，深得其师张炳麟器重。其父刘大亨见他奋发读书，于是就变卖部分田产，全力供他读书，希望他能光耀门庭。不久，刘仲宣考入保宁府联中。他常常公开抨击那些不平事，一次学校总务主任贪污学费，他便带领同学们与之公开斗争，掀起学校的第一次学潮。斗争虽然胜利了，而他也因此被开除。

其父刘大亨在长赤集镇上开了一家栈房，兼营一点布匹生意。一次，县大老爷到长赤巡视，看上了他家的客栈，不但海吃海喝不给钱，还要他交二百个大洋的“孝敬钱”。刘大亨当即表示不满，以“抗税不交”和“犯上”之由被打四十大板，最后还得如数交钱。刘大亨含冤受屈，父子二人只能泪眼相望，他深深明白“学而优则仕”，当官后才能惩处一切贪官污吏。为此，刘大亨第二次变卖部分家产供儿子刘仲宣读书，刘仲宣顺利考入四川省政法学堂。

刘仲宣就读于政法学堂时，已是而立之年，此时正是他的世界观和思想转变的关键时刻。五四运动以后的成都，各种新思想汇集到此，革命浪潮不断高涨，他不断接触到新思想，逐步开始探求救国救民之道。民国十三年（1924），他毕业后先后在雅安、自贡等地方法院任推事。民国十六年（1927）又到重庆市社会局劳资科工作。一贯正直无私、具有强烈正义感的他，见科长贪赃枉法，在忍无可忍的情况下，痛打了科长，于是被判刑一年，关押在重庆弹子石监狱。出狱后又在重庆走马街做挂牌律师，兼任重庆市钱价委员会主席。民国二十五年（1936），他考取刘湘举办的四川省县政人员训练班，学习半年后，历任垫江县、金堂县县长，四川省禁烟督办公署一级密查员。

刘仲宣虽置身于国民党官场之中，但从未忘记青年时期的报国之志，他立下誓言：“此父母官之权得之于民，应取信于民，当为民权而权，为民生而生，舍此何求？”因此，他以杀贪官、诛污吏为己任，行清官之道，以期改造社会。他在垫江县长任期内，号令铲洋烟苗二千余亩。在金堂县长任期内，将恶霸和土匪头子王从周（县民团团长）逮捕，押送成都法办；将鱼肉乡里、恶霸一方的县参议长曾少祺，副参议长林伯琴，县银行经理卢端儒等予以隔离审查；将土匪的后台官仓乡乡长吴志洪就地枪决。但他也因大刀阔斧地革新政治，改造社会，为民除害，与地方封建势力和上司结下仇恨。民国三十四年(1945)夏,他被诬告“通匪”和“草菅人命”,继而被捕,被关押在成都警备司令部稽查处。

在监狱里的刘仲宣,虽身陷囹圄而壮志犹在,虽失去自由而正义犹存。民国三十五年(1946)春,成都天回镇发生一起案件:国民党立法委员张继之子张琨死在迎春院,张继立即授意警备司令部“打人命官司”。一时军警特务在镇里乱抓无辜,捆绑吊打,无所不用其极,被关进监狱者数十人。刘仲宣见状,不顾个人安危,甘当法律顾问为民申冤,为惨遭陷害的人写状纸。最后在他的坚决要求下,法医做了解剖验证,真相终得大白。丑闻公之于世后,国民党当局和张继噤若寒蝉,受到人民的强烈谴责。天回镇的人得救了,而刘仲宣却被关押得更紧了。

刘仲宣引起了狱中的中共地下党组织的关注,党组织开始争取他。刘仲宣在党组织的宣传和教育下,世界观发生了深刻的变化,逐渐由同路人变成了同盟者,由清官变成为推翻国民党反动统治的斗士。狱中的川西解放组由中共地下党员杜可负责,包括龙世正、彭代悌(监狱看守)、刘仲宣、云龙、杨毅等。

民国三十七年(1948)十二月二日清晨,成都春熙路、鼓楼街一带的市民一出门,就看见一张张醒目的传单张贴在墙壁上、铺板门上。“国民党强拉人民充当壮丁,使我们在异乡冷死、饿死、病死”“我们应该欢迎解放军进川,更应该驱逐蒋家集团”。这些署名川西解放组的革命传单,使得蓉城各军警宪特仓皇失措,于是他们倾巢出动,四处搜寻,结果一无所获。接着,国民党反动政府酝酿了一个大阴谋,欲将刘仲宣等人释放出狱,目的是“放长线钓大鱼”。

1949年6月,已监禁四年的刘仲宣,突然被宣布释放。但这个“喜讯”并没有使他喜出望外,他深知敌人的险恶用心,一想隔断他与党组织的联系,二想以他为线破坏中共地下活动系统。他出狱后,一些亲朋好友劝其避祸他乡。但他决然不顾个人安危,坚持留蓉继续为党、为人民奋斗。在出狱后的第二天晚上，他就在位于庆云东兴街的家里，与中共地下工作者彭代悌、云龙会晤，研究如何进一步做好川西解放组的工作，并设法和川康渝自卫委员会联络，计划为川西解放组筹建一支游击武装，并撰写《告国民党官兵书》，劝告旧日同僚弃暗投明，为推翻国民党政权建新功。

刘仲宣在《告国民党官兵书》中晓以政策，明以大义，指出前途，声讨国民党政权罪行，使当时在蓉城的国民党军统特务头子毛人凤等人，不寒而栗。因此出狱一个月后，他又被抓进监狱，警备司令部还在他家里搜出《共产党宣言》《新民主主义论》，以及一些进步杂志。

1949年11月30日，蒋介石从重庆仓皇逃到成都，第二天召见毛人凤，下达了“洗监命令”。1949年12月3日，蒋介石想盘踞西南，以图死灰复燃，然这一想法彻底被刘邓大军打破。这时，盛怒之下的蒋介石，先后召见西南军统特务头子徐远举，省特委秘书长徐中齐，省主席王陵基，军统成都稽查处处长周迅予等，正式布置逃出成都前的大屠杀。

1949年12月4日下午，周迅予为表示效忠蒋介石，立即研究洗监和屠杀方案。当晚10时，成都开始戒严，稽查处中队长唐体尧率领十几名特务，首先将玉带桥监狱的杜可、龙世正、刘仲宣、云龙等四人，口塞棉花，紧紧捆绑，拖上卡车，开始了第一批大屠杀。秘密杀害几人后，天色大亮，特务们怕群众发现，把来不及杀害的云龙带回了监狱。1949年12月7日晚和8日凌晨，特务们又开始了第二次大屠杀。云龙和杨伯恺、于渊、王干青、许寿真、刘骏达、张大成、晏子良、陈天钰、王侠夫、黄子万、曾鸣飞、谷时逊、徐茂森、徐海东、毛英才、缪竞韩、余天觉、方智炯、田宗美、曹立中、王建昌、黎一上、王伯高、张维丰、高昆山、严正、吴惠安、杨辅霞、张垣、姜乾良等人，被秘密枪决。史称“成都十二桥惨案”，又称“一二·七大屠杀”。

1949年12月27日，成都解放。刘仲宣等仁人志士惨遭杀害的消息传开后，激起了全市人民的极大义愤和无限哀思。党和政府高度重视，立即组织力量，于1950年1月3日开始挖掘烈士遗体，4日下午5时举行起灵封柩典礼，19日上午9时举行公祭，并将烈士遗体安葬在青羊宫二仙庵墓地。是年底，“十二桥惨案”主要凶手唐体尧、龚速度等被捉拿归案，并被公开进行审判，处以极刑。

参考资料：

1. 中共成都市委组织部：《十二桥边草青青——成都十二桥烈士传》，四川人民出版社，1986。

2. 于东：《一个“爆破成都”阴谋的破产》，文史杂志，1991年第3、4期。

（南江县政协文化文史和学习委供稿）

共产党的统战朋友赵济刚

赵济刚(1890—1961),名仕金,字玉襄,号毅,绰号“黑胡子”,四川省巴中市巴州区化成镇人,系共产党的统战朋友,曾任巴中县解委会副主任、川北行署委员会委员、省政府参事、省政协委员等职。

赵济刚出身于贫寒家庭,五岁启蒙读书。清宣统三年(1911)考入巴州高等小学堂,民国元年(1912)考入巴州中学堂,后考入成都联合县立中学,民国五年(1916)入成都高师文科。民国八年(1919),到恩阳高等小学校教书。民国十年(1921),任巴州中学堂监学,兼任高等小学校长。民国十二年(1923),任鼎新场(今化成场镇)民团督办,因办团有方,匪患渐息,民声始著,旋被推任巴中县教育会会长。

民国十三年(1924),赵济刚到川军四十四军第五师李伯阶部军事讲习所学习,与四川教育长肖中鼎成为挚友。半年后,随李伯阶部赴渝,任江防军上尉参谋。民国十四年(1925),任辎重营营副。民国十六年(1927)春,驻防城口(今重庆市城口县),并兼任连长。民国二十四年(1935),任少校团副,驻广安、大竹、垫江等地。民国二十七年(1938),升任中校参谋,奉命出川抗日。后到南岳游击干部训练班学习,受到叶剑英等人的教导,有了投身革命的想法。民国二十八年（1939）夏，参加湖北随（县）枣（阳）战役，与新四军江防纵队互相策应，阻击日军入侵。不久，在钟祥县战斗中负伤，转入万县治疗。其间，第九行政区（驻万县）保安副司令肖中鼎（1938年加入中国共产党），前去医院探望，与其坦诚交谈，为其指明前途。同年，赵济刚伤愈后返回家乡。

民国二十九年（1940），肖中鼎任川陕鄂边区绥靖设计委员会通江分会副主任，途径巴中专程造访赵济刚，与其商谈救国救民、建乡建学之计，赵济刚深表赞同。赵济刚随即和米崇昆（时任仁和乡乡长）等筹建化成乡中心小学，选址于鼎新场（今化成镇）。民国三十年（1941）夏，经肖中鼎介绍，中共党员王叙伍（化名王柏森）到化成协助办学。在赵济刚、米崇昆的支持下，化成小学很快筹备就绪，米崇昆兼任校长，王叙伍任教务主任。随后，共产党员郝谦、伍级生等陆续到校任教。从此，化成小学成为川北共产党组织在巴中活动的据点。

次年，一些地方劣绅公开散布郝谦等人是"共老二"，赵济刚给予了及时弹压。民国三十二年（1943）秋，国民党重庆行辕给巴中县长劳烨下达密令："查王陌生（王柏森）借教书为名，在化成一带有异党活动，着即抓捕。"劳烨转米崇昆执行。米崇昆与赵济刚密商，借"陌生"与"柏森"之误，以"查无此人"敷衍过去。接着，中共川北工委派王朴庵到化成小学任教，接替王叙伍工作，正式确立了与赵济刚的统战关系。

民国三十三年（1944），米崇昆调县教育科任主办科员，新任乡长石化南暗中作梗，化成地下党活动受到干扰。赵济刚与党组织商议，抓住石化南的劣迹，将其及时调离。民国三十四年（1945），共产党员苟治平（通江人）被捕，赵济刚出面周旋担保，使其脱险。

民国三十五年（1946）春，按照上级党组织的安排，赵济刚与米崇昆联络乡人开办奇章中学（今清江中学），由国民党省党部督察员董铸仁(原凌云乡人,今属玉堂街道办事处)任名誉校长,赵济刚任董事长,王朴庵代校长兼训育主任,郝谦任教务主任,并安排艾文等多名共产党员和进步知识分子陆续到校任教。至此,化成成为巴中、通江、南江、平昌地区共产党组织地下活动的中心。

同年,在党组织和进步力量的支持下,赵济刚当选巴中县参议长,国民党县党部监察委员,并进入巴中县特委会。民国三十七年(1948),任巴中县自卫总队副总队长,集党、政、军权力于一身,对开展中共地下活动起到了极其重要的作用。其时,特务何援民(奇章中学总务)、张维真(化成小学校长)密报艾文等三十六人是中共党员,国民党重庆行辕令县长林翼如限期逮捕归案。米崇昆(时任县政府助理秘书)获悉后,迅速告知赵济刚,及时通知艾文等人分散隐蔽,抓人时一无所获。

1949年春,常驻巴中清江的县自卫总队二中队队长派人到处搜捕共产党员杨安,并以异党嫌疑为名,借机抓捕群众,敲诈勒索。赵济刚立即将二中队调驻化成,队长由进步分子、化成乡长黄贵廉兼任,保证了地下党员的安全。是年四月,川鄂边区绥靖公署主任孙震在万县召开绥靖会议,委任赵济刚为通江、南江、巴中地区“联防司令”。之后,巴中城内发现印有镰刀斧头标记的宣传品,县特委会疑是奇章中学师生所为。赵济刚将消息迅速密告其子赵永嘉(中共党员),党组织立即做好了应变准备。1949年秋,中共巴中中心县委派何静修与赵济刚商谈迎接解放事宜,他表示完全服从组织决定,这对稳定局势,顺利解放巴中,起了积极作用。同年冬,专员李放六率保安团逃到平昌,召开通江、南江、巴中、平昌军政首脑会议,试图抗拒解放。赵济刚在会上坚决反对,得到绝大多数人支持,李放六只得逃往通江。同年12月21日,巴中解放,赵济刚任县解委会副主任兼军事组长。1950年3月调川北行署,先后任行署委员会委员,人民监察委员会委员,川北土改工作团射洪工作队队长。1952年秋，川北行署撤销后，调四川省人民政府任参事室参事，省政协委员。1961年，赵济刚病逝于成都。

赵济刚在中国共产党人的领导和影响下，积极转变思想和观念，利用他在国民党政府的特殊身份，积极为巴中中共地下党的工作贡献力量，使中共地下党力量不断发展壮大，为革命作出了积极的贡献。

参考资料：

1. 四川省巴中县志编纂委员会:《巴中县志》，巴蜀书社，1994。

2. 巴中市南龛文化产业园管理委员会:《巴中历代文选》，内部资料，2017。

（巴州区政协文化和文史资料委供稿）

世界平民教育家晏阳初

晏阳初(1890—1990),曾名遇春、兴复、云霖,四川省巴中市巴州区人。世界著名平民教育家,“现代世界最具革命性贡献的十大伟人”之一。

热心社会公益活动　萌生平民教育思想

晏阳初祖籍湖南省岳州府(今岳阳市),清初移民到四川省巴中县三江乡晏家沟(今巴中市巴州区三江镇中兴村),后其父晏乐全迁居巴中县城。晏阳初从小由父亲教授,饱读诗书。清光绪二十九年(1903),离家外出求学,在保宁府华英学堂读书,开始接触西方文化。光绪三十三年(1907),考入成都华英中学,三年后毕业受聘于成都一中,任英文教师。其间,他协助英国传教士史梯瓦特创办“辅仁学社”,并任副主任。宣统三年(1911),受聘于巴州中学堂,任英文教师。民国元年(1912)春,随史梯瓦特赴香港。同年九月,以第一名的优异成绩考入香港圣保罗学院(今香港大学)。民国五年(1916),晏阳初考入美国耶鲁大学,攻读政治经济学,并积极投身社会活动。是年冬,他被推选为耶鲁华人协会会长。

民国七年(1918),晏阳初在美国耶鲁大学毕业后,正值第一次世界大战，他受美国基督教派遣，去法国普兰华工服务中心服务，为当地五千多名华工翻译读报，代写代读家信，并开始尝试教授华工识字。

在法国普兰期间，晏阳初目睹了平民百姓缺少文化的痛苦，萌生了要开展平民教育的强烈愿望。民国八年（1919），五四运动爆发，国内进步知识分子中形成了“教育救国”的共识，他深为国内思想界与文化界的觉醒而激动，更加坚定了开展平民教育的决心。

民国九年（1920）七月，晏阳初取得普林斯顿大学的硕士学位，并被选为北美基督教中国学生会会长。八月，他回国省亲，抵达上海，数次与中国基督教青年会总干事余日章会晤，商定以基督教青年会全国协会作为推动中国平民教育的机构，从华东开始，逐步推向全国。随后，他亲自到天津、北京、济南、南京、武汉等地考察，了解国内平民教育情况。至民国十年（1921）底，他先后调查了十九省市，提出了自己独到的观点，向社会呼吁：“现在中国人害了三种病，即瞎、聋、哑——国民绝大部分不识字，不能读书刊，非瞎而何？不受教育，不知社会情形，有耳等于无耳，非聋而何？社会弄到这样，发言的是何人，大多数人是不能作声的，非哑而何？”并根据民情国势，对建校、招生、管理、教育办法等，作出了周密计划。他还编写了《平民千字课》《平民算法》《平民历史》《平民地理》《平民书信》《平民千字帖》等平民教育课本。

平教运动获得成功　被推崇为世界伟人

民国十一年（1922）二月，晏阳初到湖南长沙进行平民教育示范工作，并成立了湖南省平民教育促进会，拉开了平民教育运动的序幕。在长沙建立平民教育学校六十余所，招收培训学生一千三百余名。此后，湖南其他一些县也陆续设立平民学校和平民读书处，共计一千七百一十八所，学生五万七千六百六十二人。湖南试办的成功，更加增强了晏阳初办好平民教育的决心和信心。接着，他在《新教育》杂志上陆续发表《平民教育的新运动》《平民教育概论》《平民教育之真义》《平民教育的宗旨、目的和最后使命》《平教总会的组织和工作》《平民教育实施的实验》等论文，大力宣传平民教育的宗旨、意义和组织实施办法。

民国十二年(1923)后，晏阳初在浙江嘉兴平民学校尝试幻灯教学法取得成功，赢得朱其慧、陶行知、胡适等诸多名人学者的赞赏与支持。于是，中国平民教育促进总会得以在北京成立，朱其慧任董事长，陶行知任董事会书记，晏阳初任总干事，形成在全国推行平民教育计划的新格局。

民国十三年(1924)七月，晏阳初应张学良、冯玉祥之邀，前往奉天、包头、张家口等地开办平民教育，影响极大，一大批毕业于国外名牌大学的硕士、博士，相继回国应聘到平民教育总会工作。民国十四年(1925)七月，晏阳初应邀赴美国檀香山出席太平洋国民会议，讲演《中国的新生力量——平民教育》，受到各国代表的赞扬，并获得当地华侨的巨款捐助。

民国十五年(1926)十一月，从作为平民教育总会华北实验区的定县实验开始，进行以乡村为单位的平民教育实验。这一实验旨在通过社会式、家庭式、学校式的文艺、生计、卫生、公民四大教育来培养广大贫困农民的新人格、新思想、新观念、新组织，造就有知识力、生产力、强健力、团结力的有文化的中国新民。通过根除“愚、穷、弱、私”四大病根而建设一个民主、独立、富强的国家。为实现这一目的，晏阳初和平民教育委员会同仁纷纷举家迁居定县，与农民共同生活，共同劳动，共同创造新的生活家园。这是百年来中国高级知识分子实践“回到农村”“深入民间”的一次壮举，被定县人称为“博士下乡”。

民国十七年(1928)六月，晏阳初赴母校耶鲁大学接受“荣誉博士”学位，并以一年时间，遍访美国东西部各大城市，就中国平民教育演讲数百次。他的演讲受到美国斯坦福大学校长韦尔伯的盛赞，他向卡特建议组织中国平民教育美国合作委员会，支持为中国平民教育运动募捐。美国各地承诺之捐款达四十五万美元。

继声势浩大、影响深远的“定县实验”之后，晏阳初又带领平民教育协会的同仁开辟了华中和华西实验中心，先后建立了湖南衡山实验室和四川省政府设计委员会。民国二十九年（1940），在重庆又建立了中国有史以来第一所培养乡村工作专门人才的高等学府——中国乡村建设学院。

晏阳初为平民教育与乡村改造做出的成绩，受到国际上的高度评价。民国三十二年（1943）五月二十四日，来自美国、加拿大、南美及墨西哥等国几百所高等学术机关的一百八十多位杰出的教育家与科学家，在纽约市卡立兹堂举行纪念哥白尼逝世四百周年的盛大集会。大会上推举并表彰了十位“现代最具革命性贡献的世界伟人”，晏阳初与爱因斯坦、杜威、福特等一起被授予这一殊荣，晏阳初是这十人中唯一的东方人。

全球推广平教运动　赞誉蜚声海内外

民国三十三（1944）起，晏阳初进一步将平民教育推向世界。同年元月，他自美飞抵古巴，在哈瓦那大学及其他教育集团演讲，与著名人士商讨在古巴推行平民教育问题，协助其完成主要计划后才回到美国。四月，“平民教育运动中美委员会”在美国成立，晏阳初被选为理事。

民国三十四年（1945）十一月，晏阳初被旧金山市授予“荣誉公民”称号。此前，美国有三所大学赠予他“荣誉博士”学位。民国三十五年（1946）三月，晏阳初到白宫会见美国总统杜鲁门，介绍平民教育工作的成绩和经验。民国三十六年（1947）八月，晏阳初去法国巴黎出席联合国教科文组织研讨会，做了《平民教育与国际了解》的演讲。九月，联合国教科文组织请他担任“基本教育特别顾问”。

1949年11月，晏阳初赴台北参加农复会会议后定居美国。1950年，他在美国各地演讲，向国际社会发出“除天下文盲，做世界新民”的口号。1951年，在美国创建“国际乡村建设委员会”。

1952年，晏阳初到达菲律宾，协助建立“乡村改造运动促进会”。其后，对印尼、泰国、印度等国访问考察。1955年10月4日，美国《展望》杂志公布晏阳初为世界百位名人之一，赞他“为农民生活改造的理论与精神，举世无双”。1960年8月，菲律宾麦格塞塞奖授予晏阳初纪念奖一万美元，以表彰其在促进国际了解方面的杰出成绩。他将奖金纳入国际学人训练基金，以鼓励青年从事平民教育和乡村建设工作。

1961年7月至1964年5月，晏阳初先后对委内瑞拉、危地马拉、哥斯达黎加、波多黎各、多米尼加、哥伦比亚等国访问考察，受到各国政府和人民的热烈欢迎。1966年1月，“晏氏乡村改造促进会”在美国成立。1967年，他在菲律宾建立“国际乡村改造学院”，出任院长，先后为亚、非、拉四十四个国家培训从事平民教育、乡村改造的工作人员千余名。晏阳初晚年提出的“乡村改造十大信条”在许多国家受到好评并得到重视，他本人也由此被誉为“世界平民教育运动之父”“全球乡村改造的奠基人”。

1976年，危地马拉国内阁授予他“国鸟勋章”。1983年，晏阳初93岁寿辰时，美国赠予其“艾森豪”奖章。1985年10月，晏阳初获美国总统里根颁赠的“扫除饥饿总统奖”。

终生爱国矢志不渝　魂归故里耀中华

晏阳初自1949年离开中国大陆，在海外为推动全球乡村改造运动而费尽心力，但仍万难不辞。进入垂暮之年，他更加怀念祖国。

1985年9月，晏阳初第一次回国观光访问，在北京受到万里、邓颖超、许德珩、周谷城等热情接见，并受到河北省及定县党政领导、各界人士的热烈欢迎，北京、成都的乡村建设的校友亦分别为他举行欢迎会。晏阳初盛赞中国取得的成就："百闻不如一见，祖国正经历着一个了不起的成功，正体现新的精神、新的希望。"

1987年7月，晏阳初结束第二次回国访问后，回到美国在纽约举行的中国欧美同学会的欢迎大会上，做了题为《我为什么第二次回到祖国》的演讲，重申了他要为祖国贡献力量的真诚愿望。在这次大会上，他被推选为中国欧美同学会的名誉会长。

1990年1月7日，晏阳初因病在美国纽约辞世，享年一百岁。其著作有《平民教育概论》《平民教育的真义》《农村运动的使命》等。

1998年，为纪念这位具有世界性贡献的伟人，巴中市人民政府在城东白塔山上，修建了晏阳初陵园和史迹展览馆。他的精神永远昭示着后来人。

参考资料：

1. 四川省巴中县志编纂委员会：《巴中县志》，巴蜀书社，1994。
2. 晏鸿国：《晏阳初传略》，天地出版社，2005。

（巴州区政协文化和文史资料委供稿）

巴中籍新闻界的民主斗士王鳌溪

王鳌溪(1894—1932),又名克一、学一,字珏贤,四川省巴中市恩阳区柳林镇人。祖无遗产,佃田耕种。自幼聪颖,才华过人。民国六年(1917),得乡亲资助,考入巴州中学堂。因家境贫困,又肄业两年。后来与新闻工作结缘,逐渐成长为一名以文克敌、以文救国,让蒋家王朝见文心惊的新闻斗士。

民国九年(1920),王鳌溪在"旅蓉同乡会"的资助下赴成都谋得非正式新闻记者工作,开启了他从文抗敌的生涯。当时,军阀郑启和驻防通、南、巴,强迫农民种鸦片,巧立名目收烟税。他以"鳌溪"或"王孙芳草"为笔名,投稿成都《国民公报》予以披露,舆论为之哗然。后经乡友川军旅长李宇航举荐,受聘为潘文华旅旅部书记(秘书)。民国十五年(1926),因撰文讽刺田颂尧"只管搜刮民财,不顾国计民生"的凶残行径,惹怒了田颂尧。他只好离开成都到重庆,在杨森部下做书记员。次年,刘湘任善后督办,驻重庆,李宇航又推荐他为督办秘书。不久,李宇航调任重庆警备厅厅长,王鳌溪改任警务秘书。当时田颂尧部在通、南、巴设联团办事处,搞"百万大筹款",购械扩军。此时的通、南、巴连年大旱,瘟疫流行,土地荒芜,民不聊生,万众愤怒,学潮迭起。王鳌溪又邀旅渝同乡会会友邓江镇、王化云等创办《宕梁旬刊》，揭发田颂尧纵兵殃民之罪，并撰一联："好的他田家，苦了我田家，说声派款，县长派，区长派，乱派滥派，指名摊派，胡闹鬼派，硬起心肠由你派；因为刮地皮，所以抢地皮，论到收捐，场上收，门上收，明收暗收，不把手收，只怕无收，谨防尸骨没人收。"痛批了田颂尧，有力支援了巴中的学生运动。巴州中学的学生，捣毁了田颂尧的"禁烟查缉局"，再次重创了田颂尧，但他又拿王鳌溪没办法，鸦片烟税被迫取消。田颂尧上书刘湘，要求将王鳌溪逐出重庆，未逞，又许以军政部主任和巴县县长为诱饵，调王鳌溪离渝。王鳌溪却幽默地回绝："有个宣传部长当当，就可以了。"

在渝期间，王鳌溪先后任《国务日报》《宕梁旬刊》《新时代报》《重庆日报》《商务日报》《国民日报》《粉红通讯》等报刊的编辑、总编辑或主笔。他与《新蜀报》主笔萧楚女交往甚为密切，与进步人士漆南薰、周钦若等相交友善，因此其对孙中山的"联俄、联共、扶助农工"三大政策有了更深的认识。国民党三中全会在南京开幕之时，蒋介石发表演讲，假民主之名，行独裁之实。王鳌溪仿《声律启蒙》挖苦道："吹对拍，假对装，黑厚对黄帮。拥护三全会，恭维万岁王。到处做官找校长，大家哄鬼绷内行。捧大爷胡子青黝，未必你即吴姥姥；使主席心头安逸，还须我那宋娘娘。"并作诗讽刺国民党内一些无耻文人："御用文人多无耻，拥护流氓作天子。博得开国元勋名，鞠躬尽瘁死而已。"诗文刊出后引起政坛内外哗然，指责蒋介石阴谋独裁的声浪四起。王鳌溪批评时政的文章，使蒋介石感到惶恐难安，民国二十年（1931），蒋介石电令刘湘查封了《新时代报》。王鳌溪被迫离渝赴沪。出三峡时，王鳌溪曾作诗纪行："一为迁客别渝州，东出夔关作壮游。难得长江最知己，不辞万里送行舟。"诉说心中的无奈之情。路过南京时，《新民报》经理陈明德请其为该报撰文，他婉言谢绝，直奔暨南大学教授巴中人邱致中家。旋任教于上海文化学院，随之加入上海进步团体救国联合会，与吴汝柏、钟行素、熊达梯等商办《新大陆报》,得到进步人士李济深和县人巩晋孚的资助。《新大陆报》向社会发行,报社设在公共租界回马路。该报以“要求民族生存,反对日本侵略,要求民主政治,反对独裁统治”为宗旨,痛斥蒋介石“攘外必先安内,安内必先剿匪”的反动政策,赞颂东北义勇军和第十九路军抗击日本侵略的英勇行为。拥护中国共产党倡导的抗日民族统一战线,激发了全国人民反对内战一致抗日的信心。此举再度激怒了蒋介石,《新大陆报》被勒令停刊。

民国二十一年(1932)初,王鳌溪获悉蒋介石建立法西斯特务组织“蓝衣社”的消息后,便立即在复刊的《新大陆报》上刊出,揭露蒋介石的阴谋,消息震惊中外。上海《申报》《大公报》等争相转载。欧美驻沪记者,各国使馆,见报如获至宝,发回专电披露。蒋介石惊恐异常,出动大批警察特务,封闭报馆,逮捕报人,砸烂印刷机器,派人跟踪王鳌溪,后在南京路中国饭店内将其逮捕。消息传出,《新大陆报》同仁,上海各救国团体、成渝两地的友好人士,四处奔走竭力营救,未能成功。他被押解到南京,蒋介石政府许诺:“若按政府旨意办报,不仅报纸可复刊,资金还可资助。”他却大义凛然地说:“《新大陆报》主张全中国人士团结起来,争取民族生存,捍卫国家主权,抗击日本侵略,要求政治民主,反对专制独裁。我们的言论,就是民众的心声。你们可以把我禁锢终身,或抛进大河,或背石沉海,可是后来人会前赴后继的。至于个人,幼读史书,达观早成,为民鼓呼,生死不计。”

民国二十一年(1932)秋,王鳌溪被残忍地杀害于南京雨花台,时年三十八岁。他用年轻的生命,呼吁捍卫国家主权,抗击外来侵略。他不屈不挠的斗争精神,至今在中国大地传颂。

参考资料:

巴中市巴州区政协:《古镇恩阳》,内部资料,2007。

(恩阳区政协文化文史和学习委供稿)

我党我军政治工作第一人刘伯坚

刘伯坚(1895—1935),四川省平昌县龙岗镇人。中共早期党员,中共六大代表,著名的无产阶级革命家。

刘伯坚天资聪颖,自幼与众不同。在附近岳家金斗寨学堂读书时,一次学堂以“士先器识而后文艺”命题作文,他冲破“八股”条框,结合时事,广征博引,指出古今一些文人“文不符质,虚饰华美,六朝陋习,殷鉴不远……”余翰林阅后甚为赞叹,批曰:“笔底波澜,历数文人无行之害,矢志上进,大器固不待晚成矣。”不久,他又先后到巴州中学堂、绥定联中、省立第四师范学校(位于万县)读书,潜究“新学”。刘伯坚在万县目睹了外国船只在长江流域横冲直撞,气焰嚣张,他深感痛心,不禁奋笔疾书:“堂堂炎黄子孙,岂容洋奴欺侮,凡有血气之伦,莫不枕戈饮血。”从此,他决心“寻求救国之道,探索治国之术”。

1918年,刘伯坚到四川嘉陵道尹陈秉坤处任秘书,他办事干练,颇得器重,拟被荐为苍溪县知事,但他婉言谢绝:“我不图升官发财,只望求知报国。”1919春,考入成都高等师范学堂(四川大学前身)。时五四运动风起云涌,成都亦积极响应,他投身运动之中,同刘砚僧、李劼人、袁诗尧等成立学生联合会,创办《星期日》周刊,传播新思想、新文化。通过参加革命运动，他进一步坚定了追求真理、救国救民的信心。同年8月赴重庆，9月抵北平，在高等法文专修馆学习，为旅欧勤工俭学做准备。1920年6月初赴上海，6月下旬赴法，7月初抵马赛，到巴黎后被分配至比利时沙洛瓦劳动大学半工半读。

1921年初，刘伯坚到巴黎研读《资本论》《共产党宣言》《法兰西内战》《国家与革命》，研究西欧工人运动和俄国十月革命经验。这期间他开阔了视野，确立了信念，并加入赵世炎、李立三组织的劳动学会。刘伯坚与周恩来、赵世炎、蔡和森、李富春等领导了以求生争“三权（吃饭、工作、求学）”为主要内容的“二八运动”，6月的“抗拒中法大借款”，9月的“占领里昂中法大学”等重大政治斗争，并在机关刊物《少年》（后改为《赤光》）上发表文章，广泛宣传马克思主义，揭露批判各种反马克思主义思潮的本质。1922年，刘伯坚与周恩来、赵世炎等人，共同发起组建了旅欧的统一的共产主义组织——旅欧少年共产党（后改名旅欧中国共产主义青年团）。他随即转为中国共产党党员，先后任中共旅欧比（比利时）支部书记，中共旅欧总支第三届书记。他经常深入华工和留学生聚居的地方发表演说，宣传马克思主义，揭露批判国家主义派媚日反人民的真面目，开展对无政府主义以及其他各种反动流派的斗争。

1923年11月，刘伯坚和聂荣臻、蔡畅等十余人被党组织派到莫斯科东方大学学习。他非常珍惜这次机会，系统学习了马列著作，深入研究十月革命经验，这给他回国后从事政治思想工作打下了基础。他因待人和气且处理问题老成持重，被推选为中共旅莫支部书记达三年之久。当时，这个支部不但管理中国党员学生的组织活动，还要负责工作分配和生活，被同志们称作“党内驻苏大使馆”，刘伯坚成了“大使”。后来，邓小平、傅钟、欧阳钦等抵达莫斯科时，他亲自去迎接，并为他们办了入学、转党团关系手续，安排学习、住宿和生活。

1926年春，冯玉祥在军阀混战中失败，通电下野，携带家眷赴苏联考察寻求援助。共产国际为争取冯玉祥，遂派刘伯坚参加这一工作。5月9日晨，冯玉祥抵莫斯科后，刘伯坚、曾涌泉、武胡景等以《挺进报》记者身份与冯玉祥接触。冯玉祥在苏联考察三个月，表示接受共产国际建议，并欢迎刘伯坚等共产党人到西北军协助工作。9月，冯玉祥一行回国后，宣布脱离北洋军阀政府，组成国民联军，并出任联军总司令，刘伯坚任政治部副主任(后任部长)。在五原誓师授旗典礼上，刘伯坚发表演说，大大鼓舞了全体官兵的士气，雷鸣般的掌声经久不息。刘伯坚同西北军上层人物建立了很好的统战关系，在各个军中建立政治工作机构，并办各种训练班，积极用革命思想改造这支从军阀阵营中分裂出的部队。他表现出的豪迈气概和忘我的工作精神，使不少高级军官钦佩。日后，他们有的成为党的重要统战对象，有的还加入了共产党。

1927年4月，蒋介石发动“四一二政变”，冯玉祥追随蒋介石，在军中进行大规模“清共”活动。7月，刘伯坚转移到武汉，遵照党组织指示到上海从事党的秘密活动，先后任中共湖北省委组织部部长，江苏省委常委、宣传部部长。1928年春，党组织派他再度赴苏联，先后在列宁格勒托尔马乔夫军政学院、莫斯科伏龙芝军事学院学习。6月至7月，他出席了在莫斯科召开的中国共产党第六次全国代表大会。1930年秋回到上海，秘密前往江西中央苏区，任中共中央军委秘书长。1931年11月，在召开的第一次全国工农兵代表大会上，被选为中华苏维埃共和国中央执行委员会委员，并担任苏区工农红军学校政治部主任。不久，他参加领导了震惊中外的“宁都起义”，原国民党二十六路军被改编为工农红军第五军团，随后刘伯坚任该军团政治部主任，将该军团改造成中央红军的主力之一。他还参加了中央革命根据地历次反“围剿”斗争。

1934年10月，由于受“左”倾路线影响，刘伯坚没有参加长征，留在赣南坚持游击战争，任赣南军区政治部主任。他积极组织留守部队，在于都河多处架桥，为主力部队做好后勤保障工作，护送中央红军主力渡河长征。1935年3月4日，刘伯坚率部队转移突围时，在激烈的战斗中左腿负伤，不幸落入魔掌。敌团长劝他“顺应潮流”，只要办脱党手续便可得到自由和重用，刘伯坚断然拒绝。3月9日，刘伯坚被押解到大余县粤军第一军部囚禁。3月11日，移绥靖公署审讯室关押。在移狱途中，敌人故意押着他从一条繁华大街走过，借此展示反共战功，并欲从精神上瓦解其革命斗志。刘伯坚却大义凛然，拖着沉重的脚镣，昂首走过大街。关押期间受尽各种折磨，但他不屈不挠，始终坚守一个共产党员的革命本色。他在遗书中，把自己的一生归结为：“生是为中国，死是为中国”，并以“我为中国作楚囚”自豪。临刑前，他写了最后两封信，预言：“不久的将来中国民族必能得到解放”，他的“鲜血不是空流了的”。信中再三叮嘱他的亲人：“最重要的，诸儿要继续我的志向，为中国民族的解放努力流血，继续我未完成的光荣事业。”同时，他还写有《带镣行》《移狱》《狱中月夜》等诗篇，以示对反动派嚣张气焰的蔑视，对革命胜利的向往，展现了一个共产党人无私无畏的高贵革命气节。

1935年3月21日，刘伯坚坚贞不屈，视死如归，高呼着“中国共产党万岁”的口号，壮烈牺牲在江西省大余县金莲山刑场，时年四十岁。

1938年，毛泽东为刘伯坚碑文题词：“刘伯坚是中国共产党的早期优秀党员，中国工农红军早期优秀将领，无产阶级革命家，我党我军政治工作第一人。”20世纪80年代，家乡人民在县城为他修建了纪念碑。纪念碑由邓小平题写碑名，黄镇题书烈士简介，杨尚昆、黄镇、魏传统等出席纪念碑落成典礼。2009年，刘伯坚被评为“100位为新中国成立作出突出贡献的英雄模范人物”。

参考资料：

1. 四川省平昌县地方志编纂委员会:《平昌县志·人物》,四川科学技术出版社,1990。

2. 平昌县人民政府办公室:《平昌政务志长编》,内部资料,2013。

3. 平昌县文广新局:《平昌系列文化丛书》,内部资料,2017。

（平昌县政协文化文史和学习委供稿）

川南工委书记万敬修

万敬修(1897—1952),原名吉礼,四川省南江县长池镇(后改为长赤镇)万家塝人。民国十一年(1922)加入社会主义青年团,民国十四年(1925)加入中国共产党,民国十八年(1929)任中共顺庆(南充)特区书记,民国二十七年(1939)任中共川南工委书记。

万敬修出身贫寒,十岁始入私塾,十四岁入长池书院高小班半耕半读。因立志长大为中华振兴出力,自改名"万敬修",取"修身治国平天下"之意。然他却因贫困而长时间辍学,但他刻苦读书,成绩优异。南江此时尚无中学,须远去外县,见父亲无意筹措学费,他毅然只身远赴阆中。民国四年(1915)考入保宁联中勤工俭学。入学不久,因反对学校榨取学生钱财而被开除,返家务农。民国七年(1918)考入川北师范,民国八年(1919)万敬修因积极宣传五四运动,参加革命讲演和游行,又被学校开除。半年后,又以优异成绩考入成都省立商业专门学校,开始接受马列主义思想,积极参加学校的革命活动。民国十一年(1922)加入社会主义青年团。

民国十二年(1923),万敬修从商校毕业后,被派任通江县实业局局长,因上书陈弊被解职,再去成都。民国十三年(1924),调任昭化县实业局长,因在任上积极从事反帝反军阀的革命活动,被撤销职务。民国十四年(1925)去成都自谋一中学教师职业,继续从事反帝反封建反军阀活动,五月被批准转为中共党员。

万敬修加入中国共产党后,受组织委派,以记者、教师、医生、车夫、老板等十多种职业做掩护,在巴县、万县等多个县内宣传、组织、指导工农革命运动和发展地下党组织。他在任巴县地下党组织联络组长期间,与中共地下党联络员黎静德结为夫妻。由于在重庆地区工作出色,民国十八年(1929)夏,万敬修被中共四川省委派到顺庆地区开展地下党活动。很快中共顺庆特区成立,他任特委书记。万敬修组织出版了《渡生船》等多种进步刊物,并成立“川北文化社”等多种宣传联络阵地,积极开展“工运、学运、妇运、兵运”活动,在南充等近十县发展党员八十多名,并建立党支部。顺庆地区部分地下党组织被军阀捕杀二十八人后,万敬修夫妇被迫离开顺庆,返回巴县继续活动。

民国十九年(1930),万敬修夫妇被捕入巴县监狱,受尽各种酷刑,但坚贞不屈。因无证据,民国二十三年(1934)夫妇二人被释放。释放后仍做地下工作,之后万敬修被关押在重庆。民国二十四年(1935)七月,万敬修被中共四川省委代理省委书记张秀熟等积极营救而保释出狱,以开“豆花饭店”谋生,并将该店作为秘密联络点,积极开展川东地下党活动。

民国二十五年(1936)底,万敬修被地下党组织介绍到泸县(今泸州)禁烟事务所任职,以组建“信义互助储募会”为掩护发展组织,从事革命活动。民国二十六年(1937),又被介绍到宜宾禁烟所任职,并成立宜宾“信义互助储募会”,以此掩护开展党的活动,使川南党组织得到了较大发展。后又返泸县独立领导该地的地下党开展革命斗争。

民国二十六年(1937)七月,卢沟桥事变发生,全面抗战爆发,万敬修又到宜宾发展党组织,动员民众开展抗日活动。不久与四川省工委取得联系，万敬修很快就地发展党员数十名。民国二十七年(1938)三月，正式恢复中共川南地下工委，万敬修任工委书记，管泸县和宜宾特支，辖古蔺等十六县，并在这些地区发展党组织和开展党的统一战线工作，取得很大成绩。川南工委被撤销后，改设中共泸县、宜宾两个中心县委，直属省工委领导，万敬修任负责人。

民国二十八年(1939)，日机轰炸泸州，造成数千人死亡，万敬修也险被炸死。民国三十年(1941)，发生“皖南事变”，国民党开始大肆“清共”“剿共”，川南党组织遭到很大的破坏。万敬修同上级党组织失去联系，被迫潜回南江竹岭乡(今属长赤镇)。

民国三十年(1941)，张澜的学生将万敬修介绍给新任南江县长龙德渊，他被委任为南江县书报社主任，积极筹划办起了“南江文化书店”等，并大量购进有关抗日救国的进步书籍，宣传动员民众积极抗日。民国三十二年(1943)，任县统计室主任。民国三十三年(1944)一月，任南江中学代理校长。民国三十四年(1945)二月，历任南江县民众教育馆馆长、正直民办初中校长。民国三十七年(1948)三月，复任南江民众教育馆馆长。1949年4月20日起，兼任《南江周报》社长，是年秋任县教育科科长。

1949年12月19日，南江县城获得解放。1950年1月，万敬修被推选为南江县解放委员会主任。2月南江县人民政府成立，万敬修被任命为南江县文教科科长，组织全县中小学教师学习《共同纲领》和文教政策，恢复正常教育秩序。

万敬修一生生活艰苦，加之五年监狱生活，受尽各种酷刑，留下了多种疾病。他最终因病不能坚持工作，请假回老家养病，于1952年3月病逝，终年五十五岁。

参考资料：

《万敬修的早期革命活动》，《巴中日报》2017年6月18日。

（南江县政协文化文史和学习委供稿）

巴中一代名师刘仲铭

刘仲铭(1901—1993),名祥珠,号仲铭,四川省南江县神潭溪(今高桥镇)人。毕业于华西协和大学教育学院。"万县惨案"发生后,起草《反帝爱国宣言》,现收藏于四川省文史馆。他博学多才,从事教育教学四十余年,对英语也颇有造诣,桃李满园,有自传《风雨九十年》存世。

刘仲铭家境清贫,自幼好学,八岁启蒙,十二岁便能作文写诗,十三岁考入巴中华英高级小学,于民国六年(1917)冬毕业。后又考入华西协和中学。民国九年(1920),他没钱报不了名,但渴望求知,就在教室外听讲。老师龚镜清深受感动,帮他垫付学费。后来,龚老师让他整理图书三天,得工资抵还学费,这也启发了他走自力更生、半工半读之路。民国十二年(1923)夏,刘仲铭考入华西协和大学教育学院,且以第一名的成绩获得了奖学金。他刻苦攻读,中外文学、教育心理学、社会经济学等科目成绩俱佳。他还在参加学校演讲比赛中,以"中华民族对世界文化的贡献"为题,荣获第一名,得奖金五十元。

民国十五年(1926)九月五日,发生震惊全国的"万县惨案"。华西协和大学学生会首先举起抗英义旗,作为秘书长的刘仲铭与学生会成员一起，组织学生开展游行示威、散发传单等抗议活动，并起草《反帝爱国宣言》。这篇宣言文辞激昂，历数英帝侵华罪证，并号召全国人民团结一致，坚决反对帝国主义在中华横行霸道。同时，此举也引起校长的不满，威胁“要严惩起草的学生”。而他们非但不怕，还举行罢课以示反抗。事后为防不测，刘仲铭辗转重庆，经人介绍到重庆女子师范学校附属小学教书，后又到重庆朝阳街广益小学当校长两年半。民国十九年(1930)秋，刘钟铭返回华西协和大学复学，于民国二十一年(1932)毕业。

刘仲铭毕业后，因时局动荡，工作不稳，多次换职，但始终没有离开教育战线。民国二十一年(1932)秋，任巴中县立初级中学校长；民国二十二年(1933)秋至民国二十七年(1938)夏，任四川省教育厅科员；民国二十七年(1938)秋至民国二十九年(1940)春，任绵竹初中教员；民国三十年(1941)至民国三十一年(1942)，任巴中县教育科科长；民国三十二年(1943)至民国三十四年(1945)，任巴中县简易师范学校校长；民国三十四年(1945)秋至民国三十六年(1947)年，任巴中恩阳私立初中校长；民国三十七年(1948)春至1949年秋，任巴中高级中学校长。

刘仲铭不畏强权，爱憎分明；思想进步，正义爱国。他任师范校长时，其妻弟学生陈祖悌等人赌博，违反校规，他完全不讲情面将其开除。复任巴中中学校长时，有两个学生严重违反校规，其中一人是驻军团长之子，他不怕丢官杀头，亦将他们开除。同时，他还积极营救被捕的中共地下党员，抗议虐待“壮丁”，发动学生从军抗日等。民国三十一年(1942)，他动员本家亲戚刘正国、邓大勋等五位学生参加抗日远征军，入缅杀敌。民国三十七年(1948)冬，进步学生何开文(中共地下党员)等人被捕，他独闯县政府和警察局将其救回。接着，又通风报信放走张瑛(中共地下党员)等四名学生。

刘仲铭不仅精通文史，英语水平也相当高，直到20世纪70年代在全县也是首屈一指。民国三十三年（1944），一架美国军用运输机在平昌县兰草渡失事，三位飞行员跳伞获救后被送到巴中警备司令部。刘仲铭被请去当翻译，他英译汉、汉译英准确无误，不仅让达官乡绅大开眼界，而且还使美国飞行员赞叹不已。

1949年后，在中国共产党的领导下，刘仲铭的工作终于安稳。1950年春，他在南江仁石乡小学当教员。1951年4月，调平昌县初级中学任教，并兼任教导主任。1952年2月，他参加川北地区教师思想改造学习会，学习党重视教育、重视人才等一系列方针政策，多次聆听川北行署主任胡耀邦的讲话，这使其更加热爱新中国的教育事业。1959年秋，刘仲铭调平昌县师范学校任教，直至1965年退休。同时，历次当选为平昌县人民代表，历任平昌县人民委员会委员，后任巴中县政协委员。

刘仲铭因材施教，认真备课，呕心沥血，一丝不苟。他承担着中学、师范两校两班的语文、英语教学工作，任务繁重，加之社会活动多，常熬至深夜，以至过度劳累，有两次昏倒在讲台。1965年，平昌全县仅评选两名高级知识分子，他便是其一。1957年，平昌为刘仲铭等四位教龄二十年以上的教师举行了隆重的庆祝大会。

在“文革”中，刘仲铭以“反动学术权威”被定罪，三次被关进“牛棚”，于1978年恢复名誉。后任南江县政协一、二届委员，多次撰写关于教育改革的提案，在教育界引起了极大的关注。尤其是1984年他提出的关于减轻学生负担，改革考试办法的建议，在部分学校得到积极推行。1979年，家乡高桥办高中班，因缺乏英语教员，他又当起了义务教师，教高中班英语兼辅导英语教师一年。

刘仲铭晚年常以文会友，咏诗自娱，著有自传《风雨九十年》和《仲铭诗稿》。1993年6月14日，他因病去世。

刘仲铭一生从教四十余年，当校长，治校严谨，学风纯正，赞誉有加；当教员，春风化雨，孜孜不倦，桃李满园。他博学多才，素有文科“活字典”之美称，且对英语也颇有造诣，深受同行、社会各界以及学生们的尊敬和爱戴，对川东、川北、川西地区的文风、学风都有着重要的影响。

参考资料：

中国人民政治协商会议四川省南江县委员会文史资料工作委员会：《南江文史资料选辑》（第一辑），内部资料，1987。

（南江县政协文化文史和学习委供稿）

推动彭县起义的爱国民主人士李蜀华

李蜀华（1902—1953），四川省南江县沙坝乡人，先后毕业于陕西省南郑高中和陕西军校。1918年入巴中周公权部任职，历任南江县参议会参议长，南江县"国民大会"代表，曾兴办过实业，后成功策反国民党川军高级将领起义反蒋，新中国成立后任川北行署工业厅顾问。

李蜀华天资聪慧，幼年在乡塾寒窗攻经史，少入县立高等小学，后求学于陕西南郑高中。时南江北部山区常遭土匪洗劫，家乡深受其害，他立志剿灭匪患，于是高中毕业后报考了陕西军校。军校毕业后，不满二十岁的他就当上了地方团防剿匪中队长。但是，地方团防根本不是王三春匪部的对手，就连他的父亲李斐成也被勒索巨额赎金，李蜀华遂到刘存厚部所办的军事短训班学习，结业后到驻巴中周公权部任连长。后来在二十九军先后任排长、连长、营长，驻防阆中，并兼任城防司令。民国二十五年（1936），奉命到湖北武汉军官学校受训。民国二十六年（1937），升任一二三师第三六七旅七三四团团长，兼任江油、彰武、平武、北川、梓潼五县城防司令官，后到陕西阳平关等地驻防，仍兼任城防司令。民国二十八年（1939

年),奉命出川抗日,驻湖北襄阳、樊城等地,任特种指挥官。

民国二十九年(1940),李蜀华不满蒋介石安插嫡系和发动内战,辞职回到家乡沙坝。他回乡后,兴办新式学校,新建中心小学,做得有声有色。民国三十一年(1942),他兴办沙坝纸厂、马鹿沟铁厂、南天门铁厂,获利丰厚。

民国三十一年(1942),李蜀华任南江县参议员,后接任南江参议长。民国三十四年(1945),任通江、南江、旺苍三县联防办事处处长。民国三十六年(1947),当选为中华民国"国大代表"。

民国三十七年(1948),李蜀华同四川九十名代表出席"南京国民代表大会"。因善于交际,他被推举为对外联络员,并担任达县专区"国大代表"小组长。在会期间,他被总统候选人李宗仁接见,遂成为四川代表负责人。选举揭晓后,因对李宗仁被选为中华民国副总统有功,被赏给两支新款卡宾枪。同时,结识了刘文辉、邓锡侯、潘文华、熊克武等诸多川中高级将领。回川后,李蜀华与川北和汉中部分县的"国大代表"赴西安慰问驻军将士时,被胡宗南聘任为少将参议。

随着中国人民解放军的节节胜利,李蜀华预感蒋家王朝即倾,遂赴成都与肖端重取得联系,后经川康绥靖公署副官长黄瑾怀和吴梦三介绍加入中国国民党革命委员会,协助刘文辉、邓锡侯、熊克武等人在川康两省参加民革活动。1949年10月,刘文辉、邓锡侯、潘文华等积极筹划起义。他奉民革四川支部派遣,前往彭县刘文辉处,协助筹办起义有关事宜。同年12月9日,刘文辉、邓锡侯、潘文华在彭县通电起义。而此时,有部队五万余人的罗广文(人称"罗屠户"),准备伙同胡宗南逃往西康。刘文辉、邓锡侯、潘文华闻讯后,恐其对起义部队造成威胁,为和平解放四川造成麻烦,欲派人前去策反。可谁去闯"罗屠户"这个龙潭虎穴呢?李蜀华挺身而出。他携带刘文辉、邓锡侯、潘文华的书信，开门见山给罗广文指明前途，让其认清形势，弃暗投明。举棋未定的罗广文听后，恍然大悟，率部全体起义，宣布与国民党决裂。

1950年元旦，贺龙司令员率部进入成都时，李蜀华又策反水上警察局、航空委员会汽车队和刘兆黎部，保护了仓库物资。后又同潘大逵、杨叔明等，争取了孙震、杨森所部投诚，为和平解放大西南立下了功劳。

1950年初，四川解放后，川北行署主任胡耀邦鉴于李蜀华系民革成员，并为四川解放事业作出了贡献，任命他为行署工业厅顾问。同年6月，李蜀华受行署的委托，以特邀代表的身份回到南江，协助军区司令员韦杰开展剿匪工作，积极宣传人民政府的宽大政策，让潜逃的恶霸、匪首来自首，协助部队剿灭了横行川陕十多年的武装土匪陈延辉、陈延煌部。

1952年2月，南江"土改"工作全面展开。因李蜀华在家乡开办铁厂、纸厂时，对雇工有一定的政治压迫和经济剥削，当地民众要求他回乡缴纳罚款，并接受批斗，清算剥削账。为适应当时形势，川北行署派人专程护送他回南江县人民政府接受群众批斗，向民众认罪、赔偿。县人民政府担心情况恶化，为保护他的人身安全和平息民愤，遂将其收监看管。他入狱不久因病被特许保外就医，寄居在下河街崔席珍旅店医疗，欲待病情稍愈即赴成都。但当时缺医少药，病情日趋恶化，于1953年2月去世，时年51岁。

纵观李蜀华的一生，虽然唯利犯过错，但能兴办教育，勇赴抗日沙场，并且能及时走出蒙昧，为反对内战、和平解放四川奔走，为剿匪出力流汗。鉴于其历史功过，按有关规定，1986年，南江县委常委会研究决定，将他确认为"爱国民主人士"，补发了安葬和抚恤金，并将其遗孀陈玉茹补选为南江县政协第四、五届委员。

参考资料:

1.中国人民政治协商会议四川省南江县委员会文史资料工作委员会:《南江文史资料选辑》(第二辑),内部资料,1989。

2.贾峨:《南江史话》,中国文史出版社,2015。

(南江县政协文化文史和学习委供稿)

川陕省苏维埃政府主席熊国炳

熊国炳(1902—1960),原名熊廷南,曾化名张廷南,四川省通江县洪口镇熊家湾人,父亲熊朝兴,母亲邓氏。川陕省苏维埃政府主席,参加过长征,后任西路军工作委员会委员。

熊国炳自幼家贫,十岁才入学堂读书,十二岁失学在家,后过继给四川省万源市竹峪镇熊家坪以行医为业的熊邦杰为子,更名为熊国炳。他重新上学,成绩优异,经常为乡邻撰写书信和对联。一年后,因养父母年老体衰,他毅然弃学在家采集中草药。不久,养父母相继去世。1920年12月,他娶太平山赵紫香为妻成家。后来,受到当地人的排挤,搬到岳父家居住。五年后,全家又搬进深山老林,以贩货、务农、打猎为生。1930年春,迁回原籍。

回到老家的熊国炳,田无一分,地无一垄,除了继续安弩猎兽、贩卖山货外,还要靠打短工、抬滑竿才能维持生计。1932年12月,红四方面军翻越巴山天险,抵达通江县两河口,继而占领泥溪场、洪口场。熊国炳的家乡解放了,他和广大贫苦农民一样,欢天喜地,热烈欢迎红军。在红军工作队的领导下,他积极投身革命,发动群众,打土豪、分田地,组建赤卫军,建立乡村苏维埃政权。由于他积极肯干,认真负责,被群众推选为乡赤卫军队长和乡苏维埃政府主席。

1933年1月，熊国炳因工作成绩显著，受到红四方面军主要领导人的表扬。后经推荐，他被任命为川陕省临时革命委员会委员，到通江县城参加川陕省苏维埃政府筹备工作。2月初，经袁克服介绍，他加入中国共产党。2月7日，中共川陕省委第一次党员代表大会在通江城召开，选举产生了以袁克服为书记的中共川陕省委，熊国炳当选为中共川陕省委常务委员。2月中旬，川陕省第一次工农兵代表大会在通江城召开，正式成立了川陕省苏维埃政府，熊国炳当选为川陕省苏维埃政府主席。

在中共川陕省委的领导下，根据党和中华苏维埃政府的指示与决议，熊国炳与省苏维埃政府干部一道，带领苏区干部和群众，全面开展土地革命，大力发展农业和工业生产，加强苏区各项建设，巩固和发展川陕革命根据地。熊国炳与川陕省苏维埃政府副主席杨孝全、罗海青，首先签署发布了《川陕省苏维埃政府关于土地改革布告》；提出要“加紧春耕生产”“不荒一寸土地”“毁烟种粮”“武装保卫秋收”，苏区粮食产量猛增；及时组织川陕省财政经济委员会及建设局的负责人，在各地大力发展工业生产；积极发动群众，组织成立赤卫军、游击队、担架队、运输队等地方武装，配合红军反“围攻”作战和进攻战役；带领工作组日夜兼程，奔赴江口、阆中、广元、苍溪、万源等县，仅用十多天时间，这些县就建立了苏维埃政权。

1933年8月1日，川陕省第二次工农兵代表大会在巴中城召开，他代表川陕省苏维埃政府做了工作报告，当选为川陕省苏维埃政府主席，制定了优待红军家属和关于公粮、婚姻、禁鸦片等条例。川陕省苏维埃政府内设有财经、经济建设、外交、交通、土地、劳工、粮食、文化教育、内务、工农监察等委员会，以及军区指挥部、政治保卫局、革命法庭、戒烟局等机构，以下为各县、区、乡、村苏维埃政府，苏区的政权建设得到了进一步的加强和完善。

1934年9月，川陕苏区反“六路围攻”取得胜利。在历时十个月的战斗中，熊国炳奔忙于战火前沿，研究布置或直接参与筹粮、扩红、慰问、运输等工作。1934年12月中旬，川陕省第三次工农兵代表大会在巴中城召开，他再次当选为川陕省苏维埃政府主席。不久，奉命向西转移。到达广元地区后，他与副主席余洪远、祝义亭三人签署发布了《川陕省苏维埃政府布告》，以七字一句的韵文形式揭露了国民党反动派和四川军阀的罪恶，号召“全国穷人联合起，与我红军一路行，参加红军打帝国，消灭军阀救穷人，全国穷人齐努力，最后胜利归我们”。

红四方面军撤出川陕苏区后，川军和地主还乡团卷土重来，熊国炳的两个儿子惨遭杀害，妻子也一气身亡，其他家人也受到百般摧残，只得四处躲藏。熊国炳在行军途中惊闻亲人罹难的消息，悲痛欲绝，但仍承受着巨大的痛苦，行进在长征路上。

1935年夏，熊国炳带领川陕省苏维埃政府机关人员，发动群众打土豪、分田地，先后建立了普安、梓潼、江油、平武、茂县等县苏维埃政府，并将川陕省苏维埃机关移驻中坝。其间，他与副主席余洪远、祝义亭署名发布了《川陕省苏维埃政府平分土地办法的布告》《川陕省苏维埃政府布告》。不久，经红四方面军总指挥徐向前牵线搭桥，他与张庭富（中共川陕省委第二任妇女部长）在毛儿盖结成革命伴侣。

1935年11月18日，熊国炳担任西北联邦政府副主席（主席是邵式平）。他与副主席马显文（回族）、兰卡（藏族）等，积极筹集粮食，组织发动大小金川流域的广大群众支援红军作战。1936年1月，四川省苏维埃政府在芦山城成立，他又任主席。6月底，红二、四方面军在甘孜会师后，他调任为红四方面军总后勤部经理处处长等职，主要负责后勤工作。面对新职务和新工作，他不计较个人得失，任劳任怨，一心扑在革命事业上，积极为部队筹粮备物。1936年10月，长征结束，他随军强渡黄河，在吴家川、一条山等地同马家军作战。11月10日,西路军军政委员会成立,他担任委员。1937年1月,他在临泽突围的混战中与妻子张庭富失去联系。

1937年3月13日,西路军工作委员会成立,熊国炳任委员。随后他奉命带队从石窝场向西行进,不幸被敌人阻截,在血战中后脑被子弹擦伤,战马被击倒,摔进雪坑被埋,所幸未被敌兵搜到,而驮在马背上的文件全部被抢。半夜,他遇到两位幸存的战友,便一起在岩下烧火取暖,后毕占云部参谋方震带着一班人,顺着火光找到这里。方震见他伤势严重,不能行走,就留下五名战士护送他追赶部队。不久,他们又与数十名马家军骑兵相遇,因力量悬殊被俘。在敌人的严刑拷打下,他没有暴露自己的身份。一个裕固族老乡看了不忍心,向马步芳的骑兵求情才被释放。

熊国炳沿祁连山西行,辗转到了酒泉屯升乡九家窑,一位好心的张姓农民收留了他,还给他治愈了冻伤。1960年10月,熊国炳伤痛复发,浑身浮肿,月底逝世,终年58岁。

熊国炳将自己的一生奉献给了祖国和人民,为新中国的解放事业作出了积极贡献。

参考资料:

1. 中国工农红军第四方面军战史编辑委员会:《中国工农红军第四方面军人物志》,解放军出版社,1998。

2. 王定烈、温贤美:《巴蜀将帅传》,巴蜀书社,1989。

3.《巴山将军谱》编委会:《巴山将军谱》,成都出版社,1991。

4. 中共通江县委党史研究室:《通江苏维埃志》,四川出版集团·四川人民出版社,2006。

5. 中共通江县委党史工委办公室:《通江党史资料丛书》(第六集),内部资料(编印),1984。

(通江县政协文化文史和学习委稿)

爱国宗教人士蔡奠基

蔡奠基（1902—1982），又名复初，四川省南江县朱公乡梨子园人，曾为中国基督教协会会员，历任东川教区会督（主教）、四川基督教三自爱国运动委员会副主席（驻会）等职。1954年，被选为四川省人民代表和省政协委员。他维护国家和民族利益，拥护中国共产党，拥护人民政府，并致力于改建中国基督教，为谋求中国基督教自主、自传、自养，脱离国外基督教控制作出了积极贡献。

蔡奠基出身于一个贫穷的私塾教员家庭，自幼聪慧过人、勤奋好学，不到十岁就被族长保送到巴州中学堂。其间，他认识到旧社会的黑暗，了解到人民的疾苦，因而更加发奋，希望用知识和教育来改良社会。民国九年（1920），考入中华圣公会川东教区创办的阆中天道学校。民国十二年（1923），学成后返回巴中教会做布道员，兼任华英学堂教员。民国十五年（1926），赴成都考入华西大学文学院读书，同时在校外兼任国文教员，以补学费。后又考入成都华西高级神学院深造，于民国十七年（1928）毕业，做了牧师。在担任牧师圣职后，他主动放弃稳定的驻会工作，选择到贫苦的人民中去，徒步到教区各县巡回布道，风餐露宿，足迹遍及川东、川北各城乡教堂。

民国二十三年(1934)秋,蔡葜基到重庆基督教青年会任德育部主任。此会是一个不依靠外国人支持的自立团体。于是,他带着全家到重庆,开始寻求教会自主发展的改良之道。来到重庆后,由于谦卑、朴质的个人品格,他被各教会一致推选为重庆基督教协进会总干事;此后,他更是不遗余力地推动教会的自立和促进各教会之间的联合。民国二十四年(1935),他在上海、南京出席基督教青年会全国协会后,受到晏阳初先生的盛情邀请,专程北上到河北定县参观考察“平民教育实验县”工作。这次定县之行给他很多感触,回渝后他到各处演讲,报告参观访问之见闻,并大力推动在四川建立“实验县”。

民国二十六年(1937),全面抗战爆发后,蔡葜基积极投身到宣传抗日救亡运动中,不久兼任成都基督教青年会总干事。他利用青年会和卫理公会(时称“美以美会”)合购的“青美号服务车”,频繁地往返于成渝两地,在公路沿线各县城镇,积极宣传抗日救国,积极鼓励教会和社会为抗日前线捐款、捐物,表现出极大的爱国热忱。之后,他又兼任该服务车主任。当时,车上还备有电影、幻灯等宣传设备,还有为群众义诊的医师、护士同行,公路沿线各界爱国人士及广大劳苦大众对此举给予一致好评。《大公报》《东方杂志》记者朱禊曾发表《访蔡复初先生》一文,盛赞他不怕艰苦、不辞辛劳地进行抗日宣传。知名爱国人士黄炎培亦赠以“由汉飞渝四绝之一,书赠复初先生两正”的一帧中堂,诗曰:“江东回首尽烽烟,未听猿啼已惨然,昔日旧多危苦调,诗成犹度太平年。”后来蔡葜基在回忆这一段经历时说:“这一时期的工作使我有机会广泛地接触社会各界人士,其中包括一些著名的爱国进步人士,使我逐步了解和认识到中国共产党及其爱国统一战线政策。”其间,他还认识到中国共产党所领导的革命才是改变旧中国的必然出路,这对他的爱国主义思想的进一步提高产生了积极影响。

民国二十八年(1939)秋，由于第二次世界大战爆发，受外国差会控制的教会在人事、经济方面出现较大困难。东川教区希望他能带领困境中的教会。因此，他离开重庆，回到川北阆中(四川圣公会发源地)。民国二十九年(1940)至1949年间，他被各地教会推选为东川教区会吏总，先后驻阆中和达县。他常常徒步到教区各县巡视教会，指导教会工作，同时促进教会努力探讨实现自养的途径。他通过讲道、查经的机会，系统讲授《尼希米记》《出埃及记》等，主张教会在克服自身困难的同时，积极支持抗日，树立抗日必胜、正义之战必胜的信心，号召信徒为抗战胜利祈祷，为世界和平祈祷，还积极为“伤病之友”募捐，大力提倡和号召在各教堂唱《中华教会自立歌》。在他的努力下，部分教会实现了自立、自养。同时，他还重视和关心神学教育，并于1949年担任由陈崇桂牧师为院长的重庆神学院董事长。

1950年初，东川教区会督办事处常务委员会发出通函，要求各牧区以信函方式提名投票选举一位中国籍会督。蔡奠基以全票当选。当年11月底，中华圣公会主教院在上海举行了主教祝圣典礼，他正式出任东川教区第六任会督，他也是该教区第一个担任会督(主教)的中国人。1951年1月起，他以教区会督名义函告东川教区各牧区，号召教牧人员和广大信徒积极参加革新宣言签名和支持抗美援朝运动。1954年他赴成都，相继担任四川省基督教三自爱国运动委员会筹备委员会主任，并兼任圣公会西川教区会督，中国基督教三自爱国运动委员会委员，中国基督教协会委员，四川省基督教三自爱国运动委员会副主席(驻会)。他积极拥护中国共产党，拥护社会主义，先后被选为川北行政区各界人民代表，巴中县人民代表，四川省政协第二、三届委员，曾任四川省政协宗教文史资料组负责人。他积极致力于中国基督教的三自爱国运动，协助政府贯彻执行宗教信仰自由政策，为四川省基督徒三自爱国运动的开展和独立自主的教会建设，结束基督教各教派分门别户的局面，走联合礼拜道路作出了显著的贡献。

蔡莫基还为宣传宗教信仰自由政策、对外友好方面做了许多工作。1959年11月4日，英国坎特伯雷教长约翰逊访问四川时，他陪同，并一起受到在成都视察工作的国务院副总理兼外长陈毅的亲切接见。澳大利亚悉尼大主教莫尔立在访问四川时，他陪同访问川北阆中、南充等地，并积极向他们介绍了我国的宗教信仰自由政策。

蔡莫基好读书，尤喜诗文，曾写过不少文章和诗歌，如重译和改编教区礼拜时常用的《都来颂》《赞美颂》等圣歌，其中除少数在过去一些教会刊物上发表外，其余手稿均已失散。

蔡莫基晚年因病在重庆休养时，仍十分关心国家大事，坚决拥护党的十一届三中全会以来的国家路线、方针和政策，关心祖国的建设，关心教会如何按照“三自”原则办好教会，如何开展对外交往活动，宣传好我国的宗教信仰自由政策。他还时常鼓励信徒和子女亲属们，要在各自的岗位上勤奋工作，好好为人民服务，报效祖国。在他的积极鼓励下，他的一个孙子大学毕业后到西藏教书，在其临行前他赠诗一首：“行前重叮咛，祖国召唤殷，努力并珍重，是慰老年心。”

1982年1月25日，蔡莫基病逝于重庆，终年80岁。正如悼词中所说：他是一位虔诚的基督徒，是一位爱国爱教的基督教领袖。蔡莫基主教和蔼可亲、平易近人，他创造的巨大精神财富将继续鼓励和感召今天教会的教牧人员，高举爱国主义旗帜，按照“三自原则”努力推动教会为和谐社会的建设作出应有的贡献！

参考资料:

1. 任一民:《四川近现代人物传》(第五辑),四川大学出版社,1988。

2. 蔡凌云:《楷模永存——怀念我的祖父蔡复初主教》,《中国宗教》,2009年第12期。

(南江县政协文化文史和学习委供稿)

川陕省苏维埃政府秘书长潘凤楼

潘凤楼（1906—1935），又名业修，四川省南江县凉水乡（今元潭镇）人。1932年12月参加红军，1933年5月加入中国共产党。历任川陕省苏维埃政府秘书、秘书长，机关直属支部书记、川陕省政府机关直属团团长兼政委。

潘凤楼出身于下坝村上营坝潘家楼一个中医世家，其父潘开禀是位远近知名的老中医。六岁时，潘凤楼被父亲送到本地私塾读书，几年后他就将“四书五经”和诸子百家背得滚瓜烂熟，并练了一手漂亮的毛笔字。他从巴中初中毕业后，随父苦攻岐黄之术，常随父走村串户。他发现农民生活在水深火热之中，军阀田颂尧频繁抓丁派款，弄得鸡飞狗跳，民不聊生。学好医术能为乡亲们解除病痛，但怎样才能使乡亲们摆脱层层枷锁，远离穷困，过上自由美满的幸福生活呢？少年潘凤楼苦苦思索着。

走上革命道路

1928年，潘凤楼受保蜀联中校长吴阶平的举荐，到保宁府读高中。其间，张澜之子张锷到联中任教，秘密组织进步学生阅读《共产党宣言》，以及中共四川省委、中共重庆地下党创办的革命报刊。

潘凤楼认识到只有打倒军阀，推翻剥削阶级，人民当家做主，百姓才能过上安居乐业的好日子。于是，他积极参加中共阆中地下党组织的各项活动，眼界不断拓宽，思想得以升华。

1930年12月，潘凤楼奉父母之命回乡完婚，突遇家庭变故。中共阆中地下党组织获悉他的家庭状况后，通知他就在家乡秘密从事地下活动，发展革命力量。他以行医、访友为掩护，一年多时间就培育出李立方、王思丙、伍碧奎、余方群、余少群、陈大照、陈大令、高化其、刘永儒、余香兰、李成美、蒋玉莲等200多名进步青年。

1932年12月中旬，潘凤楼接到党组织的通知，要他火速赶到通江县两河口迎接红军。他接到命令后，立即通知各乡的进步青年分三路到南阳集中，然后一行200多人向通江两河口进发。当他们走到通江苦草坝时，与红军会合，并被编入红军队伍。

铁肩挑重担

红四方面军攻占通江后，潘凤楼奉命参与组建川陕省苏维埃政府，担任秘书工作，并起草组建红军医院、红军兵工厂等方案。省苏维埃政府迁址巴中后，他又起草筹备召开川陕省第二次工农兵代表大会，组建南江、巴中、江口苏维埃政府等系列文件，并负责组建长赤苏维埃政府。他的干练，深受省苏维埃主席熊国炳欣赏，后被选为省苏维埃政府秘书长。

1933年5月，潘凤楼加入中国共产党，同年6月参加木门军事会议。1933年8月中旬，在仪（陇）南（部）战役中他奉命出任前敌副指挥，经过四天三夜的战斗，守住了阵地，保证了军需品的运输，迫使敌人向南溃逃。在两年多的时间里，他先后参加孙家山、太平山、鸡公寨、五角包、八庙垭、观光山、空山坝等战斗，所到之处刻下了不少石刻标语。

在工作中，潘凤楼与廖承志结下了深厚友谊。当廖承志被张国焘关押后，潘凤楼悄悄给予关照，并与熊国炳想方设法给徐向前等首长送信，从而使廖承志免遭杀害。

智取天洞子

1933年11月中旬，红军运输队在给长赤、南江苏区运送枪支弹药途径元潭时，被廖丰五带领团丁30多人抢走105支枪械和部分弹药。他们抢走东西后逃往了山里天洞子。随后，熊国炳与潘凤楼率50多名游击队员分三路围攻天洞子。但天洞子位于悬崖峭壁上，只有两条小道可出入，地势险要，易守难攻。潘凤楼认为洞里没有水，可先后退半里，封住路口，困他两三天，再用攻心术，然后寻机智取。

果然，到第二天傍晚，有两个团丁出洞取水，被抓个正着。熊国炳与潘凤楼随即对他们进行审问，得知他们一个叫杨全，一个姓吴，同是穷苦人出身，且知悉洞里已断水，粮食也不多了，人心惶惶。经过策反宣传教育，这两个团丁也明白了红军是帮助穷人翻身求解放的队伍，愿意赎罪立功，把廖丰五诓出来。到了第三天午夜，毫无办法的廖丰五把团丁分成左右两队进行突围，他也悄悄爬出洞口猫着腰随左队出逃。

此时，潘凤楼早已严阵以待，把阻击点推进了两百米。当与左路匪敌相距五六十米时，游击队一齐开火，敌机枪手中弹跌下悬崖。在混乱中，团丁杨全趁机用短枪击中廖丰五及其跟班，走在最后的吴姓团丁也鸣枪高喊："兄弟们，投降吧，红军优待俘虏啊！"于是，饥渴难忍的团丁们纷纷举手投降。潘凤楼又率部前去支援熊国炳，遭前后夹击的右路匪敌也纷纷投降。游击队无一伤亡，胜利夺回枪支弹药。

血染长征路

1934年3月，中共川陕省委、川陕省苏维埃政府整编时，潘风楼任省直属团团长兼政治委员。长征开始后，他率领庞大的党政机关人员一边转移，一边工作，一边宣传，一边战斗，克服了许许多多难以想象的困难。

1935年底，潘风楼部不幸遭遇敌军，他负责断后，年仅29岁的他身中数弹，壮烈牺牲。

1952年，川北行署追认潘风楼为革命烈士，并颁发了证书。

参考资料：

1.中国工农红军第四方面军战史编辑委员会:《中国工农红军第四方面军人物志》，解放军出版社，1998。

2.中国人民政治协商会议四川省南江县委员会:《南江文史》(第17辑)，内部资料，2016。

（南江县政协文化文史和学习委供稿）

和平解放四川的有功之士冯均琏

冯均琏（1906—1949），四川省平昌县岳家镇金斗寨人。他爱国爱家，正直无畏，思想进步。虽曾在国民党政府为官，却能出淤泥而不染。1948年加入民革，是和平解放四川的有功人员之一。

冯均琏悟性高，思维敏捷。他在金斗小学时已名冠全校，能下笔成文。民国十二年（1923），巴中防区办民团，他自荐任第九区民团督练，从此崭露头角。后历任巴中县禁烟局局长，国民党第二十九军财政处书记、秘书及西北银行绵阳分行经理，江油县百货统捐局局长、县长，宜宾禁烟局总务科长，涪陵县政府秘书兼任中心区区长，什邡县县长等职。民国二十四年（1935），冯均琏加入国民党复兴社，任涪陵《枳江日报》社副社长，后又任成都三民主义青年团劳动服务营秘书。

冯均琏加入国民党和"三青团"期间，结识了梁佐华（四川行动委员会青年部部长、共青团四川省委秘书长），并通过其结交了罗世文（原中共四川省委书记）和张秀熟（原中共四川省委代理书记）。他利用复兴社和副社长身份，任用梁佐华、陈良等为《枳江日报》主编和国际、国内版副刊编辑，主动刊登苏联塔斯社消息，以及国内抗日反法西斯的文章。他还接受张秀熟的提议，在重庆、泸县等地成立“信义互助会”，吸收梁佐华、廖寒非、万敬修、严纪陵、侯德尊等共产党人入会，使得梁佐华、廖寒非等人安全顺利地恢复和发展了川南地下党组织。

抗日战争期间，冯均琏帮助邹韬奋在重庆学田湾成立“生活书店总管理处”，秘密传播、保存了大批马列主义书籍。在任松潘代理专员时，他掩护和营救了共产党人熊寿祺、潘实之、侯德尊等。

民国三十一年（1942），冯均琏因亲人生病返乡，与乡人余伯彭、何伯阳等，捐募资金成立“十善会”。同时，在金斗寨创办私立广德中学（今金山中学），自任董事长。学校里办有《野草》壁报，抨击时弊，揭露黑暗，师生还传阅《新华日报》《挺进报》和毛泽东的《新民主主义论》等书报。同年，冯均琏被选为巴中县银行首任董事长。

民国三十二年（1943）三月，冯均琏与余伯彭、彭勣铣、吴国柱、邓智仙等人，合资在巴中县城组建“昌平银号”。半年后，他将银号迁至江口镇，并扩股募资改组成立民本实业股份有限公司，主要从事金融和商贸业务，一时名噪全川。

民国三十七年（1948），冯均琏在江口、巴中、通江、万源选区，高票当选为中华民国第一届立法委员。然而他却不给蒋介石面子，联络苍溪县立法委员李子仪，在会上公开提出“清理豪门资本案”，矛头直指蒋氏集团，令蒋介石很生气。提案虽被否决，但《大公报》等国民党报纸以“四川大炮冯均琏”为题报道后，轰动南京，震惊中外。

冯均琏为防遭不测，很快来到上海隐藏在共产党员梁佐华家中。此时，上海地下民革组织刚刚成立，其中心任务是在国民党军队中策反起义，配合全国解放。经梁佐华介绍，冯均琏加入了民革。不久，他被民革常委、军事特派员王葆贞派回四川做策反工作。

冯均琏回川后，在中共中央军事情报处重庆负责人任廉儒的领导下，积极开展策反工作。国民党军队罗广文部三六四师师长陈宏猷是他的拜把兄弟，于是冯均琏提前介绍堂侄冯和图（黄埔军校毕业，原任泸州师管区副官处长）到陈宏猷部当参谋长，助陈宏猷调整人事、部署工事、防袭等。解放军刚入川时，陈宏猷部突然宣布起义，解放军则借势攻打，实现了从常德夺秀山、酉阳逼重庆的战略。此时，国民党军孙震有两个军驻守在万县，扼着入川的东大门。冯均琏利用各种关系，先做下级军官的工作，再派可靠关系人说服孙震，促使孙震答应宣布起义，对解放重庆起到了巨大的作用。

蒋介石的“巴山设防”除胡宗南的部队外，还以达县第十五专员公署李放六为首成立了“地方自卫同盟”，冯均琏为同盟副主席，在巴中、江口组织了两个保安团。经冯均琏与巴中的中共地下党和赵济刚联系后，这两个保安团实际已不受李放六控制。李放六在江口开会部署“巴山设防”，话未训完，就被这两个团的军官以“要打你们拉去大巴山去打”为由，拒不接受调动，李放六只身逃往通江。这两个保安团依中共地下党的建议，于解放军解放万县后起义，将胡宗南的“阻止”撕开一个缺口，使得川东北的解放区域连成了一片。冯均琏还在策反其堂弟冯均逸（温江地区行政专员兼保安司令）、嫡侄冯各图（川南师管区司令）等投诚方面，做了大量工作。

参考资料：

1.《红岩春秋》，红岩春秋杂志社，1992。

2.《西南日报》，西南日报社，1935年2月。

3. 王阳星，达县地区金融志编纂委员会：《达县地区金融志》，西南财经大学出版社，2002。

4. 四川省平昌县地方志编纂委员会：《平昌县志·人物》，四川科学技术出版社，1990。

5. 平昌县人民政府办公室：《平昌政务志长编》，内部资料，2013。

（平昌县政协文化文史和学习委供稿）

初心不改的共产主义者李元述

李元述(1906—1978),四川省巴中县城守乡(今巴中市巴州区东城街道办事南坝社区)人。他出身官绅世家,一心革命;身陷囹圄,心怀国家。1926年在上海加入中国共产党,曾任中共中央东北局宣传部部长等职,是一名久经考验的坚定的共产主义战士。

李元述出身于官绅世家,其父李庄时任巴中县团练局局长。他自幼聪慧,颇有主见,对父亲的官派作风颇为不满,认为父亲是在当山大王,曾经多次劝说父亲要体恤百姓,与人为善。他在读巴州高等小学堂的时候,就已表现出过人的组织能力与学习天赋。在学校绝口不提自己家世,拒绝对他的特别照顾。如果班里同学遇到霸凌,他总是挺身而出维护弱小。1924年,李元述考入成都省立一中,发现同学大多为官员子弟,攀比之风严重,便决定转学到省外。1925年,李元述考入上海大夏中学(今华东师范大学第一附属中学)。由于他能力出众,热心助人,被推选为四川旅沪同乡会负责人。

1925年5月,"五卅运动"爆发。李元述为了响应运动,带领同学走上街头,在公共租界各马路散发传单,进行讲演,揭露帝国主义枪杀顾正红及抓捕学生的罪行,反对"四提案"。租界当局大肆拘捕爱国学生。他和同学们围着巡捕房,高呼“上海是中国人的上海!”“打倒帝国主义!”“收回外国租界!”等口号,要求立即释放被捕学生。

在此期间,李元述结识了中共上海负责人庄文恭。在庄文恭的影响下,他阅读了《共产党宣言》《资本论》等论著,还拜访了上海的左翼作家,对共产党的思想和政治纲领有了深刻了解,认为共产党才是真心为国为民的组织。1926年,他加入中国共产党后,积极参加各种运动,多次上街演讲,还找来一帮学生到工人中去演话剧,给工人开办夜校,是当时中共上海的骨干分子。校方为此找他谈话,言明这是反动活动,危害社会,要他认错。他拍桌而起,大怒道:“从来没有听说爱国能危害社会,尔等尸位素餐,才是祸国殃民!”不日被学校点名开除。

1927年,李元述决定投笔从戎,同年考入黄埔军校。4月12日,蒋介石发动“四一二”反革命政变,他赫然在抓捕的名单上。幸好提前得到消息,他连夜转移,几经辗转到国立武昌中山大学(武汉大学前身)学习。

1928年,李元述来到重庆,受中共重庆地方委员会派遣,回巴中县开展革命活动。当时,他父亲已任省议员兼巴中县教育局局长,官威更甚。父亲将家中新建楼房和上等田土分给他一大份,并许以县中校长,想把他留在身边。同时,在南京政府任职的故旧廖缉清,亦来信邀请他,同样许以高官,但他一一拒绝,并对其父直言,若是再欺压百姓、鱼肉乡邻,就断绝父子之情。他拿出全部积蓄在本地碾盘寺办了一所小学,一边教书,一边开展地下工作。他以学习培训的名义,组织巴中县的党员阅读《共产党宣言》《湖南农民运动考察报告》等进步刊物。同年底,因“三三一”惨案余波,重庆党组织遭破坏,巴中县党组织跟上级的联系中断。

1929年，为了寻找党组织，李元述重回上海，考入上海商学院银行系。不久，他与在上海的中共中央秘书长邓小平取得联系，顺利回归组织，并继续在四川旅沪同乡会任职，与巩晋孚、邱致中等进步人士交往密切。他在接到白鑫叛变的消息后，积极参与转移党内同志的工作。

1931年，“九一八”事件爆发。在上海银行供职的李元述，积极投身学生运动。他在共产党举办的夜校里，向学生们讲述时局，揭露蒋介石的真面目，并发文指责国民政府，将上海的学生运动推向高潮。

1933年，因叛徒出卖，李元述和一批学生骨干在上海共和大戏院开会时被逮捕，之后被判刑15年，押往苏州监狱服刑。他在狱中向狱友和看守宣传共产主义和中国共产党，分析时局，因此又被单独关押。其间，他父亲来探望，对他说：“你只要登报认错，党国就既往不咎，你还是可以继续工作，甚至可以推荐你出国。”李元述毫不犹豫地说：“让我登报认错，绝无可能，我加入共产党是为了救中国，如今只有中国共产党能救中国，我焉有放弃之理。”直到“七七”事变后，他被转到苏州反省院，经巩晋孚和苏州党组织的多方营救，才于9月被释放。他出狱后，被聘到上海华华中学任教，继续参与上海党组织的工作。

1941年，李元述离开上海赶到苏北，参加了新四军，担任《学习》杂志主编，在苏州、杭州、扬州等地从事敌占区政治宣传工作。1947年秋，中国人民解放军接管大连市后，李元述任军代表和市委秘书长。1950年，调任中共中央东北局任宣传部部长。

1951年，李元述的父亲李庄被定为恶霸地主，群众要求镇压，县政府去电征求他的意见。他当即回电：“父亲的罪恶，不能因为儿子革命而抵消半分，望当地政府依法定罪。”在李庄的公判大会上，主持人宣读了李元述的电文，到会干群深为感动。

1958年,李元述调到山西负责筹建省图书馆,并担任省哲学研究所处长。1970年,李元述被下放到“五七干校”。1975年,李元述被平反,恢复一切政治待遇,安排在山西省委党校任教。不久,他一病不起,在面对前来慰问的领导和同志时,他补缴了四年党费。1978年,在医院病逝。

李元述一生跌宕起伏,但始终保持着为国为民的初心,始终以坚强的革命斗志践行着当初在党旗下的誓言,他的这种精神将永留青史,垂范后人。

参考资料:

1. 四川省巴中县志编纂委员会:《巴中县志》,巴蜀书社,1994。

2. 中共上海市委党史资料征集委员会:《抗日战争时期上海学生运动史》,上海翻译出版公司,1991。

（巴州区政协文化和文史资料委供稿）

美籍爱国华人陈开泗

陈开泗(1906—1998),四川省巴中市恩阳区飞凤村人,是一位热爱祖国、热爱家乡的美籍华人。他是民国时期的资本家,恩阳、重庆两地的“庆裕号”商行业主,曾被誉为“秦巴山区一带的商贸领军人”。曾任过民国四川省民政厅厅长、国民政府行政院参事,“中国农村复兴联合会”驻重庆代表兼重庆办事处主任。

陈开泗的父亲陈荣禧,母亲曾氏。家中自有田产很少,父亲先是租田地耕种,后到恩阳镇经商。4岁时,他被过继给伯父陈荣吉为嗣。陈荣吉为清代秀才,任县劝学所视学,终身从事教育,著有《乡望》。他6岁启蒙,入堂叔陈荣寿开设的私塾就读。9岁考入恩阳高等小学堂,13岁毕业。14岁考入县立旧制中学,18岁毕业,成绩为全班之首。毕业后,陈开泗在县立小学做了三年代课教员,并加入中国国民党。

民国十六年(1927),陈开泗考取国民党军第29军政治部宣传员,第二年考入国民党中央党务学校学习。民国二十一年(1932)六月,陈开泗毕业后被分到浙江省民政厅工作,后任科长兼助理秘书。民国二十四年(1935)春,任浙江省金华县县长。民国二十五年(1936)七月,因清查地籍、改革田赋有为,被调任湖北省黄冈县县长。民国二十六年(1937)一月,受中华平民教育促进会干事长晏阳初先生邀请,辞去黄冈县县长,回川任新都实验县县长。民国二十七年(1938)十月十日,调任四川省第一行政区督察专员兼区保安司令,还未到职又奉调到重庆复兴关中央训练团高级研究班学习。民国二十八年(1939)六月十七日,改任四川省第十一区行政督察专员兼区保安司令(公署设在南充)。民国三十三年(1944)一月十五日,被国民政府授予五等警星勋章。民国三十五年(1946)一月,调任四川省第三区行政督察专员兼区保安司令(公署设在巴县),同年五月二十二日,调任四川省政府委员兼民政厅厅长。民国三十七年(1948)五月十一日,被任命为行政院参事,到南京后迟迟未就任。不久,中国农村复兴联合委员会成立,受晏阳初先生邀请担任该会驻重庆代表兼重庆办事处主任。1949 年 11 月 17 日,携全家搭乘中国农村复兴联合会的香港包机从成都到了香港。1951 年 4 月 1 日,陈开泗由香港到台湾,历任国民党立法院秘书长、中央银行金库常务理事等职,做过房屋建筑、热水机制造等工作。1975 年 5 月,赴美国探亲,后加入美国国籍,定居美国新泽西州。1998 年,病逝于新泽西州。

陈开泗是巴中籍爱国、爱乡的知名人士,为家乡的经济和基础设施建设作出了积极贡献。他一生历事甚多,现就其在川期间二三事简录如下。

他在新都实验县县长任期内做了几件实事。一是调整各级行政组织。裁局设科,事权集中于县政府,以提高效率。裁撤区署,将联保办事处改设为乡公所,整编保甲,将全县三百五十一保合并为一百六十四保,以五户至十五户为一甲,五甲至十五甲为一保,以便于行政监督,减少行政经费。后来国民政府颁布的《县各级组织纲要》采用了这一创制,规定“甲”为居民会议,必要时由甲长召开;“保”采取户长会议,三月举行一次;“乡”实行代表大会,由各保户长会议各选代表一人组成,一年一次。同时,设立民意机构,将县政府原有的二十三个委员会合并，改组为县政咨询委员会，委员由各保户长会议各推选代表二人，再由县政辅导员在乡公所召开各保户长代表会，各推举四人，共五十六名委员组成，每三月集会一次，审议县政兴革计划、财政、法规、公产处理、税捐征收等事项。二是整顿治安、清丈土地。设立县警卫处，划分警卫区，乡设置警卫所。遣散原有武装自卫队，从中学毕业生中招考六十人，从各保壮丁中优选志愿者六十名，组成县警卫队，施以警卫训练，由县集中使用。各保设义勇警卫兵一人，每月集乡训练一次，平时种田，警时听调。架通警卫所与乡的电话，及时掌握匪特信息，方便调动警力弹压。从而形成了全县警卫网，县境赖以安宁。设立县土地清丈处，培训人员，制订办法，对全县土地进行清丈、调查、登记，编造以户为纲的全县土地归户册。各保设义务地籍员负责土地买卖公证、登记、注册。县政府征收时凭册制票，送户收赋。从而革除积弊，第二年田赋收入增加五万多元。三是调整乡保学校区划。原有初高级小学大多集中于城区乡镇，许多农民子女入学难。在整编保甲后，规定一保设一初级小学，一乡设一高级小学，县城设立中学。规定凡学龄儿童都应入学，初级小学不收学费和书本费。从而使全县学龄儿童入学率达百分之九十以上。四是推广优良品种。设置农场，与金陵大学农学院及省农业改进所合作，引进水稻、烟叶、家畜等优良品种。先由县农场繁殖，再从每保选定两户自耕农试种，然后波浪式地推广于全县。设立农业改良基金。农民繁殖良种，增收部分地主不得加租，损失部分在基金里补偿。编印教材，分期集中农民讲习选种、治虫、防病、施肥等科技知识，收效甚宏。稻谷单产增产百分之十八，烟叶产量增产百分之三十三。

他在南充任行政督察专员兼保安司令任期内也做了很多实事。一是廉政惩贪。武胜县长崔凯以川东绥靖主任邓锡侯为后台，同军法处李宏均、财政科长韩江雪，沆瀣一气，狼狈为奸，巧立名目，侵吞捐税，买官卖官，收受贿赂，贪污受贿达四百余万元。陈开泗先派专署视察员崔广田前往获取物证人证，再令保安大队袁队长率便衣武装到武胜设计将崔凯逮捕，同时将李宏均、韩江雪等二十余名同犯抓获，直解南充。崔凯托人说情，陈开泗不为所动。最后依法将崔凯、李宏钧、韩江雪执行枪决，其余分别处以徒刑，人心大快。二是发展交通。策动各县筹措经费，配合义务劳动，修建了南充至西充、西充至南部、南部至仪陇四县之间的公路，促进了南部盐巴、西充蚕丝的发展。三是创办高级职业学校。民国三十年（1941）冬，发起辖区各县地方人士协力合作，在南充创办育才高级职业学校，培养工商技术人才。首先成立校董会，亲任董事长，亲自编写了校歌，制定了校训。南充县捐地，其余各县积极募款，聘请原任省立南充高级中学校长杨特为校长，组织修建学校。次年秋学校建成，当年招收工科土木、商科会计学生各一班，每班六十人，并代办一班中等水利科，第一期毕业生为工商界争相聘用。四是修建南充县青居街水电工程。青居街位于嘉陵江迂回环绕之冲，水位落差四十八米，流量每秒三十立方，可利用发展水电。陈开泗先后三上成都、两赴重庆，向省政府、省建设厅、省财政厅等汇报商谈，落实项目资金、勘测设计等事项，并亲任工程管理处处长。他离任时该项目已完成土建工程，进入机组安装环节。

民国三十四年（1945），陈开泗解囊资助建立私立恩阳中学。他首倡并极力助推的“修建巴中至仪陇的公路议案”被省政府获准实施。巴中地下党从成都向巴中运送进步书籍时被扣，他出面为之解危。

参考资料：

1. 中国人民政治协商会议新都县委员会文史资料研究会：《新都文史》（第一辑），内部资料，1984。

2. 陈开泗：《回首八十年》，内部资料，1986。

（恩阳区政协文化文史和学习委供稿）

四川棉业专家魏文元

魏文元(1907—1974),名家义,四川省巴中市恩阳区人。四川棉业科研著名专家,棉作棉检专业技术导师,被誉为“棉花育种、纺织机革新双栖专家”,四川省第三届、第四届人大代表,四川省政协委员。

魏文元出身贫寒,父母不识字且常年多病。自幼聪颖好学,懂得勤俭,在族亲和社会团体的扶助下,他才得以完成学业。先后在恩阳文治书院、阆中川北联合示范学校、成都工业专科学校读书,后以优异成绩考入南京国立中央大学农学院。

民国二十三年(1934),魏文元从农学院毕业后,到四川乡村建设学院任导师,兼任四川中心农业实验场农艺科主任技师和省农业技术学校主事。民国二十五年(1936),任四川省棉作试验场筹备员,主持创建四川有史以来第一个棉作试验场(原四川省农业科学院棉花研究所前身,1992年更名为四川省农业科学院经济作物育种栽培研究所)。民国二十七年(1938)秋,调任四川省政府建设厅技正,四川省棉纺织委员会委员兼总干事,代行主任委员职务。其间,他组织技术人员对棉纺织工具反复研究改进,研究出三十二支、六十四支的木制纺纱机,较手摇纺纱车提高工效二十到四十倍;研究出木制辊筒松花机,较手工弹花机提高工效十到二十倍。省内各县闻讯,纷纷派学员仿制,迅速在全省推广。后又成功研制铁木宽口织布机，工效亦较旧机提高。抗日战争时期，复旦大学内迁四川后，曾在该校授课。

民国三十一年（1942），魏文元任四川省棉作试验场场长。鉴于土棉种铃小、绒短、产量低，不适机纺，他便引进美国棉种繁殖、培育。在确认良种之后，先后在遂宁、蓬溪、简阳、射洪等县设立推广站，大面积种植获得成功后再在全省推广。同时，大量培训技术人员（当年参加培训人员绝大部分是后来省内种棉技术的骨干），改进栽培方法。

民国三十六年（1947），在“旅蓉同乡会”的支持下，魏文元离职参加立法委员竞选，后落选。民国三十七年（1948），赴重庆筹办四川省棉业公司。

1950至1956年，魏文元先后在西南棉花纱布公司、四川省棉织品公司和西南贸易干部学校等不同岗位上工作过。其间，他编写的《棉花训练班讲义》（上下册）、《棉作学》、《棉检学》（上下册），均成为云、贵、川三省培训棉作技术人员的主要教材。1957年，调入西南农业科学研究所。1958年，调到达县地区农业科学研究所任经济作物组组长。他积极从事植棉科学实验，栽培选育优良品种，即使“文革”期间也从未间断实验。经反复实践，他培育出适应性强、产量高的“达棉1号”“达棉2号”，在长江流域20多个试验点试验后，棉花产量普遍提高10%—20%。后来，这一科研成果荣获四川省科技成果三等奖。

魏文元钟情革新植棉和纺织机械，成果累累。他受到党和政府的重视，被选为四川省第三届、四届人大代表和省政协委员。他为棉花科研事业积劳成疾，就连生病住院期间，还在制订新的科研计划。1974年7月，他带着宿志未酬的遗憾离开了人世，享年六十七岁。

参考资料：

巴中市巴州区政协：《古镇恩阳》，内部资料，2007。

（恩阳区政协文化文史和学习委供稿）

从长工到将军的朱兆林

朱兆林(1907—2003),四川省平昌县板庙镇凉水村人。1933年参加中国工农红军,1936年加入中国共产党。他参加了川陕革命根据地反“六路围攻”和红四方面军长征,反“扫荡”斗争,淮海、渡江战役等。1964年,晋升为少将军衔。荣获二级八一勋章、二级独立自由勋章、一级解放勋章和一级红星功勋荣誉章。

朱兆林出生在一个佃农家庭,十多岁时就给地主家当短工、打长工,饱尝生活辛酸。1933年6月,红四方面军解放平昌江口,建立红色政权。于是,二十六岁的他带头报名参加了红军游击队,担任一支由三十余人组成的区游击队的队长。他带领队伍,积极配合县苏维埃政权打击当地的地主豪绅,为巩固红色政权日夜奔波。两个多月后,该支游击队被编入第31军,他在第31军宣传队任分队长,从此加入红军队伍。

朱兆林参加了反“六路围攻”等无数大小战役,后随部队开始长征。

朱兆林先后任八路军第129师386旅772团政治处宣传队分队长、旅政治部干事、17团政治处教育股股长、18团政治处主任、旅政治部组织科科长。1940至1942年,朱兆林先后在129师随营学校和太岳军区党校学习。1945年任太岳军区第二军分区20团政委。1945年9月,先后任晋冀鲁豫军区第4纵队政治部组织部副部长,中原野战军第4纵队政治部组织部副部长、部长等职。

解放战争时期,朱兆林参加了上党、淮海和渡江战役。在上党战役桃川追击战中,荣立一等功。1949年2月,中原野战军第4纵队所属10、13旅以及豫西军区部分部队合编为第二野战军第四兵团第十三军,朱兆林任39师副政委。后任第二野战军后勤部供给部副政委。

1949年后,朱兆林先后担任西南军区后勤部军需部政治委员,西康军区政治部副主任、主任,空军军事法院院长,北京军区空军政治部副主任、主任等职。

1959年9月,朱兆林回到老家,自己花钱给公社带回来了一套广播设备,这是他留给家乡唯一的一件物品。他的堂弟朱兆贵说:"大哥原来和我摆龙门阵的时候说过一句话,他说他没有给老家的兄弟父老们做过啥子贡献,叫我们要理解他,因为他是个当兵的,是个共产党员,所以要讲纪律,不能谋私。"

朱兆林将军一家有兄弟四人,他排行老大。提起大爹朱兆林,侄子朱永尧用短短一句话概括了他——正直得近乎不近人情。那是1975年,高中毕业后的朱永尧给远在北京的朱兆林去了一封信,大致意思就是想让他为其找一份工作。"大爹后来回信了,信中每一个字我现在都记得一清二楚,他说:'我们家永字辈中,你是第一个上高中的,为此我表示祝贺,希望你回到家乡接受贫下中农再教育,继续锻炼'。"

1972年离休后,朱兆林将军把自己半个世纪的军旅生涯进行记录,为后人留下了宝贵的资料。2003年12月12日朱兆林将军在北京逝世,享年九十六岁。

参考资料：

1. 中国工农红军第四方面军战史编辑委员会:《中国工农红军第四方面军人物志》,解放军出版社,1998。

2. 四川省平昌县地方志编纂委员会:《平昌县志》,四川科学技术出版社,1990。

3. 平昌县文广新局 :《平昌系列文化丛书》,内部资料, 2017。

4. 平昌县人民政府办公室:《平昌政务志长编》,内部资料,2013。

（平昌县政协文化文史和学习委供稿）

都市社会学家邱致中

邱致中(1908—1979),字和,四川省巴中市巴州区人,著名都市规划专家、学者,我国农村建设领域的开拓者和倡导者。

学问有成　著作等身

邱致中出生于一个中医世家。民国十六年(1927),就读于国立成都大学高等预科。民国十八年(1929),毕业出川到上海,考入国立暨南大学社会学系,主攻都市社会学。民国二十二年(1933),毕业后留校任教。民国二十四年(1935),赴日本东京帝国大学研究院学习。民国二十六年(1937),获社会学博士学位。他留日回国后,一直从事大学教育工作,曾任上海江南学院教授,暨南大学教授兼海外文化事业部主任研究员,华西、金陵、齐鲁、国立广西大学四校联合讲座教授,以及广西省技术顾问等职十余年。民国三十七年(1948),受聘为南京国立中央政治大学一级教授。

民国二十三年(1934),邱致中任教的第二年就发表了二十余万字的专著《都市社会学原理》,对这个产生于20世纪30年代,具有开拓性的新兴学科,做了自成一家的论述。该部著作是国内第一部纯理论性的都市社会学著作,也是世界各国都市社会学界不可多得的佳作。该书一经出版，很快被日本东京帝国大学社会调查室主任米林富男教授译成日文，并被推荐为日本大学教材。此后，在短短的几年中，他又撰写了都市社会学丛书《都市社会进化史》《实用都市社会学》《都市社会构造学》，译著了《都市经济与农村经济》，建立了自己的都市社会学体系，成为国内享有盛名的都市社会学家，并在国际学术界产生了巨大影响。

邱致中工作勤奋，治学严谨，特别注重理论联系实际。早在20世纪三四十年代，他就从事过成都、自贡、重庆、武汉、桂林、柳州、南京、梧州等城市建设计划的编制和起草工作。他草拟的《川康经济建设计划》对于自贡的经济发展影响深远。除此之外，他还对全国三十多个县的农村情况和部分工矿作过考察，并形成了完整的书面报告。

报效祖国　行遍南北

邱致中致力于学术研究，不参与政界权力角逐。但他并不是漠不关心国政大事的“书生”。国家的强盛，民族的兴旺，政治的民主，人民的安居乐业，是他学术研究的最终目的，也是他政治理想所在。

为了祖国的和平统一，他发起组织“南京各大学教授国策研究会”“中国人民和平促进会”等进步团体。1949年2月，他率领“南京人民和平代表团”到北平观光，并受到当时北平市长叶剑英的热情接见。叶剑英市长在百忙中曾两次特意找到邱致中谈话。在谈话中叶剑英市长一再表示，共产党需要邱先生这样的专家学者，欢迎邱先生为社会主义祖国建设尽力。他通过这次北平之行，看到了中国的前程和希望，在心中对自己的去向，已默默地作出了历史性的选择。

1950年，邱致中应副总理董必武同志的邀请，举家迁往北京，参加社会主义建设。1950年任原平原省中国城市工程设计公司总工程师，新乡市人民代表；1955年担任江苏省政协特邀委员；1956年任森林工业部基本建设局主任工程师，曾任中国市政研究会第九届理事长。同年，加入中国农工民主党。

1958年，邱致中被下放基层工作。尽管年过半百，但他仍矢志不渝，热情为社会主义建设事业献计献策。处于逆境时，他向党和政府提出的建设性建议有《论全国农村规划的迫切性》《公社农庄的规划与建筑》《改变我国林区面貌建议书》《学大寨要实行全面农村规划》等，特别是在20世纪60年代初，“农村规划设计研究机构”这一建议，得到中央有关领导的赞赏。他为写好《中国社会主义农村规划与建设》这部专著，不辞艰辛从南到北、由东到西，对祖国广大农村3322户农民做了调查，在掌握大量数据和资料的基础上，于1962年初撰写完成。全书80余万字，其中包括农村建设工程设计300多个，内容涉及约20个专业。由于种种原因，书稿未能及时出版，部分稿件散失。“四人帮”被粉碎后，他夜以继日地修改补充，终于在1979年完成专著，但他也积劳成疾。

1979年8月26日，邱致中在北京病逝。遵其遗愿，骨灰被运回巴中，安葬于平梁镇大溪口祖茔。

邱致中的足迹踏遍了祖国的青山绿水、城镇乡村，他为强国富民的梦想不懈追求，贡献一生，为后世农村规划建设指明了方向，在都市社会学史上留下了浓墨重彩的一笔。

参考资料：

1. 四川省巴中县志编纂委员会：《巴中县志》，巴蜀书社，1994。

2. 王敏之：《都市社会学家邱致中教授》，《小城镇建设》，1993年第1期。

（巴州区政协文化和文史资料委供稿）

后勤保障功臣冯丕成将军

冯丕成(1908—1983),四川省巴中市恩阳区渔溪镇和平场人。1933年参加中国工农红军,1934年加入中国共产党。他参加了川陕革命根据地反“六路围攻”和红四方面军长征,百团大战和神头岭战斗,解放成都和渡江、平津战役等。1961年晋升少将军衔,荣获二级八一勋章、二级独立自由勋章、二级解放勋章。

冯丕成出身于贫苦农民家庭,父亲给地主做短工,母亲在家纺棉花织布。因是家中独子,他8岁时进私塾读了八年书。1924年,因父亲不幸病逝,他被迫辍学。1927年冬,母亲病故。19岁的他不得不去给地主做长工、抬滑竿以维持生计。1933年春,他参加了红军,被分配到第9军25师75团2营5连当战士。因作战勇敢,他很快被选为班长,并参加了红四方面军组织指挥的仪南、营渠、宣达等进攻战役。他在攻打宣汉城的战斗中负伤,仍坚持不下火线,带领全班完成了战斗任务,受到团部嘉奖。伤愈后,他被调到25师政治部工作。不久,调到第30军93师274团政治处任宣教队队长,负责宣传工作。1934年10月,加入中国共产党。

1935年6月,红四方面军与红一方面军在懋功会师后,冯丕成任团政治处地方工作股股长。1936年1月,调任红32军274团(某部）党支部书记。长征途中，他常走后面抬担架，把干粮分给他人，自己吃野菜，最终带领所率红军战士走出了草地。

冯丕成任八路军129师386旅772团2营6连指导员、营教导员。部队东渡黄河，开赴抗日前线，他参加了长生口、板桥口、安丰、长乐村、神头岭等战斗。1939年至1940年，他任772团供给处政委、团政治处组织股股长、旅政治部总务科科长兼军法处处长、旅供给处政委。他克服重重困难，建被服厂、军械厂，深入敌后采购物资，保证了部队的基本需求，受到陈赓、王新亭等首长的表扬。随后，冯丕成参加了百团大战和太原、临汾、运城等战役。百团大战重创日军后，疯狂的日军出动几万兵力，对太行山根据地进行大扫荡，推行"三光"政策。他带领后勤部的干部战士开展反扫荡斗争，在武乡县小黄村突遇敌机轰炸、扫射，他不顾个人安危，站在小山包上指挥大家疏散、隐蔽，敌机飞走后，集合部队在山沟里与敌人周旋四天四夜后才突出重围。

1941年后，冯丕成任太岳纵队供给部副部长，太岳军区供给部部长，太岳军区后勤部部长。在晋南战役最后阶段，我军围歼日军一个纵队，因战斗持续时间长，前线弹药消耗大，必须尽快补充，他便动员机关干部战士组成运输队，冒着敌人飞机大炮的封锁，亲自带队把弹药送到前线，成功将日军歼灭。

解放战争时期，冯丕成任太岳军区后勤部政委、华北军区第8纵队后勤部部长。1949年2月1日，华北军区第8纵队奉命改编为第18兵团第60军，他任第60军后勤部部长。他参加了平津、渡江、成都等战役。

新中国成立后，冯丕成历任川西军区、四川军区和成都军区后勤部部长，为西藏边防部队和驻川部队的后勤保障作出了突出贡献。1961年，他被授予少将军衔，荣获二级八一勋章、二级独立自由勋章、二级解放勋章。

冯丕成长期从事后勤工作，手中有权、有钱、有物，却始终保持清正廉洁、艰苦奋斗的作风。1947年，他所在部队攻克郓城后，缴获敌人大量物资，被服科的同志见他的棉被烂了，给他送去一床被面，他当即交回库房。1959年，四川军区后勤机关修建办公大楼，他组织干部、战士和家属义务劳动，捡石头，挖地基，为国家节约了不少开支。担任军区后勤部长20多年，他未曾休假，也不外出疗养，每年有三分之一的时间到边防和基层检查指导工作。

冯丕成一心为党和国家奉献力量，他还整理了回忆录，多次给部队、地方、学校做革命传统报告，教育青少年要“热爱祖国，热爱和平，发扬艰苦奋斗的优良作风，为祖国和人民的利益奉献才智”。1978年，他被推选为中国人民政治协商会议第五届全国委员会委员，即使重病在身，他仍带病参加全国政协会议，认真履行职责。

1983年6月11日，冯丕成病逝于成都，享年75岁。临终前，他把子女叫到身边，叮嘱子女们要努力工作，永远与群众打成一片；死后丧事从简，不开追悼会。冯丕成逝世后，国务院、国防部和解放军后勤部发来吊唁，悼念这位建国功臣。

参考资料：

1. 中国工农红军第四方面军战史编辑委员会：《中国工农红军第四方面军人物志》，解放军出版社，1998。

2.《巴山将军谱》编委会：《巴山将军谱》，成都出版社，1991。

3. 四川省巴中县志编纂委员会：《巴中县志》，巴蜀书社，1994。

（恩阳区政协文化文史和学习委供稿）

测绘将军王明坤

王明坤（1911—1988），又名王维，四川省巴中市巴州区清江镇王家湾人，1932年参加中国工农红军，1933年加入中国共产党。王明坤参加了川陕革命根据地反“三路围攻”“六路围攻”和红四方面军长征，反“扫荡”斗争和百团大战，解放鲁西南和淮海战役，抗美援朝战争等。1955年被授予少将军衔。曾荣获二级八一勋章、二级独立自由勋章、二级解放勋章和一级红星功勋荣誉章。

王明坤出身于贫农家庭，六岁读初小，十三岁被迫辍学。为了生计，他学过手艺，开过小饭店，当过帮工。1931年初，他听说共产党是穷人的救星，就萌发了去找红军的念头。1933年1月，红军解放巴中后，他主动去参加红军。因为上过学，组织让他在乡苏维埃当文书。不久，他主动申请到了红四方面军12师36团3营9连当战士。三个月的文书生涯，让王明坤彻底爱上了红军队伍。他作战英勇，足智多谋，四个月后，被升为班长。

1933年5月，组织要调王明坤到3连当文书。他却对这项调动很有意见，认为在前线才是真正的革命。为此，连队领导找他谈话，告诉他革命工作不分轻重，都是为革命出力，才让他心悦诚服。在连队当文书期间，他经常利用空余时间到夜校学习知识。

1934年6月，王明坤调到营部当文书。1935年，王明坤到红军大学参加训练班学习，结业后到第9军75团任测绘员，负责对作战地区的地形情况进行测绘和分析，为部队作战提供翔实可靠的依据。他没有辜负组织的重托，绘制了一张又一张作战地图，为部队指挥战斗提供了可靠的参照。

1936年10月，红军三大主力在陕北会师后，王明坤成为渡过黄河的西路军中的一员。10月18日，永昌城战役打响，他在战斗中左腿被炸成重伤，后被送往西路军总医院治疗。此时，前方战事吃紧，他忧心如焚，在腿上的弹片未取出、伤未好的情况下，毅然回到西路军第9军从事战地地形测绘工作，为指挥部提供了翔实准确的数据。

西路军第9军在梨园口突围后，部队战斗力需要补给，王明坤便主动请求下连队当战士。后在战斗中受伤，不能行走，留在卫生队治疗。最终第9军军部决定分散行动，此时他的伤口流脓不止，无法长途跋涉，只好把他一个人藏在石洞里。第三天他遇到三四个掉队的战友。战友为他重新包扎了伤口，但他们认为目标太大，只好分头行动。他混在难民的队伍里，一路寻找红军部队，但在凉州被马家军抓获，与西路军600多人被关在武威。在被送往西安的路上，“西安事变”爆发了。他趁敌人军心动摇、看管松散之机，抢了枪械，带领几百名战友逃出。他借测绘经验，成功躲过马家军的追捕，顺利地在镇源找到援西军司令部，并受到政治部主任宋任穷接见，后留在了援西军，任司令部参谋。

1937年8月，王明坤调任八路军129师司令部侦察参谋、地图股股长、师后方司令部侦察股股长、晋冀豫边区游击纵队司令部侦察科科长。1940年5月，调任129师冀南军区第9旅26团参谋长。1941年秋，任129师冀南军区第1军分区参谋长。1942年秋，先后进入抗日军政大学第6分校、延安中央党校学习。学习期间，他除了研究地图测绘之外，还开始研究军事历史和游击战略，并以优异成绩毕业。

1945年8月，大反攻迫在眉睫，王明坤受命前往晋冀鲁豫军区，任第2纵队6旅（辖16、17、18团，独立团）参谋长，后调任冀南军区第8军分区参谋长、晋冀鲁豫军野战军第10纵队29旅参谋长、桐柏军区第3军分区参谋长、汉南军分区副司令员兼参谋长。他率领部队，在平汉铁路沿线连续攻克邢台、汤阴、磁县等6座城市，在新乡以南地区协同攻占原武（今原阳）、中牟等县城，先后收复齐河、夏津等县城，歼灭日伪军1万余人，缴获大量步枪、轻重机枪等武器，完成了军区交给的任务。他为打通与华中、山东、晋察冀及晋绥解放区的联系，作出了巨大贡献。

1949年5月12日，第四野战军兼华中军区正式成立，王明坤任湖北军区襄阳军分区司令员，随后参加了解放皖西、襄樊等战役。

1952年，王明坤进入南京军事学院学习，结业后留校任研究部研究员、研究室副主任。1955年9月，被授予少将军衔，获得二级八一勋章、二级独立自由勋章、二级解放勋章，并调任志愿军参谋学校校长兼政委。10月初，王明坤到朝鲜开展党政工作和部分志愿军回撤工作，随后调到1军任副军长兼参谋长，负责后勤和组织工作。

1958年10月回国后，王明坤调任第21军副军长。1960年，被调往陕西省军区任副司令员，协调军方与当地政府的工作。

1975年,王明坤因病退居二线,但他并没有放下事业,而是将自己一生的工作经验整理成册,无条件地提供给各大军事院校,助力培养更多优秀的军事人才。

1988年,王明坤荣获一级红星功勋荣誉章。1988年9月9日,王明坤因病在西安逝世,享年77岁。按照他本人遗愿,葬礼一切从简,可还是有无数陕西当地百姓,不约而同地前来为他送行。

参考资料:

1. 巴中市巴州区地方志办公室:《巴中市巴州区志(1994—2005)》,中国文史出版社,2013。

2. 中国工农红军第四方面军战史编辑委员会:《中国工农红军第四方面军人物志》,解放军出版社,1998。

3.《巴山将军谱》编委会:《巴山将军谱》,成都出版社,1991。

(巴州区政协文化和文史资料委供稿)

第三篇　现代历史文化名人

政工将军李勃

李勃(1912—1992),原名苟兴阳,四川省平昌县马鞍镇桂花村人。1933年加入中国共产主义青年团,同年参加中国工农红军,1935年加入中国共产党。他参加了川陕革命根据地反“六路围攻”和红四方面军长征,神头岭、济源战斗战役,解放建昌、隆化和辽沈、平津战役等。1955年授予少将军衔。荣获三级八一勋章、二级独立自由勋章、一级解放勋章、一级红星功勋荣誉章。

李勃6岁半在私塾读书,9岁回家务农,12岁跟随父亲当“背佬儿”,后到宣汉板凳垭一小店靠扒松毛、捡松豆糊口,后又到矿山背柴,最后回家和母亲一起靠挖葛根、脚板苕和野菜充饥度日。16岁那年,他到染布店当学徒,辛辛苦苦干了五年,没挣到一点工钱。

1932年红军入川。李勃听说红军是打土豪、分田地、解放穷人的,便天天盼望红军早日来到自己的家乡。1933年8月,当红军快到他的家乡时,仓皇撤退的川军进村抓壮丁,他被几个官兵抓住,绑上就走。他一心要当红军,途经道子时,趁官兵们喝酒之机,从后门逃走。

回到家的第二天,红军就来到了李勃的家乡。他立即报名参加了少先队,并加入中国共产主义青年团,还到赤江县参加了团员代表大会。会后，他被分配到赤江县当宣传员，不久任宣传干事和组织部长。

1934年8月，李勃带领赤江县的团员代表到巴中县参加全省团员代表大会，会后被分配到恩阳县组建少共恩阳县委，并任少共恩阳县委书记。1935年3月，红四方面军西渡嘉陵江。他带领少共机关随红军向西转移，迅速渡江后，经江油到茂州找到了省委。组织分配他到汶川县组建少共汶川县委并担任书记。红一、四方面军懋功会师后，部队继续向西北开进。由于汶川县委书记在前线牺牲，组织决定由他带领县委机关转移到马尔康、毛儿盖一带。1935年8月，组织调他到金汤县组建少共金汤县委并任书记。不久，他带领少共县委机关，随部队翻过雪山到达天全，被分配到雅安县任少共县委组织部长。接着又北上，翻越夹金山、党岭雪山到达道孚县。他负责组建少共道浮县委，任道浮少共中心县委书记，同时转入中国共产党。

1935年6月，红军进入草地。一天中午，李勃突然感到腹部疼痛，浑身颤抖不止，痛得在地上打滚儿。道孚县委妇女部长何连芝急忙给他"揪沙"，挑"羊毛疔"，很快减轻了他的疼痛。到达甘南岷县后，他被编入红四方面军党校1连。在部队继续北上的时候，他本就没痊愈的病又突然加重，在卫生队里几次昏迷不醒。领导想把他留在岷县，可他再三请求要随队北上。他最终以惊人的毅力和部队一起到达了会宁，参加了红一、二、四方面军的胜利会师。

红军会宁会师后，红四方面军党校编入中央党校。李勃被编在高级第一班。他系统地学习了党的建设和苏维埃建设方面的理论以及政治、文化知识，在此期间身体也逐渐恢复。1937年4月，党校毕业后，他被分配到援西军第4军政治部地方工作部任干事。至此，他正式从地方转入部队。

1937年8月，李勃调任八路军129师政治部民运部干事兼工作队队长、政治指导员。后来又负责山西和顺县八路军工作团工作。同年秋，参加了对晋东南、豫北、冀西各县的政治、经济和风俗民情的调查工作，为建立太行山革命根据地做准备。此间，他还参加了粉碎日寇的“六路围攻”“八路围攻”以及响堂铺、神头岭等战斗。之后调任18集团军政治部民运部副股长，并先后负责山西省潞城、平顺两县八路军工作团和河北省临城、内邱两县八路军工作团工作。1939年又调到18集团军政治部任机关指导员。同年8月，调任特别团（当时也称朱德警卫团）3营副教导员。1940年1月，调任特别2团政治处组织股长兼山西省安泽县独立营营长。5月，进抗日军政大学总校系统学习了连、营、团各级战斗指挥。1941年1月毕业后，被分配到18集团军后勤政治部任组织科长。1942年8月，调18集团军考察第2团，到晋西北考察工作。1943年2月，随晋西北考察团回延安，被分配在军委直属政治处任干事兼总务处协理员，次年1月任军委办公厅协理员。1945年5月，任警备1旅政治部副主任。同年6月，警备1旅和359旅各1部组成八路军南下第2支队，他任支队政治部副主任。

抗日战争胜利后，李勃根据中央指示到达沈阳后又返回锦州，任冀热辽纵队27旅政治部主任，不久又调任冀察热辽军区18军分区政治部主任。1947年，任东北民主联军8纵24师副政委兼政治部主任。该师在辽西这块三角地区，先后参加建昌、凌元、镇北等县城和大城子、北票、松树嘴子、要路沟等地的战斗。他们和兄弟部队还在杨仗子参加两次战斗，第一次歼敌一个师，第二次歼敌两个师。随后，部队从热东开往沈阳以北。同年12月，他参加了哈尔滨政治工作会议，会后调任东北野战军11纵队政治部副主任。纵队成立后的第一仗是打隆化，经激战全歼隆化守敌。其后，他随部队参加了辽沈战役和平津战役。北平解放后，他调任第4野战军48军政治部副主任，随军南下到江西时，兼任赣南军区政治部副主任。

1950年4月，李勃调军委民航局，负责组建上海办事处（华东办事处)并任政治委员。同年8月,调任军委民航局西南管理分局政治委员。1951年11月,调军委民航局组建华中管理分局,并任局长。在民航工作期间,主要任务是团结、教育“两航”(中国航空公司和中央航空公司)起义人员,使他们更好地为新中国的航空事业服务。1952年10月,他调任空军第4军政治部主任。1954年10月,李勃进入中国人民解放军政治学院,系统学习马克思主义哲学、政治经济学、科学社会主义理论和党史、政治工作、军事、外交等课程。从政治学院毕业后,他被分配到军委空军雷达兵部任政治委员。1955年9月,被授予少将军衔,获三级八一勋章、二级独立自由勋章、一级解放勋章。1960年8月调任空军第6军政治委员,1967年7月任济南军区空军政治委员,1968年11月任济南军区政治部主任。1969年,当选为中国共产党第九次全国代表大会代表,同年12月任济南军区副政治委员。1975年10月任济南军区顾问,是第五届全国政协委员。

1982年8月,李勃离职休息。1988年,他被授予一级红星功勋荣誉章。1992年4月,因病在济南去世。

参考资料:

1.中国工农红军第四方面军战史编辑委员会:《中国工农红军第四方面军人物志》,解放军出版社,1998。

2.四川省平昌县地方志编纂委员会:《平昌县志》,四川科学技术出版社,1990。

3.平昌县文广新局 :《平昌系列文化丛书》,内部资料, 2017。

4.平昌县人民政府办公室:《平昌政务志长编》,内部资料,2013。

(平昌县政协文化文史和学习委供稿)

“警备将军”程登志

程登志(1912—1995),四川省巴中市恩阳区玉山镇双凤人。1932年参加中国工农红军,1933年加入中国共产党。他参加了川陕革命根据地反“六路围攻”和红四方面军长征,反“扫荡”斗争,辽沈、平津战役,抗美援朝战争等。1961年晋升少将军衔。荣获二级八一勋章、二级独立自由勋章、二级解放勋章和一级红星功勋荣誉章。

程登志出身于农民家庭,从小就爱劳动、能吃苦。其父见他身体结实,头脑灵活,就送他学木匠手艺,将来好养家糊口。他见农村打谷子时将谷把子在拌桶上反复捶打,既打不干净又费力气。经过反复琢磨,他用木材加竹块做成刷子,打谷子既省力气效果又好,深受群众欢迎。

1932年冬天,川军刘湘的“扇子队”(号称“刀枪不入的神兵”)驻扎在双凤与三星交界的白庙子山上,约有一个团的人。红四方面军一个连驻扎在梓潼庙山上,两军就在两山之间的寒包坟岭上展开了一场激战。战斗从清晨打响,不到晌午,川军仓皇败退,红军大获全胜。程登志目睹了红军战胜了残害老百姓的国民党军队,心生敬仰和向往,立即报名参加了红军。他参加红军后,征战不辍,迅速成长为优秀指战员。他历任第9军教导队通讯排长、连长,第4军第12

师36团副营长、营长等职。1933年,加入中国共产党。参加了川陕革命根据地的反“三路围攻”“六路围攻”,后随部队参加了长征。

1936年,程登志进入红军大学学习。全面抗战爆发后,他任八路军129师385旅770团连长。1938年,他进入抗日军政大学第三期学习,后任抗日军政大学教员。这年冬天,他随总校一部开赴华北敌后,在极其艰苦的环境中坚持办学,任抗大2分校队长兼军事教员第3团大队长。1941年,任抗大第3团大队长,后调冀中军区第9军分区教导大队工作,参加了冀中军区的“五一”反扫荡斗争。1943年,被派到中共中央党校学习3年,在军事理论、政治理论、文化知识等方面都有了很大的提高,曾被评为学习模范和模范干部。1945年起,任冀东军区特务团副团长兼参谋长、团长。1947年8月,东北民主联军第9纵队成立,他任26师78团团长,次年改任46军137师409团团长。

1947年10月,第9纵队奉命解放朝阳古城,扫除锦州外围之敌,切断国民党军队东线进击东北之咽喉,为解放东北做准备。10月21日,9纵队司令员詹才芳、政治委员李中权率9纵队3个师,消灭朝阳城外围之敌后,令25师、26师主攻朝阳城,27师为纵队预备队,晚22时发起攻击。26师师长肖全夫、政治委员李振声把主攻中正门和南门(阜财门)的任务交给了78团团长程登志。他令2营攻击中正门,主攻任务交给5连,3营攻击南门。从21日晚22时发起攻击,战至23日晨3时许战斗结束,9纵队全歼朝阳守敌3500多人,缴获甚多,溃逃残兵被担任纵队预备梯队的27师全歼。他领导的78团2、3营全体指战员为解放朝阳立下战功,2营5连首先登上中正门城墙,打下敌堡、炮楼13座,毙敌28人,俘敌70多人。5连荣获“朝阳连”的光荣称号,荣立大功。5连1排战士王岐、王连山、王宪林(1排排长,在战场上牺牲)、李宝玉、周志民(在战场上牺牲)等5人被授予“朝阳勇士”光荣称号。3营战士“爆破大王”宁振贵三次成功爆破南门，为解放朝阳扫清了障碍。宁振贵领导的爆破班被授予“模范爆破班”称号。

解放朝阳后，程登志率部随9纵队在朝阳寺、九关台门作战。1948年9月至10月28日，他参加了解放锦州战斗和辽西围歼战，直至辽沈战役取得最后胜利。他还参加了平津战役、湘赣战役和湖南地区清剿土匪的战斗。

新中国成立后，程登志任解放军第12兵团第46军137师参谋长、代理师长、师长。1952年9月15日，他参加抗美援朝战争，任志愿军第46军137师长、副军长，参加了1953年夏季进攻战役及毛耳山、平顶山等战斗，荣获朝鲜二级自由独立勋章。

1954年回国后，程登志任第46军第3兵团炮兵师师长、炮兵师司令员、副军长。1956年起，任旅大警备区炮兵司令员、警备区参谋长、副司令员、政治委员、顾问。他在旅大警备区工作30余年，经常深入基层调查研究，指导部队工作，为我军的革命化、现代化、正规化建设作出了贡献，有“警备将军之称”。

1961年晋升为少将军衔，荣获二级八一勋章、二级独立自由勋章、二级解放勋章。1975年，当选为第四届全国人民代表大会代表。1988年，荣获一级红星功勋荣誉章。

1995年，程登志因病在大连逝世，享年83岁。

参考资料：

1.中国工农红军第四方面军战史编辑委员会：《中国工农红军第四方面军人物志》，解放军出版社，1998。

2.《巴山将军谱》编委会：《巴山将军谱》，成都出版社，1991。

（恩阳区政协文化文史和学习委供稿）

四川印人肖友于

肖友于(1913—1955),名剑铭,别号夷庐、白鹤道人、中南山人,四川省巴中市恩阳区三河场人。曾拜师于齐白石,中国著名篆刻和微雕艺术家,曾被冯玉祥誉为“爱国印人”。

艰辛求艺

肖友于家境贫寒,七岁时父母双亡,舅父助其启蒙读书,后到阆中石印铺当学徒。民国十三年(1924),印铺倒闭,肖友于便踏上了漂泊流浪之路。民国十五年(1926),他在云南得知河口吴西载象牙微雕技艺精湛,名重一方,便投其门下学艺。吴西载见他思维敏捷、勤勉恭敬,便毫不保留地传授其书画、象牙微雕等技艺。他们师徒常于河口、昆明、昭通等地以刻制印章、砚台、扇骨、笔筒维持生计。翌年,吴西载病逝,肖友于返回四川。

肖友于辗转到合川,在书店帮工,继续苦研微雕艺术。民国二十一年(1932),他到重庆开设雕刻铺,因顾客稀少,难以维持生计,被迫关闭。民国二十四年(1935),肖友于辗转到成都开铺谋生,又因战乱不断,生意惨淡。

巧遇良师

民国二十五年(1936),齐白石应邀来川,肖友于经艺友余中英介绍,拜师齐白石,专攻篆刻。他对师父毕恭毕敬,人又勤快,深得齐白石的赏识。经齐白石精心教诲,其篆法、章法、刀法等技术既融化于胸,又验证于手。他知道师父在川不会停留很久,于是加倍努力,废寝忘食地背诵印谱,夜以继日地用朱笔临摹保存。齐白石离川时,本想将他带走,继续加以培养,无奈时局变迁,未能成行。齐白石临别时留诗一首:"不生羽翼与身仇,相见时难别更愁。蜀道九千年八十,知君不再劝来游。"齐白石离川后,音讯断绝,他怀疑师父已逝,每逢生辰必备祭品拜祭。后来,他去北京见到师父,提及此事,齐白石朗朗大笑,并赠以印谱、画谱。1954年,已91岁高龄的齐白石,精选印谱一本,赠予他留念。

热忱爱国

肖友于刻苦钻研艺术,精益求精。他谨遵齐白石"学我者生,似我者死"的训导,在篆刻上争取有所创造,有所发展。他收集了《天发神谶碑》《三公山碑》和古币、封泥、汉印等仔细研究,大胆创新,力图形成独特风格。运刀上采用师父齐白石的"冲刀"之法,时速时缓,顿挫有变,既显锐刀之奇功,又显钝刀之古朴,稳健生动,生机盎然。他生平治印逾万,齐白石为其《印谱》题跋云:"门人肖友于,丙子年始从予游,嗣来京华,见其所刻印,古今融化,冶为一炉,删除一切窠臼……"

民国二十八年(1939),肖友于迁居宜宾,住在西门外农庄。他除精读四书五经和唐诗宋词外,还诵读《康熙字典》《说文解字》,并在董作宾、王献堂等先生的帮助下,悉心研究古文字,于1942年辑成《古文字汇集》。在此期间,他虽悉心研究文学艺术,但并未忘记国事,他还把岳飞的《满江红》、文天祥的《正气歌》刻成巨印条屏,经著名教授、书法家何鲁题跋,在西南地区广为赠发,激励国人抗日救国热忱,被冯玉祥誉为"爱国印人"。

终成大器

新中国成立后，肖友于在事业上的成就受到党和政府的重视，其曾担任宜宾市政协委员。1953年，他出席了四川省第一届文艺代表会，并列席第一届省政治协商会议。会后，他精神振奋，以精湛的微雕艺术，刻制“毛泽东、朱德肖像”及“祝毛泽东当选为中华人民共和国主席游园图”“成都凤凰山合作社”“工农联盟”“我国四大工厂”“北京万寿山”和古画“滕王阁”等作品。特别是在一块约6厘米长、4厘米宽的象牙板上，以胡乔木所著《中国共产党的三十年》全文组成的毛泽东、朱德肖像图，被郭沫若评赞为“鬼斧神工”。该象牙微雕背景部分，全文180多行，每行200多字，行间字句稀疏有致；眉眼头发部分，字密色深，适当留有空白，方寸之间，不感到拥挤，布局洒脱大方，刀法深浅相间，墨色浓淡协调，充分表现出两位领袖肃穆慈祥、和蔼可亲的形象。在放大镜下，能看得出字迹流畅、行列井然，点横撇竖清醒悦目。上述作品，先后在北京、成都、重庆和部分县市举行展览，受到各界人士的高度评价。新华社于1955年6月22日作专题报道。后来，全国文联、中国美术家协会将其雕刻的珍品赠送外宾，深受国际友人赞誉。

1955年4月27日，肖友于病逝于宜宾，享年42岁。其传人（陈寄平、周植桑）及其亲属，于1976年10月将他遗存的314件书画、印章、印谱、象牙微雕等作品，捐献给了成都市文化部门。

参考资料：

1. 四川省巴中县志编纂委员会：《巴中县志》，巴蜀书社，1994。

2. 巴中市巴州区政协：《古镇恩阳》，内部资料，2007。

（恩阳区政协文化文史和学习委供稿）

威海基地司令员陈福章将军

陈福章(1913—1982),四川省通江县朱元乡(现已划归铁溪镇)木关坝村人。1933年参加中国工农红军,同年加入中国共产党。他参加了川陕革命根据地反“六路围攻”,红四方面军长征,反“扫荡”斗争,百团大战,辽沈和平津战役,抗美援朝战争等。1964年晋升少将军衔。荣获三级八一勋章、二级独立自由勋章、二级解放勋章。

陈福章的父亲程宪龙靠租地主的田地生活,从陈福章记事到参加红军,共搬过六七次家,越搬越穷,最后在关坝村二社史家碥住了下来。陈福章有四兄弟,大哥过继给了伯父,老二被国民党军队抓了壮丁下落不明,家中只有父母、三哥和他自己。10岁那年,因家境所迫,父母忍痛把他卖给了镇上一家姓孟的地主做苦力。他成天担水、打柴、背租谷,稍有不慎便遭毒打。有一次,孟家丢了东西,硬说是他偷的,还将他反绑起来,让他跪在院子里,把他打得死去活来。他坚决不承认自己是小偷,地主就把他赶出了家门。天寒地冻,他只穿了一件破旧夹衣,一拐一跛地走回自己家,但怕父亲责骂不敢进屋,母亲出来捡柴看见才把他带回了家,而父亲不肯失去信用,硬是用大麻袋把他又扛回了地主家。

1932年冬,家乡来了红军,受苦受难的陈福章得救了。他积极参与打土豪、分田地，与地主恶霸做斗争，发现地主隐藏财物、粮食就报告给当地苏维埃政府。地主对他怀恨在心，扬言要抓他，他一身正气，临危不惧。1933年3月，他报名参加了中国工农红军。他被分在红军第4军第10师28团3营当战士，不久当上班长、打旗兵。他身材高大，作战勇猛，每当红军攻下一个阵地，他便扛起军旗，冒着枪林弹雨冲在前面。同年8月，他光荣地加入了中国共产党。

不久，陈福章进入红四方面军干部学校学习，结业后被调到政治部宣传科任宣传干事和红军工作队队长，参加了川陕革命根据地反“六路围攻”战斗。红四方面军在懋功与中央红军会师后，根据毛儿盖会议的决定，陈福章所在的第4军作为右路军的一部分，跟随毛主席过草地。1935年10月，右路军到达陕北吴起镇，长征胜利结束。

陈福章曾担任八路军第129师385旅769团3营9连指导员、支书。在刘伯承的指挥下，他带兵参加了奇袭太原的阳明堡日军飞机场任务，击毁敌机24架，歼敌百余人，解除了日军对中原地区的空中威胁，有力地打击了敌人。之后，又在长生口、东石门、马山口等地给敌人以沉重打击。后又转战广阳、封户等地。转战太行后，他又参加了响堂铺战斗，捣毁敌人汽车180辆，歼敌170多名。1938年9月他晋升为3营教导员，1939年11月调任平汉纵队3营教导员，后任团参谋长。1940年太行2军分区成立，11月他调任2军分区司令部作战股股长，1941年11月调任定、昔阳、寿阳三县独立营营长，担负破坏敌人运输、阻击和袭击敌人的任务。1942年，太行根据地受到日寇的大规模扫荡和经济封锁，中央指示将主力部队地方化，精兵简政，缩小编制。独立营整编后，他调任武工队队长。他率领一支三四十人组成的精干小分队，开展反“扫荡”、反“蚕食”斗争，经常夜袭敌人，打碉堡、摸哨所，有时一夜要转战三四个村子，有时直插到昔阳城下。经过五个月的艰苦战斗，武工队摧毁了昔阳西北方圆

60千米地区的伪政府，把敌占区变成了根据地。1942年8月，陈福章调任太行军区第2军分区28团团长。

1945年，日军战败投降后，陈福章被太行军区任命为太行第2干部团团长，率领司、政、供、卫和营、连、排、班干部200余人，10月13日从涉县温村出发，昼夜兼程，行程数千里进入东北。11月初，东北民主联军独立25旅在大民屯宣告成立，他被任命为独立25旅副参谋长。1946年，25旅改编为吉东警备2旅，他任副参谋长。不久，调任敦化县保安团长。1947年3月，调任蛟河县城防司令员。1947年8月，调任东北野战军第10纵队29师85团副团长、副政委，第4野战军47军140师419团政治委员。

北平和平解放后，陈福章奉命率部南下。1949年春，他进入湘西剿匪。他指挥部下与匪帮斗智斗勇，迂回战斗，消灭了盘踞在湘西多年的“长沙绥靖公署直属清剿第3纵队”下属大队长彭玉清、“湘黔边区反共游击总司令部”副司令姚大榜等顽匪，清除了残害湘黔百姓多年的恶势力。之后，他晋升为140师副师长，不久又晋升为师长。在湘西剿匪期间，419团团部驻在怀化榆树湾，为了及时掌握匪情，快速出击，陈福章很少在团部，他率3营和机动连驻在桐树溪。他胆大、心细，每次回团部开会，只带参谋、警卫员两三人，骑一头骡子就上路，曾三次受到匪徒的伏击，均突围脱险。电视连续剧《乌龙山剿匪记》就是以他所率的部队为原型。

1951年1月，陈福章进入中国人民解放军军事学院学习。他曾赴京参加国庆阅兵，走在队列的前一排，接受毛主席的检阅并受到毛主席接见。学习结束后，他奉命奔赴抗美援朝战场，任志愿军47军140师师长，参加了1951年夏秋阵地防御作战，1952年巩固阵地作战和秋季战术性反击，获得朝鲜二级自由独立勋章。

1952年，中央军委决定建立一所培养海军指挥官的学院。陈福章任海军1分校校长，为培养海军指挥员而辛勤工作。1954年调任威海水警区司令员，1955年任威海基地司令员，为我国海军建设作出了重要贡献。1955年，被授予大校军衔，荣获三级八一勋章、二级独立自由勋章、二级解放勋章。1964年，晋升为少将军衔。

“文革”中，陈福章遭到诬陷，失去了工作的权利。1972年9月，获得平反，进入潍坊市海军干休所，担任该所党委书记。1982年，因病在北京逝世，享年69岁。

参考资料：

1. 中国工农红军第四方面军战史编辑委员会：《中国工农红军第四方面军人物志》，解放军出版社，1998。

2. 王定烈、温贤美：《巴蜀将帅传》，巴蜀书社，1989。

3. 星火燎原编辑部：《中国人民解放军将帅名录》，解放军出版社，2006。

4.《巴山将军谱》编委会：《巴山将军谱》，成都出版社，1991。

（通江县政协文化文史和学习委供稿）

受到毛主席关怀的朱士焕将军

朱士焕(1913—2011),四川省通江县民胜镇新场村人。1932年加入中国共产主义青年团,1934年加入中国共产党。他参加了红四方面军长征,历经土地革命、抗日战争、解放战争。1961年,晋升为少将军衔。荣获二级八一勋章、二级独立自由勋章、二级解放勋章和一级红星功勋荣誉章。

朱士焕出身于贫苦农民家庭,常常吃不饱、穿不暖,一到过年,父亲朱有礼就四处躲债。他自小就帮母亲做繁杂的家务活,7岁那年父亲把他送到石门子一家私塾念书。两年后,因大旱,庄稼颗粒无收,两个妹妹被活活饿死,他也因此辍学,开始帮人干活,挣钱维持生计。1925年,家境稍有好转,父亲就把他送到毛浴街上的一所学堂读书。他白天到学堂念书,晚上帮人干活。1928年,父亲被抓壮丁的兵痞活活打死。从此,他彻底失去了上学的机会,干起了推船、放排的苦活,成了支撑全家的主力。有一次,一个大浪将木排撕成两块,将他抛在洪水中,他抱着一根木料,冲了十多里,才被河边捞柴的人们救上岸。

1932年冬,红四方面军翻越大巴山,来到了通江,巴山人民盼来了救星,看到了希望,年轻人纷纷报名参加了红军。朱士焕也积极加入中国共产主义青年团，投入石门乡苏维埃政府的筹建工作中。他不分昼夜，积极宣传革命道理，发动群众投身革命。不久，他被选为石门乡苏维埃政府主席兼共青团支部书记，后又担任了石门乡赤卫队中队长。他带领广大青年和农民，打土豪，分田地，大力发展经济，组建地方武装，支持红军，支援前线，保卫新生的红色政权。

1933年4月，朱士焕调任少共赤江县毛浴镇区委工作，先后任少共区委组织部部长、少共赤江县委区委书记。随着根据地的发展扩大，他调任共青团苍溪县委书记。这年冬季，敌人发动了“六路围攻”，大举进犯苏区。为粉碎敌人的疯狂进攻，红军采取了收缩阵地、诱敌深入的策略。为了促使白军士兵早日觉醒，从政治上瓦解白军，共青团苍溪县委决定，从少共县委和红军宣传队抽人组成了“火线宣传队”，很好地宣传了党的思想，瓦解了白军的斗志。几十年后，他把在苍溪县的这段经历，写成回忆文章《火线宣传队》，发表在《在红色的摇篮里》。

1934年8月，朱士焕加入中国共产党，任中共长赤县委书记兼县独立团政委。1935年，他随红四方面军开始长征。红四方面军与中央红军会师后，被调到地方工作部工作，任地方组组长。他在藏区工作时，不幸得了疟疾，由于那时缺医少药，只好硬挺着，身体稍好点就坚持工作。红军大学教官张儒沁在遇到毛主席时，汇报了朱士焕的情况。毛主席知道后，就派傅连暲医生为他看病，并给他送药。他服药后，疟疾很快得到了控制，身体慢慢恢复了健康。领袖的恩情，让他刻骨铭心，终生难忘，他在80岁时曾为此作诗《领袖颂》:“日理万机鏖战忙，长征路上莅毛庄(毛儿盖)。偶闻部属患顽疾，亲派名医携药尝。人民领袖情谊长，58载纵逝永难忘。昔日主席宏图愿，喜看今朝盛世昌。”以此表达自己的感激之情。

朱士焕到达陕北延安后，先后在中央党校、延安抗日军政大学第3期学习。毕业后留抗大从事教育管理工作，任抗日军政大学第

4大队组织干事、第6大队政治指导员、第3大队政治协理员，抗日军政大学第三分校1大队政治协理员。1940年10月，任延安中国医科大学政治协理员、副政治委员。

1945年10月，中共中央发出了“关于派一百个团的干部到东北工作”的指示，朱士焕也随中央党校干部队到了东北开展工作。1946年1月，由他负责在吉东地区迅速开办一所军事政治学校，校名为吉东军政大学。校长由军分区司令兼任，他任副校长，后改为东北军政大学吉林分校，他任校党委书记。在整个办学中，他坚持理论联系实际的教育方针，领导学员参加军事、政治活动，在实践中学习军事本领。10月，根据吉林省委和军区的指示，他组成3个“土改”工作团，组织学校学员深入农村参加“土改”工作。

1948年8月，吉林分校与东北军政大学合并，改编为东北军政大学第4团，朱士焕任政治委员。1950年初，中央将全国军事院校统一编制和编号，改称中国人民解放军第27步兵学校，朱士焕任副政治委员、政治委员。1954年，任吉林省军区副政治委员兼任长春警备司令部政治委员，吉林省军区第三政治委员。

1962年7月，朱士焕调任沈阳军区后勤部政治委员。在工作中，他注重调查研究，足迹遍布战区后勤部的仓库、医院等各基层单位。每到一处，他都语重心长地讲：从事后勤工作，手中有钱有物，必须始终保持清正廉洁、艰苦奋斗的作风，决不能徇私舞弊，也不可铺张浪费。他要求每个后勤工作人员，都把“贪污和浪费是极大的犯罪”作为座右铭。

“文革”中，朱士焕虽然受到了迫害，但他仍然保持着高度的责任感，更加努力地工作，全力保持部队稳定，维护正常秩序。粉碎“四人帮”后，他开拓创新，为推进部队革命化、现代化和正规化建设呕心沥血，作出了重大贡献。

1981年，朱士焕离开领导岗位，任沈阳军区后勤部顾问。但他仍然关心部队建设，关心国家大事，每天坚持收看新闻、阅读报纸。一次，他看到《沈阳晚报》上登的一则消息，说有一个小孩自己边上学，边照顾生病的父母，家庭生活困难。他叫女儿两次去报社给其捐钱。2008年，他看到汶川特大地震的消息，十分关注救灾的情况，积极参加捐助活动及缴纳特殊党费，用实际行动支援抗震救灾。2011年9月1日，朱士焕因病在沈阳逝世，享年98岁。

朱士焕1955年被授予大校军衔，荣获二级八一勋章、二级独立自由勋章、三级解放勋章，1961年晋升为少将军衔，1988年获一级红星功勋荣誉章，曾当选第五届全国人民代表大会代表。

参考资料：

1. 中国工农红军第四方面军战史编辑委员会：《中国工农红军第四方面军人物志》，解放军出版社，1998。

2. 王定烈、温贤美：《巴蜀将帅传》，巴蜀书社，1989。

3. 星火燎原编辑部：《中国人民解放军将帅名录》，解放军出版社，2006。

4.《巴山将军谱》编委会：《巴山将军谱》，成都出版社，1991。

（通江县政协文化文史和学习委供稿）

襄阳战役特功团团长苟在合

苟在合（1914—1948），四川省巴中市巴州区三江镇鳌溪村人。1933年加入中国工农红军，同年加入中国共产党。他参加了红四方面军长征，1948年7月在解放襄樊战役中光荣牺牲，年仅34岁。他是襄樊战役中解放军牺牲的级别最高的指挥员，被追认为“襄阳战役特功团团长”光荣称号。

苟在合出身于贫苦农民家庭，家中兄弟五人，他排行第二。年少时，当地大地主常常仗势欺压百姓，他不畏强暴，勇敢地站出来和乡亲们一道与之斗争，深受当地父老喜爱。1933年，红四方面军来到巴中，他带领本村青年苟在荣、苟在奎、苟在礼一起参加了红军。同年，他加入中国共产党。1935年，他随红四方面军北上，翻雪山、过草地，吃苦耐劳，英勇顽强，历任班长、排长、连长、副营长等职。

解放战争时期，苟在合任晋鲁豫军区6纵17旅49团副团长，率部参加了上党战役、邯郸战役、兰封战役、巨野甄南战役、鲁西南战役。后与当地女交通员段金巧结为夫妻，生有一子苟新忠。当时，炮火纷飞，段金巧带着儿子回到了她的山西老家。从此，她与苟在合断绝了音信，直至1973年部队派人送去《革命军人牺牲证明书》时，才得知丈夫早已牺牲。

1947年,苟在合随刘邓大军挺进大别山,任中原野战军6纵17旅49团(原12军103团)团长。当时国民党组织的地方武装“小保队”十分猖狂。“小保队”由当地的土匪、地痞、流氓及恶霸组成,混迹于老百姓中,采取游击战术,用极其残忍的手段,反攻倒算、迫害因迷路、伤病掉队的解放军和解放区政府工作人员,一时气焰十分嚣张,使得解放军在大别山中的行动受到了严重干扰。于是,刘邓大军决定对其进行剿灭。苟在合率团和其他兄弟团队一道,对大别山中的“小保队”进行了突击剿灭,扫清了解放军在大别山中的作战障碍。

1948年7月2日,襄樊战役打响。襄阳地势险要,易守难攻,被当地百姓称“铁打的襄阳”,且有国民党军重兵把守。解放军出奇制胜。苟在合所在旅集中火力进攻琵琶山,他率部对敌发起猛烈攻击,经过15分钟激战,全歼琵琶山敌守军,占领阵地。庚即,敌军组织炮火进行反攻。苟在合像历次战斗一样,冒着枪林弹雨,冲到最前沿指挥。他不顾参谋、警卫员的阻拦,跑出指挥所,一路向山上冲去,其他作战人员也紧随其后,敌人的炮弹在附近爆炸,他全然不顾。当冲到山腰时,苟在合不幸踩中地雷。在生死关头,他把生的希望留给别人,大吼一声:“闪开!”随手把身边的两个同志推开。随着一声巨响,他光荣牺牲,年仅34岁。

襄樊战役结束后,苟在合被中国人民解放军总政治部追认为“襄阳战役特功团团长”光荣称号,其遗体埋葬在襄阳烈士陵园。2008年12月,襄樊革命烈士纪念馆开馆,特为苟在合塑了铜像,供人民群众缅怀。

参考资料:

苟在合孙子苟晓波采访资料。

(巴州区政协文化和文史资料委供稿)

戍边将军张德贵

张德贵(1914—1987),四川省巴中市恩阳区人。1933年参加中国工农红军,同年加入中国共产主义青年团,1934年加入中国共产党。他参加了川陕革命根据地反“六路围攻”和红四方面军长征,反“扫荡”斗争和百团大战,辽沈和平津战役等。1964年,晋升为少将军衔。荣获三级八一勋章、二级独立自由勋章、二级解放勋章。

张德贵出身于贫苦农民家庭,幼时与父母寄人篱下。由于生活所迫,他2岁时就过继给伯父。他7岁时到私塾读书,仅读了3年,就因无钱交学费而回家务农。迫于生计,他16岁时在恩阳水码头做零工,随运煤船到旺苍煤矿当了4年采煤工。4年的煤工历练,练就了他吃苦耐劳的精神和坚韧不拔的毅力。

1932年冬,红四方面军入川,在通(江)、南(江)、巴(中)建立了川陕革命根据地。张德贵参加了红军。他被分配到红73师219团3营9连当战士,先后参加了仪南、营渠、宣达等战役,在战斗中屡立战功。由于作战英勇顽强,不久就加入了共青团,1934年加入中国共产党。他在旺苍坝战斗中头部受重伤,仍坚持作战。在粉碎国民党对川陕苏区“六路围攻”的若干战斗中,立下不少战功。1934年1

月，他调任团政治处组织股干事，随后任第31军93师政治部组织干事。

1935年2月，张德贵随93师政治部为扩大川陕革命根据地赴陕南开展地方工作。4月，他随军到达了苍溪县城郊，参加了强渡嘉陵江战斗，开始了长征。1936年10月，参加陕甘交界的山城堡战役后，被任命为第31军93师司令部连指导员。

张德贵曾任八路军129师386旅772团连政治指导员、团干训队指导员。他参加了广阳伏击战和神头岭、响堂铺等战役。1939年任772团1营副指导员、营副政治教导员，同年被送到中共中央北方局党校学习，毕业后任团政治处组织股股长。1940年起，先后任386旅卫生处政委、旅直属队总支书记，随部转战太岳、太行地区，参加了百团大战和反“扫荡”斗争。1942年任772团政治处副主任，次年到抗日军政大学学习。抗日战争胜利后，被派往东北工作，先后担任中共黑龙江省委社会部一科科长，黑龙江军区警卫团政治委员，绥化军分区警卫二团政委，省军区独立二团政治委员。

1950年初，张德贵调到内蒙古军区工作，先后任内蒙古军区政治部保卫部副部长、组织部部长、军区干部部部长、军区政治部副主任。1957年毕业于中国人民解放军政治学院。1958年至1964年，任内蒙古呼伦贝尔盟军分区第二政治委员，兼呼盟盟委第二书记、军区副政治委员。辖区17县市和1000多千米的边境线上，都留下了他的足迹。他深入边防线，发现大部分边防部队住在单薄的毡房或简陋的窝棚里，在零下40多度的冬季坚守岗位，生活条件非常艰苦。于是，他采取各种措施，把边防部队一万多平方米的房屋进行了改造和修缮，受到广大边防军的称赞。他行程近万里，视察边防线，尽管不少地方沙丘漫漫，灌木丛生，但他仍用自己的双腿走遍了所有哨所。

1964年，张德贵晋升为少将军衔，荣获三级八一勋勋章、二级独立自由勋章和二级解放勋章。但他从不居功自傲，不摆老资格，尤其在贯彻执行党的民族政策方面，非常注重选拔培养少数民族干部。他在鄂温克旗检查工作时，发现旗武装部长乌尼满是个好苗子，就积极培养他、支持他，后提拔他为旗党委副书记、旗长，受到群众的欢迎。1987年3月6日，他因病医治无效，病逝于呼和浩特，享年73岁。

张德贵一生参加过许多战役和战斗，虽多次身负重伤，但仍然顽强奋斗，为解放全中国贡献了力量。他戍边38年，长期在内蒙古工作，为巩固发展军政、军民团结和民族团结，完成保卫边疆、建设边疆的任务，做了大量工作，深得人民的爱戴。

参考资料：

1. 中国工农红军第四方面军战史编辑委员会：《中国工农红军第四方面军人物志》，解放军出版社，1998。

2.《巴山将军谱》编委会：《巴山将军谱》，成都出版社，1991。

3. 四川省巴中县志编纂委员会：《巴中县志》，巴蜀书社，1994。

（恩阳区政协文化文史和学习委供稿）

朝鲜战场显神威的吴荣正将军

吴荣正(1916—1973),四川省通江县双泉乡(现铁佛镇)白马村人。1932年参加中国工农红军,1933年加入中国共产主义青年团,1934年转入中国共产党。他参加了川陕革命根据地反“六路围攻”和红四方面军长征,百团大战,辽沈和平津战役,以及抗美援朝战争等。1955年,被授予少将军衔。荣获二级八一勋章、二级独立自由勋章、二级解放勋章。

吴荣正8岁时,家中的稻田被豪绅霸占,两个哥哥相继被抓壮丁,父亲因此被气死。他12岁时,就外出帮人推船打鱼。一次,因他捡了地主的几个桐子,就被撵得扑河,逃到巴灵寨躲了几个月才回家。

1932年底,红四方面军来到通江。吴荣正听说红军解放了通江城,他随即发动当地农民,收集民间枪支,组建了一支400余人的地方武装,16岁的他自任队长。12月底,红军到达吴荣正的家乡后,他率队参加了红军,被编入赤江县独立营,他到红10师28团5连当班长。1933年1月,加入中国共产主义青年团。4月,他带领前卫班到岩山边接防,途中与一个班的敌人突然遭遇,当即展开了格斗,将敌人消灭,接着升任为排长。6月,他参加了鹰龙山战斗,身负重伤后，同战友们顶住了敌人一个连的多次进攻，坚持到后援部队的到来，终将敌人打败。

伤愈后的吴荣正，参加了反“六路围攻”的战斗。他在万源铁关垭阵地遭到敌人4个团的猛攻失守后，团长王近山任命他为5连连长，担负全团的主攻任务。他根据地形，采取后半夜多路齐攻的方式，打得敌人晕头转向，天亮前便夺回了铁关垭。后又以两天两夜的急行军穿插到敌人后方，指向飞龙山固守之敌。这次，他避开敌人的防御重心，从后山石缝中攀登上去与敌人短兵相接，利用手榴弹炸、大刀砍，将敌人全部歼灭。在飞龙寨战斗中，他又带领5连攻下易守难攻的主寨，全歼寨中守敌。反“六路围攻”战役胜利后，5连被红四方面军总部授予“模范连”称号。

1935年春，吴荣正随部队开始长征。在第三次翻越雪山时，身负重伤的他已奄奄一息，同行的红军战士以为他已去世，含泪欲将其掩埋。一位红军副司令员弯腰替他整理衣服时，发现他的眼珠在慢慢地转动，忙喊：“他还活着！他还活着！”通过抢救，他从死亡线上挣扎回来。1936年，他进入红军大学学习，各门课程和考核都名列前茅。

1938年，吴荣正任八路军129师385旅769团1营营长，参加了响堂铺、狼牙山、老爷岭、百团大战和破袭正太路等战役战斗，数次负伤，但他均出色地完成了作战任务，因此被授予模范奖章。在响堂铺战斗中，他所在部队弹尽粮绝，他也身负重伤，眼看到敌人已冲上阵地，他忍着剧痛，率队与日寇展开了肉搏战。凭着战士们的英勇顽强，他所率领的部队取得了胜利。

1941年2月，吴荣正调任129师通讯营营长。1942年6月，进入延安中共中央党校学习。1945年6月，调任新4旅771团副团长。1946年7月，任东北民主联军第7师21旅61团副团长，9月任6纵17师51团团长。1947年2月，城子街战斗打响，他指挥部队连续进攻，终将守敌歼灭，但他在战斗中负重伤，右臂左腿被炸骨折。在辽西会战中，他带领部队执行穿插任务，赢得了时间，抢占了有利地势，为全歼敌人奠定了基础。1948年1月，东北野战军改编为第4野战军，他被调任43军127师参谋长。

1949年4月，吴荣正任第4野战军48军143师师长，率部挺进粤北，以迅雷不及掩耳之势，包围翁源县龙仙镇，全歼守敌1个团，并迅速同东江游击纵队会师，为解放广州创造了有利条件。后来，他又奉命率队到赣南剿匪，不到一年时间就将当地土匪全部肃清。

中华人民共和国成立后，吴荣正任炮兵基地司令员，负责改装和训练。1951年4月，部队改编为炮兵21师，他任师长，奉命率部（8个火箭炮团、1个高炮营）分批入朝参加抗美援朝战争。他主持召开师、团干部会议，根据战场情况和火箭炮兵部队作战特点，制订了“快去、猛打、快回”的战术。9月1日，第202团奉师部命令，支援第27军79师235团反击进占我后洞里阵地的美军7师的两个营。在美军占空炮优势的情况下，我炮兵采取“阵地分散配置、火力全团集中”“昼间指挥分队作业、夜间战炮分队开进”等战术和措施，从集结地向预设阵地开进，远距离奔袭后洞里之敌。当晚进入阵地，全团24门喀秋莎火箭炮神不知鬼不觉地突然同时齐放射击。瞬间，几百枚火箭弹如无数条火龙，疾速飞向后洞里美军阵地，毙敌700余人，打响了炮兵第21师入朝作战第一炮，首战告捷。随后，该团在东线又配合第67军作战，两次齐放射击，歼敌500余人，震惊了敌人。

吴荣正指挥的炮兵21师入朝作战历时两年半，先后配合我12个军，协同进行大、小战斗30余次，歼敌10万余人，击毁敌坦克56辆、汽车230余台、火炮30余门，击落击伤敌机24架，有力地支援了步兵作战，在抗美援朝战场上发挥了重要作用，为朝鲜战争获得全面胜利作出了突出贡献。吴荣正获得朝鲜二级自由独立勋章。

1954年1月，吴荣正任昆明军区炮兵司令员。1955年，被授予少将军衔，荣获二级八一勋章、二级独立自由勋章、二级解放勋章。1957年3月，进入高等军事学院学习深造。1961年2月，调任贵州省军区副司令员，主抓人防工程和“三线建设”。“文革”中，他虽一再被扣上“思想保守”“唯生产力论”等帽子，但他毫不在乎，仍坚持抓生产。

早在1953年时，吴荣正回到阔别二十年的家乡，见到乡亲们翻身得解放，非常高兴。他对在本乡当党委书记的五弟吴运成说：“常言道‘栽桑种桐，辈子不穷’，我在村子里看，没有桑树，也没有桐树，我看你这个书记还不够格。”临别时，他站在纳溪口的船头，高声地向送别的乡亲们说：“你们要记住，送孩子读书，要多多栽树，还要修通公路，公路修通了，我还要回来！”

吴荣正一生战斗无数，前后负伤11次，得过多种疾病。1973年10月7日，才57岁的他就被癌症夺去了生命。他的一生是革命的一生，对党、对人民、对共产主义事业忠心耿耿，为党的事业和军队建设无私奉献了毕生精力。张爱萍将军为赞颂他的品德而作词《折柳枝》：“年少上征途，举起镰刀斧头。战斗毕生尽瘁，甘为孺子牛。痛华年早逝，丹心一片长留。儿女英雄树立，接班续春秋。”

参考资料：

1.中国工农红军第四方面军战史编辑委员会：《中国工农红军第四方面军人物志》，解放军出版社，1998。

2.王定烈、温贤美：《巴蜀将帅传》，巴蜀书社，1989。

3.星火燎原编辑部：《中国人民解放军将帅名录》，解放军出版社，2006。

4.《巴山将军谱》编委会：《巴山将军谱》，成都出版社，1990。

5.洪学智：《抗美援朝战争回忆》，解放军文艺出版社，1990。

（通江县政协文化文史和学习委供稿）

让麦克阿瑟感到棘手的吴瑞林将军

吴瑞林(1915—1995),原名吴上德。四川省巴中市巴州区化成镇吴家河人。1928年4月加入中国共产主义青年团,1932年参加中国工农红军,同年加入中国共产党。他参加了红四方面军长征,淄川、泰安战役战斗,辽沈和平津战役,解放鄂西北战役,抗美援朝战争等。1955年,被授予中将军衔。荣获二级八一勋章、一级独立自由勋章、一级解放勋章和一级红星功勋荣誉章。是中共第九届中央委员。

吴瑞林出身于一个贫农家庭,幼时父母双亡,被哥嫂带大,以给地主放牛为生。10岁时,他跑到通江当泥瓦学徒工。"四一二"反革命政变后,他又到阆中县砖瓦厂当学徒工,接触到了共产党的地下工作,接受了革命思想,多次参与罢工运动。1928年,加入了中国共产主义青年团。同年冬,成为一名地下交通员,经常往来于南充、阆中、江油、达县等地。

1930年,党组织派吴瑞林送信到达县,同川东游击队领导人王维舟取得联系,并向王维舟详细汇报了通江、南江、巴中的驻军情况。后又奉命与吕子谦、戚应元等在通江、南江、巴中开展地下工作，建立中共巴中中心县委，发展党的组织，建立秘密联络点，进行武装斗争。

1932年12月，巴中中心县委接到指示，到通江的两河口川陕交界地去迎接红军入川。他出色地完成红军交给的侦察敌情、带路等任务。红军攻占巴中城后的第4天，徐向前总指挥和陈昌浩政委接见了他，表扬他为攻占通江、巴中城出了力、立了功。随即，他加入中国共产党。

红军入川后，吴瑞林积极宣传、发动群众，动员更多的人参加红军，以扩大红军队伍。仅几天时间，他就动员了600多人主动报名加入红军队伍，他先后担任少年先锋团连长、营长、团政治委员。

1933年12月起，吴瑞林先后任红四方面军总政治部共青团团委副书记，共青团通江县委书记等。1935年6月，他随第30军在川西懋功迎接刚刚翻过大雪山后北上的中央红军。1935年9月起，任中共大金川省委组织部部长。1936年6月起，任大金川省干部大队大队长兼政治委员。他三次过草地、两次翻雪山，出色地完成了各项任务，荣获红军十周年纪念章。1937年1月，进入中共中央党校学习。

抗日战争时期，吴瑞林先后任中共鲁东南临时特委书记，八路军山东纵队第2支队政治委员，中共泰山地委军事部部长兼第1大队大队长，鲁中军区第1军分区司令员、第2军分区司令员，山东军区警备第2旅旅长兼政治委员、第2军分区司令员兼政治委员。1938年5月，他创建了以桑园坝为中心的鲁东南抗日根据地，打通并扼守由鲁西北通向鲁中、鲁南的战略通道，控制着日军的军需物资运输。他指挥并参与了淄川、博山、泰安、莱芜、蒙阴等许多战斗战役。1939年中秋，日军发起“六路围攻”，吴瑞林等人在庙子村突遭几百名日军包围，突围中他的腹部、腿部负重伤，由此他瘸了一只脚，被称为“吴瘸子”。

解放战争时期，吴瑞林先后任辽东军区参谋处处长，东北民主联军安东军区司令员，辽南军区司令员兼独立师师长，东北野战军第5纵队副司令员，第4野战军42军军长。参加了东北1947年夏、秋、冬季攻势作战和辽沈战役。在辽沈战役中，参与指挥部队先在彰武以南阻击国民党军"西进兵团"西援锦州，后参加辽西会战，会同兄弟部队围歼该兵团于黑山以东地区。1948年12月，率部入关参加平津战役，首先攻克昌平、沙河，阻止国民党军西撤，继而攻占国民党军供应基地丰台，同兄弟部队一起完成了对北平守军的包围。北平和平解放后，奉命组织部队执行对国民党军第101军军部和第271师的改编任务。1949年4月，率部进军中南，先后参加安新战役和豫西、豫南地区剿匪作战，继而参加解放鄂西北、恩施战役，还配合2野解放川东北，歼灭国军罗广文、孙震兵团。

1950年10月，吴瑞林任中国人民志愿军第42军军长，率部参加抗美援朝战争。在第一次战役中，他集中主力于长津湖以南黄草岭、赴战岭地区阻击美军陆战第1师及南朝鲜军首都师、第3师的猖狂进攻，连续激战13昼夜，歼敌2700余人，其中美军1000余人。在第二次战役中，他以凌厉的攻势，夺取宁远、孟山，歼伪第8师大部，打开战役缺口，为战役创造了有利条件。在第三次战役中，他率本部并指挥志愿军66军及朝鲜人民军一部，巧夺天险道城岘，抢占加平、春川，完成了战役迂回、包围堵击敌军的任务，率先攻入汉城。在第四次战役中，他指挥部队歼灭横城守敌伪8师、伪5师及美2师一部。其后，在铁三角防御作战和西海岸阵地防御作战中，他在敌军的现代化装备面前，毫不畏惧，协同兄弟部队给以美国为首的"联合国军"以沉重打击。他也荣获朝鲜一级国旗勋章两枚。

1952年10月，吴瑞林率第42军回国后，先后任海南军区司令员，海军南海舰队司令员，广州军区副司令员兼海军南海舰队司令员，海军常务副司令员。是中共第七、八次全国代表大会代表，中共第九届中央委员。1955年，被授予中将军衔，获二级八一勋章、一级独立自由勋章、一级解放勋章。1988年，获一级红星功勋荣誉章。

1965年，吴瑞林指挥了“八六”海战，击沉国民党海军“剑门”“章江”军舰，这也是当时我海军史上歼敌最多、战果最大的海战。他还指挥了海南岛、雷州半岛对空作战，活捉了美军飞行员菲利普·史密斯，令全世界震惊。

1971年10月，基辛格秘密访华，吴瑞林参与了会见。此次会见是在人民大会堂福建厅进行的。周恩来总理和叶剑英、乔冠华在座。当乔冠华向基辛格介绍他时，基辛格说：“我们美国人对吴将军的名字并不陌生，而且对您那个绰号，美国人更熟悉呀！”周恩来总理和叶剑英问他的绰号是什么。他回答说：“吴瘸子。那是日本鬼子给我留的纪念。”在座的人都笑了起来，空气十分轻松。基辛格说：“吴将军是全才，能打陆战、海战，也能指挥空战！当年在战场上，我们美国将军一碰上吴将军都感到头痛啊！麦克阿瑟、李奇微都感到吴将军棘手……”

1986年，吴瑞林离休后，原川陕苏区宣传部部长刘瑞龙同志跟他交谈时说：“川陕苏区是中华苏维埃第二大苏区，在历史上占有重要地位。你现在身体比我好，精力、记忆力都还不错，你就把你知道的那段历史写出来吧，对教育后人是有意义的。”受老战友的重托，已过古稀之年且饱受十多处枪伤病痛折磨的他，在离开巴中50年之后，又重新回到了这片生养和培育了他的土地。

吴瑞林凭借顽强的毅力，克服没有资料、没有助手的困难，笔耕不辍，先后撰写出了《战斗在川陕苏区》《鏖战齐鲁》《从鸭绿江到嘉陵江》《抗美援朝中的第42军》和《镇守南疆》等5部共95万字的回忆录，留下了珍贵的历史资料。

1995年4月21日，吴瑞林因病在北京逝世，享年80岁。依照他的遗嘱，家人将他的骨灰分成四份，一份撒在了山东日照的海里，一份撒在了海南岛的北部湾，一份安放在北京的金山公墓，一份安放在巴中川陕苏区将帅碑林他的铜像下面。

巴中人民为了纪念吴瑞林将军，在川陕苏区将帅碑林里为他塑造了纪念碑。纪念碑的造型是一只航行祖国万里海疆的军舰，象征他为中国人民解放军海军作出的卓越贡献。碑基五台，象征将军由团政委、师长、军长、海军常务副司令到中共中央委员的五级晋升；舰身由三块花岗石组成“川”字，意指吴将军是四川籍，又寓他曾在中、朝、越三国指挥部队作战；基座上镌刻了吴瑞林将军生平和他为中国革命所做的贡献。

参考资料：

1. 巴中市巴州区地方志办公室：《巴中市巴州区志（1994—2005）》，中国文史出版社，2013。

2. 中国工农红军第四方面军战史编辑委员会：《中国工农红军第四方面军人物志》，解放军出版社，1998。

3.《巴山将军谱》编委会：《巴山将军谱》，成都出版社，1991。

4. 李木元、李冰洁：《吴瑞林将军的桑梓情》，人民政协网，2015年12月10日。

5. 武际良：《传奇将军吴瑞林》，《红岩春秋》，2000年第4期。

（巴州区政协文化和文史资料委供稿）

毛主席点名赴朝作战的张显扬将军

张显扬(1915—2005),四川省通江县永安镇碧溪场郑家营村人。1933年参加中国工农红军,同年加入中国共产党。他参加了川陕革命根据地反“六路围攻”和红四方面军长征,百团大战,淮海和渡江战役,抗美援朝战争等。1961年,晋升为少将军衔。荣获三级八一勋章、三级独立自由勋章、二级解放勋章和一级红星功勋荣誉章。

张显扬全家六口人,一贫如洗。1932年12月18日,红四方面军入川来到了他的家乡,热血沸腾的他于次年1月15日就报名参加了红军。红军扩编后,在第4军第12师34团3营9连1排2班当战士。他在白沙河战斗中,负伤后还缴获了1支枪,受到表扬,被提为副班长。他作战勇敢,不怕艰苦,不久就被提为排长。他在陕南战役中身负重伤,住院治愈后,在红四方面军总部警卫连当班长。

1935年春,张显扬已任警卫连连长。他随部队强渡嘉陵江北上,红一、四方面军胜利会师后,被派去给朱德总司令当警卫班长。他在红四方面军总部警卫连时,与张思德一起共事一年多,是张思德的老班长。到达延安后,他进了中央党校学习,张思德也被调到中央警卫团。后来,张思德不幸牺牲,他知道后悲痛万分,连夜赶去参加追悼会。

抗日战争爆发后，张显扬先后任八路军129师385旅769团排长，独立团连政治指导员，第13团营政治教导员。他先后参加了梁沟、黄北平、响堂铺、夜袭阳明堡和百团大战等战斗战役。百团大战后，为了打破敌人的企图，他带队潜入敌占区侦察，摸清了敌人的活动规律，然后全部换上便衣，扮成当地农民分散进入河口镇。当天夜里，乘敌不备，采取分路进攻，胜利拿下敌人指挥部，运回了被敌人抢走的300多包棉花。他还出色地完成了筹粮、扩军任务，多次粉碎了敌人的"扫荡"和"蚕食"，沉重地打击了日军的"囚笼政策"，为推动抗日战争的胜利作出了贡献。

1941年1月，张显扬被授予模范干部荣誉称号，并进入抗日军政大学高级指挥科学习。1943年转入中央党校学习。其间，还列席了中国共产党第七次全国代表大会。

1945年8月，张显扬从中央党校毕业后，任晋冀鲁豫野战军3纵9旅25团副团长。后又任太行军区第4军分区45团团长，军区独立第2旅副旅长，晋冀鲁豫野战军第9纵队第26旅副旅长，豫西军区第4军分区司令员，中原军区25旅旅长，豫西军区第5军分区司令员，第二野战军15军43师师长。1947年夏，敌军主力从新乡出发，向大小文安进犯，他率团担任阻击，战斗整整打了一天，顶住了敌人2个师的轮番进攻和敌人坦克的多次冲击。1948年1月，他率部驻在豫西宝丰县城。此时，敌军25000余人向密县（现河南新密）、登封等地发动进攻，他率9纵26旅绕到敌人背后，利用有利地形，歼灭敌军大部，俘敌1000余人，缴获了大批武器弹药，创造了光辉战绩。淮海战役开始后，他率部日夜兼程开赴作战区域，归豫皖苏军区司令员张国华指挥。他在前后桥家、孟村、高王集、龙王庙一线，坚守阵地六昼五夜，打退了敌人一次又一次的进攻，从而保障了主力部队胜利围歼黄维兵团。1949年3月5日，张显扬率部向长江北岸挺进，先后攻克潢川、光山、英山等地。5月4日，敌军窜至江西上饶漆工镇东北地区，他率43师12团、17团将敌包围，迫使敌人放下武器，俘敌中将师长以下2400多人。在解放广州的战斗中，他率43师第一个到达城下。11月，他率部在广西陆川、博白地区作战三天，在兄弟部队的配合下，歼灭白崇禧主力128师大部。

1950年1月，张显扬奉命率43师进驻滇东北昭通地区。4月1日，43师改建为云南军区昭通军分区，他任司令员。

朝鲜战争爆发后，张显扬任15军29师师长，率部参加了第5次战役和上甘岭战役，荣获朝鲜二级自由独立勋章。1951年4月22日，第5次战役打响，张显扬指挥29师由上下三串里、温水洞地段突破敌人防线，接着进占议政府东北地区，造成直逼汉城的态势。之后，奉命防御，阻止敌军向铁原、金化进攻，先后与加拿大第25旅和美第25、3师激战，击退敌人34次进攻。1952年10月，上甘岭战役打响后，29师负责进攻391高地。张显扬决定利用高地前的大片蒿草做掩护，发起总攻的前一晚先将3个连的兵力潜伏到阵地前沿，出奇制胜，打敌人一个措手不及。战士们要在敌人的眼皮底下隐蔽20多个小时，不能发出任何响声，一旦暴露就有可能全军覆没。邱少云就在这支潜伏队伍里，第二天白天，他不幸全身被敌人发射的燃烧弹火焰引燃，但为了不暴露目标，他始终趴在地上，纹丝不动，直至光荣牺牲。当天傍晚，我军按照计划发起了总攻，很快就全歼了敌军。

1953年，张显扬率部队凯旋，在北京参加了庆祝宴会。毛主席亲自向他敬酒。

张显扬归回后，先后在中南军区文化速成班和北京高等军事学院学习，1960年9月毕业后任15军副军长。1955年，被授予大校军衔，荣获三级八一勋章、三级独立自由勋章、二级解放勋章。1961年，晋升少将军衔。1965年，任武汉军区副参谋长。1968年5月，参加领导江汉油田开发工作，任党委书记兼副指挥长。1971年，任武汉军区副司令员。1973年,调任武汉钢铁联合公司党委第一书记。1975年,调任福州军区副司令员。1985年,离休。1988年,荣获一级红星功勋荣誉章。2005年5月13日,因病医治无效,在福州逝世,享年90岁。

张显扬在"文革"期间,虽受到了不同程度的打击,但他全力保护老干部。严格管教子女和身边的工作人员,从不搞特殊。他还十分关心家乡建设,生前曾两次回到家乡。他一生征战无数,作战"一狂、二野、三尖,敢打敢拼又精明",为新中国解放事业和我军革命化、现代化、正规化建设作出了贡献。

参考资料:

1. 中国工农红军第四方面军战史编辑委员会:《中国工农红军第四方面军人物志》,解放军出版社,1998。

2. 王定烈、温贤美:《巴蜀将帅传》,巴蜀书社,1989。

3. 星火燎原编辑部:《中国人民解放军将帅名录》,解放军出版社,2006。

4.《巴山将军谱》编委会:《巴山将军谱》,成都出版社,1991。

5. 林超:《川陕革命根据地历史长编》,四川人民出版社,1982。

（通江县政协文化文史和学习委供稿）

活捉日军少将的刘自双将军

刘自双(1915—2015),四川省巴中市恩阳区青木镇人(现归司城街道管辖)。1933年参加中国工农红军,1934年加入中国共产党。他参加了川陕革命根据地反“六路围攻”和红四方面军长征,百团大战,淮海和平汉战役,抗美援朝战争等。1964年,晋升为少将军衔。荣获三级八一勋章、二级独立自由勋章、二级解放勋章和一级红星功勋荣誉章。

刘自双出生于一个佃农兼手工业制作家庭,放过牛,当过木匠。1933年初,红四方面军从通江来到巴中后,他积极报名参加了红军,在红9军25师74团3营8连当战士。1934年加入中国共产党,历任红9军27师80团2营通讯员、排长、副连长,参加了反“六路围攻”等重大战役。在他的影响下,他的弟弟也参加了红军。在一次战斗中他的弟弟牺牲了,但他毫不畏惧,继续参加革命,英勇上阵杀敌。

1935年3月28日,红四方面军发起强渡嘉陵江战役。刘自双所在的红9军27师80团2营参加了此次渡江的突击任务,组成了3个突击小分队。他机智勇敢,善于动脑筋想办法,划船时没有响声,接近浅水处时,才被敌军发现,战斗随之打响。“只准前进,不准后退!”他和同队的战友们一边划船,一边向敌人射击。船只被敌军射破后，他们就跳入江中泅渡，勇敢地冲向对岸，用刺刀与敌人展开殊死肉搏，终于占领了西岸，为保证数万大部队胜利渡江作出了重大贡献。

1935年6月，红一方面军与红四方面军在四川懋功会师后，刘自双随右路军北上。翻越腊子口时，他救了一名红军伤病员。那是到了腊子口的山脚下，他所在连队的一个战士连病带饿倒下了，奄奄一息。“扔下就意味着死亡！”他下决心一定要把这个战士带出去。连队给了他一匹马，此时马也走不动了。他找来了些草，把马喂了，自己喝了两碗盐水，又喂了战士两碗，然后费了好大劲，用绳子将战士固定在马背上，缓慢前行。当时大部队已经走远，天渐渐黑了又下着雨，加之山陡路滑，他自己昏昏沉沉，连爬带走摸黑行进，马也难以负重老是摔跤。他当时只有一个信念：只有往前走，翻过腊子口，自己和战友才能活命。就这样，跌跌撞撞，走走停停，行进了几个小时，走到半夜，刘自双看到了前面的亮光，他们翻过腊子口了。他和这名红军战士都得救了。

1936年，刘自双随部队到达陕北定边，参加了船工会造船，援助西路军。西安事变后，他进入红军大学学习。

抗日战争时期，刘自双先后任八路军129师新编第10旅13团连政治指导员、营副政治教导员，寿阳、西阳、平定三县大队大队长兼武工队队长，太行军区第2军分区39团团长。参加了百团大战、反“扫荡”等重大战役战斗。在1944年冬的一天，上级得到情报，有日军重要人物乘火车到来，当时他是大队长兼武工队队长，按计划由他带队伏击。他带领队伍先把火车轨道错位，然后埋伏在南北两边的山坡上，准备好手榴弹，等待时机。日军火车开到脱轨处突然减速，他果断下命令开打，南北两边山上枪声响起，手榴弹也甩了上去，火车燃起了火，车厢里的人乱作一团。日军见中了埋伏，放了几枪就自顾逃跑了。他们立即冲上车后，俘虏了几个未来得及逃跑的日本人，收缴了一些武器弹药。经过突审，他们抓到了“大鱼”，因为那几个俘虏中有一个是日军少将、日本天皇的外孙铃木川三郎。他也因此立功受到嘉奖。这次战斗，是他直接指挥、研究策划的，这个故事后来还被拍成了电视剧。

解放战争时期，刘自双历任中原军区第9纵队25旅副旅长，许昌军分区副司令员，河南军区警备第2旅副旅长，第2野战军第4兵团第15军43师副师长，参加了石家庄、淮海、平汉、豫西等战役战斗。

新中国成立后，刘自双任第4野战军高炮师第1师副师长，奉命率部参加了抗美援朝战争。归国后，他历任华南军区防空司令部参谋长，中南军区防空司令部第二参谋长，南昌防空指挥所副主任，防空军第2师师长，北京军区高射炮兵第7师师长。1955年，被授予大校军衔，荣获三级八一勋章、二级独立自由勋章、二级解放勋章。1956年，进入高级防空学校学习，结业后任北京军区空军高炮指挥部司令员，福州军区空军高炮指挥部司令员，福州军区空军副参谋长、副司令员。1964年，晋升为少将军衔。1986年，任福州军区空军顾问。1988年，荣获一级红星功勋荣誉章。2015年9月23日，因病医治无效，在石家庄逝世，享年100岁。

刘自双一生经历了战火硝烟的洗礼，肩上、腿上留下了多处刀、枪伤，为新中国解放事业和部队革命化、现代化、正规化建设作出了重要贡献。

参考资料：

1. 中国工农红军第四方面军战史编辑委员会：《中国工农红军第四方面军人物志》，解放军出版社，1998。

2.《巴山将军谱》编委会：《巴山将军谱》，成都出版社，1991。

（恩阳区政协文化文史和学习委供稿）

戎马一生的蒲大义

蒲大义(1916—1973),四川省平昌县喜神乡(现已撤销,与界牌乡合并为江家口镇)大龙村人。1933年参加中国工农红军,1934年加入中国共产主义青年团,1936年加入中国共产党。他参加了川陕革命根据地反“六路围攻”和红四方面军长征,百团大战,解放太原战役,抗美援朝战争等。1961年,晋升为少将军衔。荣获三级八一勋章、二级独立自由勋章、二级解放勋章。

蒲大义出身于贫苦农民家庭,不满7岁就给地主做放牛娃,13岁给地主当长工,饱受欺压和凌辱,从小就在心底埋下了反抗压迫和剥削的种子。1933年春,红四方面军在喜神建立乡苏维埃政权后,他参加了儿童团并任儿童团长。同年9月参加红军,在第31军93师274团3营任通讯员。1934年初,调任274团部警卫班长,同年4月加入共产主义青年团。他在参加柳林溪、广元、平溪坝等地的反围攻作战中,顽强无畏,机智勇敢。

1935年元月,蒲大义被选送到红军大学学习,毕业后调任第5军团任侦察排长。他在天全、荥经等地的反攻作战中获敌大量情报,得到嘉奖。1936年元月,他在第31军教导大队学习期间转为中共党员,结业后任第31军274团特务连长。1937年2月,蒲大义率领全连战士参加了山成铺、打拉池、天水铺和通渭等战斗。接着在长胜口伏击战中，当一个连的敌军进入伏击圈后，只听一阵排枪响过，在手榴弹炸的硝烟尘土中，他率战士们一跃而出，不到半个小时就全歼敌军一个连，使红军威名大振。至此参军4年，他已先后参加战斗数十次，负伤8次。

"七七事变"后，蒲大义任八路军129师386旅772团2营7连1排长，随部开赴前线抗击日寇。在山西黎城神头岭战斗中，他以1个排兵力，消灭日军100余人，首次活俘日军5人，受到刘伯承、邓小平的表扬，并亲自授予他银质奖章一枚，他领导的排也被命名为"蒲大义排"。1938年2月，任772团1营2连连长。在彭城战斗中，旅部被敌包围，他为掩护旅部转移，便带领2连和临时配属的工兵连与数百之敌激战一昼夜，大部分人员壮烈牺牲，他亦身负重伤，但仍与幸存的几名战友巍然坚守阵地，致敌寸步难移，保证了旅部的安全转移。战后，彭德怀下令给他记功一次。1940年，已升任副营长的他为掩护李达首长和129师师部转移，与敌血战5昼夜，被129师授奖章1枚。1941年晋升772团2营营长，率部参加了百团大战和反"扫荡"战斗。1944年9月，调任太岳军区2军分区30团任副团长，同年12月任山西省士敏独立团团长。

1945年9月，蒲大义任晋冀鲁豫军区第4纵队12旅20团团长。1946年6月，他率团投入晋南战役，在战斗中小腿被炸断，他谢绝卫生员的抢救，要过一个绷带缠住血流如注的伤口，继续指挥战斗。后任华北军区第15纵队45旅旅长。1949年2月，任华北军区第18兵团62军186师师长（后归第一野战军建制），参加了太原战役。太原解放后，奉命向甘肃、青海挺进，转而投入解放大西南战斗。成都战役结束后，他挥师越过二郎山，以迅雷不及掩耳之势解放了康定城，兼任康定军分区司令员。1950年8月，他奉命率部开赴黔东南剿匪，解放了土匪盘踞的20多座县城。同年进入南京军事学院炮兵系学习。

抗美援朝战争爆发后，蒲大义任志愿军第16军186师师长，于1951年率部赴朝参战。1952年，调任志愿军第16军46师师长。

1954年,升任16军副军长。获得朝鲜二级自由独立勋章。

归国后,蒲大义又到南京军事学院炮兵系继续学习。1955年,被授予大校军衔,荣获三级八一勋章、二级独立自由勋章、二级解放勋章。1961年,晋升为少将军衔。学习毕业后,历任西南军区昆明炮兵司令员、昆明军区副参谋长。

1969年底,中央决定组建云南生产建设兵团,蒲大义被任命为兵团第一副司令,负责兵团的全面工作。他未顾及自己多伤多病的身体,拖着伤腿,毅然受命来到云南思茅。初到时没有住处,他就和战友们搭油毛毡棚;机器设备没运到,他又和战友们一起进行刀耕火种。在极短的时间里,他以一贯雷厉风行的作风,迅速组建了兵团部,并开始了工作。他从军事高级指挥员迅速转行到生产建设上,带领全体兵团战士在荒僻的思茅地区,向大自然发起了勇猛的进攻。几年时间,他走遍兵团上百个单位,涉足1500平方千米胶林。1973年2月,已经十分疲劳的他,在春节期间又连续坚持工作,最终累倒住进了医院。可他没住几天,又坚持出院,带病投入到了紧张的工作之中。4月19日,他在开会时因心肌梗死逝世,享年57岁。

在战争年代,蒲大义先后16次负伤,荣立大功3次,小功8次,被评为“二等甲级残疾军人”。后被中央军委特授予“革命烈士”称号。

参考资料:

1. 中国工农红军第四方面军战史编辑委员会:《中国工农红军第四方面军人物志》,解放军出版社,1998。

2. 四川省平昌县地方志编纂委员会:《平昌县志》,四川科学技术出版社,1986。

3. 平昌县文广新局 :《平昌系列文化丛书》,内部资料, 2017。

4. 平昌县人民政府办公室:《平昌政务志长编》,内部资料,2013。

(平昌县政协文化文史和学习委供稿)

逐梦深蓝的夏前远

夏前远(1916—1985),四川省南江县红光镇黑池村人。1932年加入中国共产主义青年团,1933年1月参加中国工农红军,1936年12月转入中国共产党。他参加了川陕革命根据地反"三路围攻""六路围攻"和红四方面军长征,历经抗日战争、解放战争。1949年,他跟随萧劲光创建第一海军学校。1959年,配合刘华清领导国防部第一研究所科研团队,将海军装备由浅海推向了深蓝。

夏前远出身于贫农家庭,8岁时给地主家放牛,14岁跟母亲一起给地主当长工,艰难度日。1932年冬,他加入少共组织,从此走上革命道路,先后任少共区委宣传部部长、区委书记,红四方面军总政治部宣传干事、民运队长,32军连长、营长。1933年,红四方面军来到南江,他立即找到红军首长,要求给他分配任务。红军首长见他非常机灵,就安排他去开展民运工作,积极扩大红军。最后,他动员方圆百里198名青少年参加了红军,其中夏姓占一半以上,亲人12人。

1935年,夏前远随红军部队开始长征,三进三出雪山草地。第三次过草地时,他担任红四方面军党校2分队学员队长,他率领学员跟随直属政治部,在茫茫的草地艰难前行。一天傍晚,学员们正在休息时,突然,敌人一马队前来袭击。危急时刻,他沉着冷静地指挥学员就近依靠地形和杂草做掩护,一边齐声大喊,一边英勇开枪还击，敌人以为遭遇到红军大部队，吓得慌忙逃跑。1936年10月，他带着学员分队历经艰辛，终于到达延安。随后，他进入抗日军政大学3大队学习，任学员分队队长，文化水平和军事素养都有了很大提高。

抗日战争爆发后，夏前远先后任留守兵团第4团宣传队分队长，警备第4团青年干事、连政治指导员，参加了延安整风和大生产运动。1938年3月，盘踞在山西的日军偷偷逼近黄河，意在侵犯陕甘宁边区，进而威胁延安。当时，他所在的留守兵团负责守卫黄河，在获悉日军阴谋后，趁日军登岸立足未稳之际，充分利用地形发起猛烈反击，打得日军晕头转向。日军又调集一个旅团的兵力，妄图截断陕北与晋绥之间的交通线，并强渡黄河占领吴堡、宋家川，以迂回方式攻入陕甘宁边区。留守兵团立即派他率部冒着被截断退路的风险，偷渡黄河袭击日军，在王老婆山地区与日军展开激烈肉搏战，全歼日军先头部队，并在附近成功伏击了前来支援的日本援军。延安保卫战从1938年打到了1941年，日军始终没能踏入延安一步。

1945年，夏前远随部征战东北，他先后任吉北军分区榆树县保安团政治处主任，县大队政治委员，第4野战军后勤部4分部1兵站政治委员。1946年6月，弓棚镇恶霸地主黄绍堂纠结土匪发动暴乱。他率保安团俘虏叛匪50多人，缴获机枪1挺、长短枪80余支。后又奉命围剿泗河联防大队的叛匪赵洪湘，终在松花江以西将其全部歼灭。10月下旬至11月初，夏前远率部配合东北民主联军参加了新开岭战役，在辽宁宽甸西北地区全歼敌军1个师。接着，他参与“三下江南，四保临江”作战，使东北解放区也得到了巩固和扩大。1948年9月，他参加了辽沈战役，见证了第四野战军与国民党军队在东北战场进行的生死大决战。1948年11月，参加历时64天的平津战役，亲历了北平和天津这两座北方重镇的解放。1949年9月，第4野战军横渡长江，参加了历时34天的衡宝战役。

1949年后，夏前远倾情于海军装备事业，全心致力于海军从浅海走进深蓝的伟大工程。1949年底，他由第4野战军调入新组建的人民海军，先后任海军第1海校总务部政治委员、干部部部长。他在海军司令兼校长萧劲光的领导下，狠抓学校干部和教师队伍建设，努力推进海军人才的教育和培养。其间，他经常深入教师和学员了解情况，听取意见，改进工作。1950年秋，他陪同萧劲光在学校视察时，当他们走到一处学员模拟学习的地方，他忽然听到锅炉声音异常，便大声呼叫大家赶快撤离，而他因未来得及撤离，致使左腿严重受伤，不得不截肢。虽留下终身残疾，但他献身海军装备事业的初衷未改。1953年，任军委海军司令部直政书记。1956年，任舰船修造部副部长，海军驻上海办事处总军代表。1959年，任海军科研部第1研究所政委，1960年任国防部第7研究院第1研究所政委。虽然他的职务历经多次变动，但一直与海军装备事业结缘。特别是在担任研究所政委期间，他在时任院长刘华清的领导下，组织率领科研人员，为国产导弹护卫舰、驱逐舰，以及潜艇、核潜艇、航空母舰等各种型号的大小舰艇的设计、研发、建造，倾注了全部心血，为推进海军装备事业发展，实现大步跨越作出了积极贡献。他作风正派，艰苦朴素，关心爱护科研人员。“文革”中，他虽受到不公正待遇，但始终致力于海军装备事业的发展。

1955年，夏前远荣获三级八一勋章、三级独立自由勋章、二级解放勋章。1962年被授予大校军衔。1985年5月，他病逝于北京，享年68岁。经中国人民解放军总政治部批准，骨灰送回了故乡安葬。

参考资料：

1. 中国工农红军第四方面军战史编辑委员会：《中国工农红军第四方面军人物志》，解放军出版社，1998。

2. 四川省南江县地方志编纂委员会：《南江县志》，中国文史出版社，2011。

（南江县政协文化文史和学习委供稿）

军中戏剧家陈其通将军

陈其通(1916—2001),四川省巴中市巴州区梓潼庙人。1932年加入中国共产主义青年团,同年参加中国工农红军,1933年转入中国共产党。他参加了川陕革命根据地反“六路围攻”和红四方面军长征,反“扫荡”斗争,辽沈战役等。1961年,晋升为少将军衔。荣获二级八一勋章、二级独立自由勋章、二级解放勋章和一级红星功勋荣誉章。

陈其通家世代务农,家境贫寒,他6岁发蒙,读了3年私塾,聪明好学,酷爱文艺,常自编自演“莲花闹”等传统节目,深受父老乡亲的喜爱。1932年底,红四方面军来到家乡,他毅然参加红军,加入中国共产主义青年团。次年2月,转入中国共产党。先后任第4军第11师政治部宣传队队长,少共巴中县委书记,巴中县独立团政委,参加了反“三路围攻”“六路围攻”等战役战斗。他在历次战斗中,勇往直前,冲锋陷阵,英勇杀敌,挥舞大刀劈杀敌军就达23人。

1935年春,陈其通调任红30军88师政治部宣传队队长。1935年3月,随红四方面军开始长征。长征路上,他作战勇猛,并带领宣传队写标语,创作演出文艺节目,极大地鼓舞了红军士气。在抵达大金川时,他奉命率一个连阻击敌人一个团的兵力,身负重伤仍坚持战斗，直到完成任务。过阿坝时，又受到敌军阻击，头部受重伤，鲜血直流，他随手抓了一把灶灰敷在伤口处，继续参加战斗。后因伤势过重，住进了医院。但当时粮食特别紧缺，每人每顿仅有40粒扁豆充饥。在生命垂危的关头，其他伤势稍轻的病员各捐献了一粒扁豆来救助他。就这样，在大家的悉心关照下，他的伤势渐渐好转，最终奇迹般地好了起来。在翻越雪山时，他率先到达山顶，为鼓舞士气，他站在山顶大喊加油，未料引起雪崩，他从百米高的山顶摔了下去，战友们拼死才把他从雪堆里掏了出来。

长征结束后，陈其通随西路军西征，由于敌众我寡，红军惨遭失败。他所在的队伍150余人，在祁连山里与敌人周旋，最后只剩下2人。一个偶然的机会，他机智地打入由被俘红军组成的“补充团”，并迅速秘密建立起党组织。不久，这支“补充团”奉命开赴前线，他和其他同志一道做工作策反了司机，司机将汽车一直开到了西安八路军办事处，1300多名红军顺利获救到达延安。

抗战时期，陈其通历任八路军留守兵团延安补充团政治处主任，烽火剧团中队长，三边骑兵团政治处宣传股长，延安教一旅宣传队队长，延安10团参谋长等职，参加了反“扫荡”斗争。

解放战争时期，历任东北辽南保安团团长兼政委，东北辽南军区武装部部长，军政学校政委，东北军区政治部文艺科科长等职，参加了辽沈、平津战役。

1950年，陈其通任世界青年联欢节代表团副团长兼总支书记。8月，任中国作家代表团团长参加欧洲作家代表会。11月，参加抗美援朝战争。归国之后，历任中国人民解放军总政治部文化部文艺处副处长兼文工团团长，总政治部文化部副部长，总政治部宣传部副部长兼解放军艺术学院副院长，总政治部文化部党委副书记、书记，以及中国文联委员、中国剧协理事、中国作协理事、中国社会科学院学部委员、国家文字改革委员会委员等职。1955年，被授予大校军衔，荣获二级八一勋章、二级独立自由勋章、二级解放勋章。1961年晋升为少将军衔。中国人民政治协商会议第二、第三、第五届全国委员会委员。第四届全国人民代表大会代表。1988年，荣获一级红星功勋荣誉章。

陈其通经过历次革命战争的洗礼，不仅锻炼成了一位英武的将军，还成了一位著名的艺术家，被誉为“红军戏剧家”，在中国革命史和中国文学史上实属罕见。在他几十年的创作生涯中，他一边战斗，一边创作，1938年开始公开发表作品，累计创作秧歌剧、话剧、京剧等各类剧目达百余个，获各类创作、导演奖累计28次。

在川陕苏区时期，陈其通坚持学习文化，开始活报剧、小话剧、歌剧、歌曲创作，有《红岩》《送郎上前线》《游击队》等作品。红军长征途中，他写了一些小型歌舞剧和话剧。全面抗日战争期间，创作了戏曲《岳飞》《花木兰》《渔家恨》等作品。解放战争时期，先后创作歌剧《两兄弟》《马老汉》《刘家父子》《抓特务》《项魁元》和戏剧作品《黄巢》（上、下）、《柯山红日》等，还改编有《王魁》《刁窗》《穆桂英》等戏剧作品。1949年，创作多幕话剧《炮弹》。1953年，歌剧《绣花荷包》在《人民文学》上发表。

1954年，陈其通完成话剧《万水千山》，1955年该话剧剧本在《人民文学》发表。此剧初创于1938年，原名《风云路程三万里》，1948年改写为《二万五千里长征记》，1949年春再次易稿，改为《铁流二万五千里》，1954年定稿《万水千山》。该剧真实而全面地反映了红军长征宏大的历史场景，轰动全国剧坛。当年上演144场，此后连演不衰。1956年，第一届全国话剧会演中，该剧荣获编剧、导演、舞台美术和表演等多项一等奖。

1957年后，陈其通的戏剧创作题材广泛，紧密结合现实生活，富有鲜活的时代特色，先后创作有《同志间》《通天喜》《二分钱》《心愿》《青梅》《阶级兄弟》《三百卢比》《指导员》《四面楚歌》《董存瑞》《两个女红军》《缚住苍龙》《小放牛》《过关》《保卫边区》《学文化》《两颗心》《糊里糊涂》《黄河岸上》《奇袭》《治病救人》等大型戏剧歌舞作品，并参加改编《抓壮丁》。1962年，创作大型革命历史题材话剧《井冈山》。

“文革”期间，陈其通遭到批判和监禁，身体受到摧残，视力严重衰退，两耳失聪，牙齿脱落。后经有关国家领导人出面干预，由监禁改为隔离审查。1975年，《万水千山》再次公演。但此时，他的中枢神经系统已崩溃，丧失工作能力，自此结束了军旅征程和艺术生涯。2001年9月22日，因病在北京逝世。

陈其通还十分关心家乡的经济和文艺事业发展，于1950年、1960年、1984年三次回到巴中，住在农村老家，了解百姓生活。1960年，他观看巴中川剧团演出的《花荣射雕》后，现场给予指导。1984年，他对巴中川剧团为纪念红军入川50周年而排练的大型川剧《川妹子》给予了充分肯定。

参考资料：

1. 巴中市巴州区地方志办公室：《巴中市巴州区志（1994—2005）》，中国文史出版社，2013。

2. 中国工农红军第四方面军战史编辑委员会：《中国工农红军第四方面军人物志》，解放军出版社，1998。

3.《巴山将军谱》编委会：《巴山将军谱》，成都出版社，1991。

（巴州区政协文化和文史资料委供稿）

两任北京卫戍区司令员的傅崇碧将军

傅崇碧(1916—2003),四川省通江县胜利乡迪坪村人。1932年参加中国工农红军,同年加入中国共产主义青年团,1933年转入中国共产党。他参加了川陕革命根据地历次反“围攻”斗争和红四方面军长征,反“扫荡”斗争,平津、宁夏战役,抗美援朝战争等。1955年,被授予少将军衔。荣获二级八一勋章、一级独立自由勋章、一级解放勋章和一级红星功勋荣誉章。是中共第二届中央顾问委员会委员。

傅崇碧的爷爷是位教书先生,受其影响,他从小读书写字,且天资聪慧。8岁时爷爷和母亲相继去世,父亲靠经营铁匠铺的微薄收入继续送他念书。他的老师姓吕,知识渊博、视野开阔,经常传授一些进步思想。他勤学好问、上进心强,吕老师就把他当成了重点培养对象。1932年10月,吕老师把他带到了陕西的洋县,并介绍他加入了中国共产主义青年团。这时他才知道老师原来是中国共产党地下党员。后来,吕老师又把他送到了红四方面军第10师当了红军,从此傅崇碧走上了革命道路。 他参加红军的第四天,正值数九寒天,就跟随部队蹚过冰冷刺骨的汉江攻打敌人,缴获了2支枪和1把大刀,受到了首长的表扬。

1932年12月18日，傅崇碧随红四方面军进入通江，历任通江县区少先队队长、共青团区委书记，仪陇、红江、长池（现为长赤）、江油等地县委书记兼县独立团政委，天全、宝兴、观音河特委书记，川陕省工作团团长等职，参加了川陕苏区历次反围攻斗争和红四方面军长征。1933年转入中国共产党。在川陕苏区时期，他表现特别突出，通过他的宣传，通江至诚、洪口、沙溪一带的青年们都踊跃报名参加红军。有一次，在得知三个反革命分子在刘坪村袭击了苏维埃干部后，他带领10多名少先队员，活捉了反革命分子，缴获2支盒子枪。为了表扬他的勇敢机智，领导奖励了一支枪给他。在反“六路围攻”的一次战斗中，他被一颗子弹擦伤脑袋，当即晕倒，住了两个多月医院才恢复。

长征结束后，傅崇碧进入抗日军政大学学习，后历任抗日军政大学大队政治指导员、第4大队政治处组织股长、校政治干部科长、第2团政治处主任，晋察冀军区第35团政委、第4军分区副政委兼政治部主任，荣获“模范工作者”奖章，参加了百团大战和晋东南、晋察冀反“扫荡”等战役战斗。1939年6月，他指挥了洪岭阻击战，有力地打击和牵制了敌人，受到了彭德怀的表扬：“洪岭阻击战打出了抗大的士气，打出了八路军的威风！”1943年，当选中国共产党七大代表。

解放战争时期，傅崇碧历任晋察冀军区太岳军分区参谋长，晋察冀军区8纵20旅副旅长、4纵10旅政治委员，华北野战军第10旅旅长、第19兵团64军副政治委员兼政治部主任，参加了晋北、青沧、正太、石家庄、平津、太原、兰州和宁夏等战役战斗。1947年10月下旬，他率10旅开赴清风店，仅用10分钟就突破了敌人防线，40分钟就将敌人19团全歼，俘敌团长以下1100余人。然后与我军11旅发起了全面进攻，歼敌7万余人，活捉了敌军长罗成戎、副军长杨光钰、少将师长李用章。在解放石家庄的激烈战斗中，他指挥一个连的士兵闯进敌人一个师的指挥部，活捉了敌军第32师少将师长兼石家庄警备司令刘英。

1950年11月10日，傅崇碧任解放军第63军军长。1952年2月16日，他率志愿军63军第187、188、189师，参加了抗美援朝第4次战役后期战斗和第5次战役、坚守防御战。他突出奇兵，冒着被美国空军轰炸的风险，大白天派部队多路隐蔽接近江边潜伏，战斗打响后，仅十几分钟就突破了临津江防线，插入纵深15千米，割裂了美3师和英25旅的联系，歼灭了英25旅和美军3师1部。后又顺着撕开的防线向里冲，先是击溃了土耳其旅，接着打垮了菲律宾营，对英29旅展开了包围之势，经顽强血战，其有“皇家陆军双徽营”之称的格罗斯特营全军覆灭，俘虏了营长卡恩。其中，我军战士刘子光创造了一个人活捉63个英国敌兵的奇迹，被授予“孤胆英雄”称号。在铁原阻击战中，他率63军胜利完成了总部交给的任务，为稳定整个战线赢得了时间。战斗中他身受重伤昏迷，经过四天的手术才苏醒过来。荣获朝鲜一级国旗勋章、二级国旗勋章。

朝鲜战争胜利结束回国后，他受到了毛主席和众多领导人的接见。毛主席当面夸他铁原阻击战指挥得好，63军全体战士打得不错。随后，他进入高等军事学院学习。1955年，被授予少将军衔，荣获二级八一勋章、一级独立勋章、一级解放勋章。

1965年，傅崇碧任北京军区副司令员。1966年5月，兼任北京卫戍司令员，肩负守卫党中央、保卫毛主席的重任。在此期间，“文革”爆发，他不屈不挠地与林彪、江青反革命集团的倒行逆施进行了顽强的斗争。但他也遭到诬陷、打击和迫害。1974年7月，被平反，恢复了名誉。9月，他回到北京。补发工资后，他立即就补交了7年的党费。1975年4月，他被重新任命为北京军区第一副司令员，与“四人帮”篡党夺权的阴谋活动进行了坚决斗争。1977年9月，他再度兼任北京卫戍区司令员，也是唯一一位两次担任北京卫戍区司令员的开国少将。

1982年，傅崇碧被任命为北京军区政治委员。1988年，荣获一级红星功勋荣誉章。2001年，他将一生的积蓄20万元捐给了家乡的希望小学。他是中国共产党第二届中央顾问委员会委员，中国共产党第八、十二次全国代表大会代表，第四、五、六届全国人民代表大会代表，中国人民政治协商会议第三届全国委员会委员。

2003年1月17日，傅崇碧在北京因病医治无效逝世，享年87岁。党和国家领导人对他的逝世表示深切哀悼。他一生胸怀坦荡，人生信条只有一个：相信党，相信毛主席。他为加强军区部队全面建设，圆满完成上级赋予的各项任务，顺利实现全区部队在新的历史时期的战略转变作出了贡献。

参考资料：

1.中国工农红军第四方面军战史编辑委员会：《中国工农红军第四方面军人物志》，解放军出版社，1998。

2.王定烈、温贤美：《巴蜀将帅传》，巴蜀书社，1989。

3.星火燎原编辑部：《中国人民解放军将帅名录》，解放军出版社，2006。

4.《巴山将军谱》编委会：《巴山将军谱》，成都出版社，1991。

5.傅崇碧：《傅崇碧回忆录》，中共党史出版社，1999。

6.《傅崇碧》编委会：《傅崇碧将军》，中共党史出版社，2004。

（通江县政协文化文史和学习委供稿）

总后勤部常务副部长胥光义将军

胥光义(1916—2009),四川省平昌县元石镇(现已并入江口街道)白马村人。1929年加入中国共产主义青年团,1932年参加中国工农红军,1933年加入中国共产党。他参加了川陕革命根据地反“六路围攻”和红四方面军长征,反“清乡”“扫荡”“围剿”战斗,淮海、渡江、解放大西南战役战斗等。1955年,被授予少将军衔。荣获二级八一勋章、二级独立自由勋章、一级解放勋章和一级红星功勋荣誉章。

胥光义5岁丧母,依靠祖母过着清贫的生活,7岁时到胡家崖读私塾,教师是他亲舅爷,对他要求十分严格,他读书也特别用功,成绩优异,于1929年考入巴中县立初级中学校,并秘密加入中国共产主义青年团。他父亲胥克寻系工人出身,于1930年加入中国共产党,大革命时期开始从事革命活动,1932年底红四方面军入川后,组织县、区赤卫队并建立乡苏维埃政权,组建江口第一支红军独立营,并任营长,后任独立团副团长,1934年为了掩护红军壮烈牺牲。1932年12月,他受父亲的嘱托,冲破封锁线给红军送情报,然后就参加了红军,从此走上了革命道路。1933年11月,加入中国共产党。自从参加红军投身革命离开家乡之后,他再也没有见过父亲,父亲牺牲的消息,他也是在抗战胜利之后才知道的。

胥光义参加红军后，历任红四方面军总保卫局保卫营2连副连长，红30军80师特务营排长，保卫队政治指导员，红军大学分队长，中干队军事连政治指导员兼教员，红军大学政治部地方工作科副科长，援西军随营学校政治主任教员，参加了川陕革命根据地反“三路围攻”、反“六路围攻”和红四方面军长征。1936年2月下旬，部队要翻越夹金山，时值冬末春初，冰雪封山，气候严寒，有不少战士由于体力不支晕倒之后再也没有爬起来。此时，军事连排长何正文昏倒在雪坑里，他及时发现将其救了起来。随后，在翻越终年积雪的党岭雪山时，由于过度疲劳和缺氧，他昏倒陷进了雪窝里，险些牺牲，恰巧何正文发现了他。因此，他与何正文雪山互相救援的动人事迹，被传为长征中的佳话。在长征途中，他作为首批学员进入红军大学“上级政治科”学习，随后留校工作。2006年，他在接受采访时说：“红军大学选拔有文化、有工作经验的年轻人，集中学习政治、军事、历史知识，有专门的课本，毕业还发毕业证。长征走到哪里，红军大学就办到哪里，就在哪里上课学习，参加战斗。”

抗日战争时期，胥光义历任抗日游击队第3支队政治部副主任，挺进支队政治委员，东进抗日游击纵队政治部主任，八路军第129师政治部干部教育科科长，抗大第6分校政治部主任，抗大总校步兵科政治委员，冀南军区政治部宣传部部长，军分区政治部主任、副政治委员、司令员，参加了反“清乡”“扫荡”“围剿”、解放山东临清等战役。

解放战争时期，任冀南军区政治部副主任，中共阳泉县委书记，中共南京市第7区党委书记兼区长，第2野战军3兵团后勤部部长兼政治委员。参加了挺进大别山、淮海、渡江战役和解放大西南战斗。

新中国成立后，胥光义历任西南军区支援司令部政治委员，西南军区后勤部副政委、副部长兼参谋长，西南军区办公厅主任兼人民武装部部长，解放军总后勤部参谋长，中共地质部党组书记、地质部副部长，国防科工委副主任，解放军总后勤部常务副部长。1950年，在执行进藏任务时，他肩负进藏部队的后勤工作。基于经验，他知道在西藏雪域高原面临最大的挑战是饥饿、寒冷和缺氧。为此，在物资供应方面他下了不少功夫，为每位进藏人员准备了“七皮”（皮大衣、皮上衣、皮裤、皮帽、皮手套、皮腰带、皮鞋），还准备了防饥的代食品，另外还有雨衣、斗笠、防潮湿垫布、避光眼镜等。他一方面组织实施支援工作，另一方面通过长征中积累的与少数民族同胞打交道的经验，组织号召广大藏族同胞也积极参加到修路和组织牦牛运输工作当中，从而保证了进藏部队的供应补给，成功地完成了进藏后勤工作。在地质部任职时，他积极任用年轻人，受到大家的好评。

1955年，胥光义被授予少将军衔，荣获二级八一勋章、二级独立自由勋章、一级解放勋章。1988年，荣获一级红星功勋荣誉章。2009年7月10日，胥光义在北京因病逝世，享年93岁。党和国家有关领导人对他的逝世表示深切哀悼。

胥光义为中国人民解放事业和部队的革命化、正规化、现代化建设作出了积极贡献。是中国共产党第十二次全国代表大会代表，第五届、六届全国人民代表大会代表，全国政协第七届委员会常务委员。

参考资料：

1.中国工农红军第四方面军战史编辑委员会：《中国工农红军第四方面军人物志》，解放军出版社，1998。

2.四川省平昌县地方志编纂委员会：《平昌县志》，四川科学技术出版社，1986。

3.平昌县文广新局：《平昌系列文化丛书》，内部资料，2017。

4.平昌县人民政府办公室《平昌政务志长编》，内部资料，2013。

（平昌县政协文化文史和学习委供稿）

南京高级陆军学校校长张荣森将军

张荣森(1917—1984),四川省通江县陈河镇母家梁村人。1932年参加中国工农红军,1933年加入中国共产主义青年团,1936年加入中国共产党。他参加了川陕革命根据地反“六路围攻”和红四方面军长征,反“扫荡”斗争,辽沈和平津战役等。1964年,晋升为少将军衔。荣获二级八一勋章、二级独立自由勋章、二级解放勋章。

张荣森家庭贫苦,上无片瓦,下无寸土,全凭父亲张天太帮人干活,挣点粮食回来养活全家。他排行老二,下面还有一个小弟弟。5岁时父亲病逝,母亲含泪将他送给了同族的伯父张克太。7岁那年,伯父将他送到村里一位私塾先生那里念书,可不到一年学堂就垮了。

1932年冬,红军入川来到了涪阳坝。张荣森不顾家里的阻拦,毅然到涪阳找到了红军部队,要求参军。红军队伍中有一个姓林的排长,见他机警精灵,就收下了他,并给他发了一把马刀。他却说当红军,必须要枪。林排长对他讲:“这把马刀是老排长发给我的,你别不识好歹,你想要枪,就到敌人手里去夺!”于是,他暗下决心,一定要从敌人手中夺一支枪来。就这样,他成了红73师的一名战士,先后参加了反“三路围攻”“六路围攻”等战斗战役,历任排长、连长,第31军师司令部参谋。1933年4月2日，他在一次战斗中缴获了1支短枪，但觉得短枪打不远，就找到林排长给他换了1支长枪。

1935年3月，强渡嘉陵江战役开始。第31军在苍溪附近的张家坝至鸳鸯口一个大湾处实施强渡，他所在团是第31军的先头部队，为了保证通讯联络，政治处主任宋甫南叫他随尖刀连一起渡江。先头部队很快撕开了一个口子，突破了敌人的坚固江防，使全军顺利渡江。他在这次渡江战斗中，把烟火土法与无线电通讯相结合，出色地完成通讯任务，受到首长的赞扬。到达延安后，他进入红军大学学习。毕业后历任绥德警备司令部参谋、侦察科副科长，多次出色完成侦察任务。

抗日战争全面爆发后，八路军留守兵团成立，张荣森任留守兵团警备第1旅司令部第2科科长、第1团连长，参加了反“扫荡”斗争和大生产运动。在大生产运动中，他荣获“劳动模范”称号。在1942年3月的一天，日军千余人到达黄河东岸开始渡河。他率连队作为第一梯队在渡口的最前沿阵地上沉着应战，一直等到敌人密集涌下河岸时，才突然集中开火，把敌人压制在河滩上。随后，事先安排的兄弟部队乘势渡过黄河袭敌侧背，敌人支持不住仓皇退去。抗战时期，他率部对日军作战78次，歼灭边区内土匪40余股，反击国民党军进攻99次。

解放战争时期，张荣森奉命率部到达热河地区，历任热辽纵队第30旅66团参谋长，热北独立骑兵支队支队长，热北军分区副参谋长，冀察热辽军区独立第6师副参谋长，第4野战军48军142师副参谋长、参谋长，他参加了锦州战役和塔山阻击战，辽沈、平津和解放海南岛等战役。在热河地区时，他带领战士们深入农村，发展党组织，发动群众建立地方武装部队，开展清匪反霸和土地改革运动。1948年9月12日，第4野战军发起辽沈战役。9月28日，总攻绥中县城的战斗打响，他临前指挥战斗。正当他组织炮兵支援步兵登城时，突然发现敌人突围过来，此时调部队已来不及。于是，他将身边的几十人组织起来，高举手枪，大喝一声，率领这几十人向突围之敌冲去，突围之敌惊慌失措，纷纷投降。

1949年后，张荣森任第48军144师师长。1954年，他从军事学院毕业，后到苏联伏龙芝军事学院学习5年。回国后，在高等军事学院担任班副主任，后在东南沿海形势紧张时，任第43军127师师长。1964年5月，任第42军军长。1968年7月，任第43军军长。1971年至1978年，兼任贵州省委书记。1972年12月，任广州军区副参谋长。1976年，任昆明军区副司令员。1978年1月，任南京高级陆军学校（今南京陆军指挥学院）校长。1983年6月，离职休养。1984年5月11日，因病在南京逝世，享年67岁。

1955年，张荣森被授予大校军衔，荣获二级八一勋章、二级独立自由勋章、二级解放勋章。1964年，晋升少将军衔。他为中国人民解放事业和建设革命化、正规化、现代化的人民军队作出了贡献。是中国共产党第十、十一次全国代表大会代表，第四届全国人民代表大会代表。

参考资料：

1.中国工农红军第四方面军战史编辑委员会：《中国工农红军第四方面军人物志》，解放军出版社，1998。

2.王定烈、温贤美：《巴蜀将帅传》，巴蜀书社，1989。

3.星火燎原编辑部：《中国人民解放军将帅名录》，解放军出版社，2006。

4.《巴山将军谱》编委会：《巴山将军谱》，成都出版社，1991。

（通江县政协文化文史和学习委供稿）

最早发现雷锋事迹的王良太将军

王良太(1917—1991),巴中市巴州区水宁寺镇人。1933年参加中国工农红军,1934年加入中国共产党。他参加了川陕革命根据地反“六路围攻”和红四方面军长征,平型关大战,辽沈和平津战役,抗美援朝战争等。1955年,被授予少将军衔。荣获三级八一勋章、二级独立自由勋章、二级解放勋章和一级红星功勋荣誉章。

1933年1月,王良太参加红四方面军,在川陕革命根据地保卫营当战士,后任红33军第98师294团2营1排排长,参加了宣达战役、反“三路围攻”“六路围攻”。懋功会师后,他被调到中央红军部队。1935年9月16日黄昏,他受命担任攻克腊子口的尖刀排排长。他率领尖刀排在机枪的掩护下,冲向敌阵地前的小木桥,但敌人凭险要地形和碉堡顽抗,他们连续冲击4次都没能成功,尖刀排只剩下他和一班长孙开岐,但他坚持不下火线,仍顽强地掩护并配合后续部队一举攻克了腊子口。战斗到最后,他身负重伤,也因此被称为“敢死队长”。1936年2月,他调红2师4团4连任排长。在消灭阎锡山“满天飞”4团的战斗中,他率全排缴获山炮3门,不仅为红军补充了武器,还为后来建立延安炮校奠定了基础。不久,他升任4连连长。在攻打甘肃庆阳市曲子镇的马鸿宾部队及攻打城子活捉敌军旅长王有哲等战斗中，他又立大功。在甘肃环县山城堡之战中，他率全连与敌人拼刺刀，俘敌800余人，震动全军。

抗日战争时期，王良太任八路军第115师343旅685团4连连长。首战平型关，他所在的团担负主攻任务，他率全连战斗到仅剩30余人，仍坚持到最后胜利。1938年，他任苏鲁豫支队第3大队副营长。1939年6月，任营长。他利用“青纱帐”，组织了一支80多人的侦察队，化装成老百姓，潜至虞城县东门外埋伏，天黑后攻进城内，包围日军据点和伪县政府，一举消灭日军12人、伪军200余人，还活捉了伪县长。不久，他又率领4个连长途跋涉，成功袭击了夏邑县的太平庄，全歼守敌。正当休息时，敌伪组织小刀会4000余人将他们包围，他指挥部队沉着应战，打退敌人多次进攻，歼敌1000余人。当天下午，200多名日军带着1000多名伪军，又兵分三路前来围攻，他派小分队利用夜色和“青纱帐”做掩护，迅速消灭日军30多人，使全营巧妙地突出了包围。1940年，任教导1旅3团副团长。“皖南事变”后，任新四军3师7旅21团团长，率部在盐阜地区进行抗日活动。1941年6月，日伪军进攻新四军，他率全团从正面阻击敌人，及时抓住战机，指挥部队偷袭敌伪军，打沉敌军汽船3艘，消灭日伪军1000余人，受到军部表扬。1943年，团直属队和2营与建阳县大队合并成立了县总队，他任县长兼县总队长、政委，指挥部队进行游击战，拔掉日军据点9处，使全县抗日根据地连成一片。1944年，成立盐阜独立团，他任团长兼政委。次年1月，调任第3师8旅22团团长。在攻打阜宁的战斗中，他率团担任阻击敌人增援部队，并相机占领阜宁城的任务。他指挥部队痛击敌增援部队后，迅速占领阜宁城外，抢修工事，乘其不备，一举攻入城内，并乘胜夺取了大蒲桥。他由指挥游击战转入指挥攻坚战，并取得节节胜利，受到军部通令嘉奖。

解放战争时期，王良太奉命率部队从苏北出发，日夜兼程进入东北，配合兄弟部队一举解放齐齐哈尔。东北民主联军第2纵队成立时，他任4师10团团长，后任5师参谋长、副师长，第2纵队副参谋长。沈阳解放后，任2纵队4师师长。辽沈战役一结束，他即奉命率部挥师入关，直抵塘沽。他深入塘沽镇北查看地形后，在纵队党委扩大会议上提出攻打塘沽的困难："一是不利于兵力展开，水中无法构筑工事，也很难隐蔽接近敌人；二是水沟甚多，会迟缓战斗动作，增大伤亡；三是不能快速断敌退路，一旦战斗打响，敌人如从海上逃走，就达不到预期作战的效果。"根据存在的困难，他提出要神速占领有利地段，采用"关门打狗"的战术歼灭敌人。天津前线司令部根据敌情迅速作出部署，将二纵和一纵调至天津西关。1948年12月30日晚，他率部迅速抵达天津城郊两块南北并列的坟地，进攻敌人据点，指挥部队一举突破城墙，将红旗插上了城头。配合兄弟部队经过27小时激战，解放了天津，全歼国民党守军13万多人。天津战役结束后，他率部南下河北、河南、湖北，抵达湖南，参加了衡宝战役，然后转经贵州插入广西，解放了柳州，进入南宁直抵镇南关，再克龙州，全歼国民党军第33师。之后，他兼任宜山军分区司令员，指挥部队护路、剿匪，维护社会秩序稳定。

1950年10月20日，王良太率部进入朝鲜参战，指挥115师参加了解放平壤、攻克汉城的战役，荣获朝鲜一级自由独立勋章、二级国旗勋章。1952年4月，任第38军副军长兼参谋长。

1953年回国后，王良太奉命组建沈阳军区工程兵部队，先后任东北军区工程兵主任、沈阳军区司令员等职。1955年，被授予少将军衔，荣获三级八一勋章、二级独立自由勋章、一级解放勋章。1965年，调任内蒙古军区参谋长，后任副司令员。

王良太十分重视部队建设，及时发现人才，培养人才，为加强部队建设做了大量卓有成效的工作。雷锋的事迹几乎家喻户晓，妇孺皆知，然而他这位慧眼识雷锋的"伯乐"却鲜为人知。1960年，沈阳军区开展了“两忆三查”教育，他经常下部队蹲点，从而了解到新兵雷锋家庭困难，但他学习热情很高，工作积极肯干，模范作用突出。于是，他多次找雷锋谈话，进行教育培养，还把一套毛主席著作赠给了雷锋。他认为雷锋是社会主义和平建设时期涌现出来的先进典型，具有时代特点和普遍的教育意义，就率先在工程兵部队展开了学习雷锋同志的活动。他为培养和树立雷锋榜样付出了许多心血，很快雷锋同志的事迹传遍军内外，成为军中的学习楷模。1962年8月15日，雷锋同志不幸因公殉职。他听后十分震惊和悲痛，他拿出同雷锋的合影泣不成声，他与雷锋的合影也已作为文物陈列在军事博物馆和抚顺雷锋纪念馆。1963年3月5日，毛主席亲笔题词“向雷锋同志学习”在《人民日报》发表。从此，学习雷锋的活动在全国大规模深入持久地开展了起来。

“文革”期间，王良太同林彪、江青反革命集团进行了坚决斗争。1982年他离休后著有《攻克天津》回忆录。1988年，荣获一级红星功勋荣誉章。1991年3月29日，因病于大连逝世，享年74岁。

参考资料：

1. 四川省巴中县志编纂委员会：《巴中县志》，巴蜀书社，1994。

2. 中国工农红军第四方面军战史编辑委员会：《中国工农红军第四方面军人物志》，解放军出版社，1998。

3.《巴山将军谱》编委会：《巴山将军谱》，成都出版社，1991。

（巴州区政协文化和文史资料委供稿）

解放军副总参谋长何正文将军

何正文(1917—2000),四川省通江县板桥口人。1932年参加中国工农红军,1933年加入中国共产主义青年团,1934年转入中国共产党。他参加了川陕革命根据地反“六路围攻”和红四方面军长征,百团大战,淮海战役战斗等。1955年,被授予少将军衔。荣获二级八一勋章、二级独立自由勋章、二级解放勋章和一级红星功勋荣誉章。

何正文家境贫困,父亲给地主打长工,后来干杀猪的行当,母亲在板桥口街摆小面食店。家境稍好转,父母就送他到关帝庙读私塾,半天读书,半天或在家干活,或去打短工,三年后家里无力撑持,他含泪辍学。

1932年冬,红四方面军从陕南入川来到通江,何正文报名参加了红军,被编入73师游击队。游击队的任务主要是配合主力部队收缴地方团防的枪支弹药、站岗放哨。游击队的领导得知他读过私塾,就让他担任游击队的司务长。他常和其他队员一起去写标语、搞宣传。

1933年,在反“三路围攻”战役中,何正文参加了八庙垭等多次战斗,由于作战机智勇敢,被任命为独立营班长。在空山坝战役中,他带领战士摸哨卡、“抓舌头”,偷袭敌人1个排,一枪不发抓获30多个俘虏，还缴获了不少枪支弹药。后随73师冒雨穿过空山坝西北的深山密林，插入敌侧，在5月21日的攻击战中，他身背大刀带领全班战士端掉了敌人一个指挥所，活捉敌军官，被独立营火线提升为排长。

1933年8月，何正文加入了中国共产主义青年团。1934年1月18日，在南江大树垭经连指导员邱立才和支书熊迪荣介绍，加入中国共产党。3月4日，他所在的第31军在木门地区承担阻击敌军的任务，他们成功击退了敌人数次进攻，指导员邱立才牺牲，他自己也受了重伤，被送往医院救治。伤愈归队后，他被调到第31军司令部手枪营任排长。

1935年3月底至4月初，第31军先后强渡鸳鸯溪，攻占火烧寺，击退刘汉雄1个旅，三面包围剑门关，从隘口东侧向敌进攻，全歼敌3个团，又乘胜攻克昭化，歼敌1个团。在战斗中，何正文缴获敌人1部手摇电话机。红四方面军与中央红军会师后，他所在的第31军被编入了左路军，继续向北进军。不久，他被提升为副连长，这年他刚满18岁。后进入雅安红军大学学习，他被编在军事连第3排任排长。1936年7月，红二、四方面军在甘孜会师后，组成左、中、右三路开始北上，他跟随中央纵队第三次穿越茫茫无垠的荒原草地，途中见到了仰慕已久的朱德总司令，并先后任红军大学指挥连排长和青年连连长。10月10日到达会宁，红军实现了三个方面军的大会师。此后，他又被选拔到新成立的庆阳步兵学校任军事教员。

1937年7月，何正文任八路军129师副师长徐向前的参谋。转战太行山区后，他担任榆社游击队纵队副纵队长兼第2大队队长和指导员，取名“何化一”。在担任副纵队长后，他从几十支破枪起家，不到一个月就组建了一支100多人的游击队伍，在太谷、和顺袭击日军，配合陈赓772团，粉碎日军多次“扫荡”；破坏日军交通，参与阻击经祁县、太谷返武乡的日军，为掩护129师主力撤退，在长乐村与敌浴血奋战，缴获大量武器装备，粉碎了日军“九路围攻”，收复了和顺、武乡、高平等19座县城。他屡立战功，受到师政治部表扬。

粉碎日寇“九路围攻”后，何正文回到八路军随营学校担任军事教员，后被刘伯承派到129师骑兵团当参谋长。半年后，又被李达、邓小平调回129师随营学校担任训练科长。由于成绩突出，当年7月1日被随营学校党委评为“模范共产党员”。后来，他带领红军随营学校一个营的兵力，参加了百团大战，负责侦察敌情、掩护和保卫八路军首长和129师师部首长的安全。百团大战后，他被任命为385旅769团参谋长。苏亭伏击战不久，任太行军区第2军分区参谋长，不到3月调任第5军分区参谋长。1945年3月，任第6军分区副司令员兼参谋长。

1946年7月11日，何正文调到第4军分区任司令员。1947年8月15日，太行军区的部队被编为晋鲁冀豫野战军第9纵队，他任第9纵队参谋长。随后，纵队机关渡过黄河南征，他指挥27旅79团，连克白杨、明皋、田湖、嵩县，再攻占伊阳、伊川、横水镇、栾川、洛宁等地，共歼敌7000余人，牵制了敌5兵团西援，并创建了豫西3军分区。他所在的第9纵队在参加解放郑州战役中，全歼薛岗、老鸦城地区弃城北逃之敌11000余人，战功显赫，中央发电嘉勉。然后，纵队主力以11天800里的速度千里长驱至徐州、蚌埠之间的宿县地区，阻击敌军北援徐州。1948年11月下旬，为掩护中原野战军集结，第9纵队在司令员秦基伟、政委李成芳、参谋长何正文的率领下，在南坪集、东坪集、浍河一线阻击敌人，围困黄维兵团于双碓集，攻占小张庄。

1949年初，他任第2野战兵团41军第32师师长，4月22日渡过长江，向殷家集方向推进中，歼灭逃敌2个营，然后追击数百里，毙俘敌人2000余人，缴获大量辎重物资。第32师在他的指挥下，主力渡衢江取龙游，切断浙赣线，在马村俘敌2500余人。随即又夺取了龙游城、凤山、遂昌、松阳，追敌至大港头、梧桐镇，解放景宁城，智取云和。千里追敌，历时23天，路经3省12县，战斗151次，攻克县城6座，歼俘敌军13758人，缴获无数。第32师奉命从黔江直插彭水，渡过乌江，翻越南川及白马山，打开了川东门户。千里行军，一路追杀残敌，于11月30日解放了山城重庆。

1950年1月，何正文奉命率领32师建立大竹军分区，并任军分区司令员。12月，调至川东军区任参谋长。1952年9月9日，四川军区成立，他任参谋长。1955年2月11日，四川军区改为成都军区后，他又任成都军区副司令员兼参谋长。同年被授予少将军衔，荣获二级八一勋章、二级独立自由勋章、一级解放勋章。1958年7月，成都军区党委决定让何正文副司令兼管军区后勤保障工作。在"文革"期间，他蒙受不白之冤，失去人身自由。1972年8月21日，中央军委推翻了强加在他身上的罪名，让他官复原职。1973年9月，何正文被调到中国人民解放军总参谋部工作。1974年11月28日，被任命为解放军副总参谋长，负责全军的军事训练、防化部队建设和外事工作。他在军事训练中，注重夜战、近战训练，加强了部队的基础训练。1985年，退职离休。

1977年8月12日，何正文当选为中国共产党第十一次全国代表大会代表。还先后当选第六、七届全国人大代表，第六、七届全国政协常委。1988年，荣获一级红星功勋荣誉章。2000年9月29日，在北京逝世，享年83岁。党和国家领导人，对他的逝世表示深切哀悼。

何正文出任解放军副总参谋长后，为全军的体制改革及精简整编工作作出了贡献。

参考资料:

1. 中国工农红军第四方面军战史编辑委员会:《中国工农红军第四方面军人物志》,解放军出版社,1998。

2. 王定烈、温贤美:《巴蜀将帅传》,巴蜀书社,1989。

3. 星火燎原编辑部:《中国人民解放军将帅名录》,解放军出版社,2006。

4.《巴山将军谱》编委会:《巴山将军谱》,成都出版社,1991。

5. 中共通江县委党史研究室:《通江苏维埃志》,四川出版集团·四川人民出版社,2006。

(通江县政协文化文史和学习委供稿)

一方名医李辉祖

李辉祖(1917—2018),四川省巴中市巴州区人。民国三十二年(1943),毕业于华西医科大学七年制医学系(与美国纽约州立大学联合办学),被美国纽约州立大学授予医学博士学位。他毅然拒绝美国纽约州立大学邀请,投入抗日队伍,历任国民革命军30集团军72军战地医院院长、上校军医。新中国成立后,任巴中县人民医院院长。

李辉祖出身于县城一户书香门第,父母博学多才,他排行第二,上有兄长李光祖,兄弟二人皆聪慧灵敏,喜爱读书,对医学有着浓厚的兴趣。民国二十二年(1933),他的兄长考入成都华西中学,曾写信给他说,要学好医术就要走出来。民国二十四年(1935),他的兄长获医学博士学位,留在华西附属医院工作。同年底,他在兄长的带领下,进入华西医科大学读书。其间,他收到邀请去美国纽约州立大学读医学博士,而他毅然选择继续在成都华西医科大学攻读博士学位。他给导师写信说,他热爱医学,但他更热爱祖国。求学期间,他成绩优异,品行良好,获得一致好评。他虽然没有出国,却学了一口流利的英语,始终坚持用英文做学习笔记,阅读英文医学文献。他的论文让来自美国纽约州立大学医学系的教授们赞不绝口。

民国二十六年(1937),抗日战争全面爆发后,他的兄长李光祖辞去医院职务，投身到抗日前线，临行前对他说：“国家危难，我辈应当竭尽全力，挺身而出。”他回答道：“兄长先去，待我学好本领，与你一同为国效力。”1943年，他于华西医科大学七年制医学系毕业，同时被美国纽约州立大学授予医学博士学位，很多知名医学院都抛来橄榄枝，希望他去留学。但他时刻记着与兄长的约定，拒绝一切邀请，一心从军报国，且放弃在后方医院工作的机会，主动申请加入了30集团军72军，担任一名普通的军医官。是年冬，他又主动请缨上前线，被调任72军野战医院任院长，被授中校衔。

部队打到哪里，李辉祖带领野战医院就跟到哪里，离火线最近的时候不足5千米。他的武器就是手术刀和药品，在战斗最激烈的时候，头上子弹横飞，身边弹片四射，他和医院的医护人员们从没有停止救治伤员。除日常的抢救治疗外，他还创办了战伤医疗训练班，为部队培训医护人才。经他培训走出的医生，几乎都是内外兼修的全面手。

1945年8月，日军战败，李辉祖任华中区收缴医药清点专员，随首长收缴受降日军战略物资，并担任英文翻译，同时完善当地的医院设施，为这些经历战火的城市，尽心尽力地贡献自己的力量。

1949年6月，为改善家乡巴中落后的医疗卫生条件，李辉祖应赵济刚邀请出任巴中县卫生院（巴中市中心医院前身）院长。当时，医院位于小街祠对面（现粮食局位置），一个堂屋，进去一个天井，又是一间堂屋加厨房，面积约268平方米，条件极为简陋，血压计、体温表这些基本的医疗器械都没有，仅有的4名医生均不能做手术。但他并没有被难倒。没有器械，他去寻找上级支持；没有医生，他就自己培养。他把当时院里的4名学徒组织起来，因材施教，1人教授药物常识，3人授教医学常识，一个基础的医疗团队逐步建立起来。同时，他通过调研，拟订出巴中县卫生发展计划交给县政府，并且积极争取资金支持。但巴中县城百姓并不认可卫生院，不信任西医，生病更愿意去请“端公”，对他的卫生院抱着看笑话的态度。

1949年11月29日，解放军派代表来卫生院联系，希望他们能够承担当时在两河口战役中受伤的187名解放军战士的救治工作。李辉祖立即答应，旋即跟随代表前去接受伤员。因为缺少西药，救治工作捉襟见肘。他向县领导请示后，找到晏阳初负责的“农复会”请求支援，要来了8箱1桶的药品。伤员到了医院，他更是以院为家，随时根据伤员的病情调整方案，只要伤员有情况，哪怕他在吃饭也会丢下饭碗跑过去。在他的努力下，187名解放军战士全部病愈，且无人留下后遗症，全部回到原来的岗位上。此后，百姓对于西医的质疑之声渐小。

1950年，李辉祖开始在县人民医院开设西药房、化验室，开展内、外、妇、儿、五官等医疗业务。当时，有位妇女经常腹痛，城内很多医生都束手无策，甚至有人劝其家属准备后事。他得知后主动取得联系，说自己有办法。妇女的家人半信半疑地将其送来，他经过详细检查后发现了病因，旋即为其手术，病人很快就恢复了。妇女的家人感激不尽，到处说他的医术神奇。从此，他名声大噪，前来看病的人越来越多。

不久，县法院法医黎平忠外出执行公务时不幸出了车祸，被确诊为腹部挫伤、肝脾破裂出血，送到县医院时人已经休克了。虽然立刻对其进行了抢救，但依然血流不止。医院想申请上级医院支援，可时间来不及。立刻有人将正在休息的李辉祖叫了过来，经他仔细检查，发现是腹后壁出血，因为位置隐蔽且靠后，处理起来非常麻烦，而且时间一长，患者很可能因此死亡。于是，他亲自带着医生一起用热盐水纱布交替压迫止血，为抢救赢得了时间。这次抢救堪称与死神赛跑，成就了西医外科的名声，也坚定了他要为巴中培养更多优秀医护人员的决心。

从1953年到1966年，李辉祖承担着医院主要的医疗工作：下乡义诊、授课，培养乡镇医生；协助公安机关的尸检工作，消灭传染病等。“文革”期间，因在国民党当过军医，李辉祖被革职下放，不准他再行医。但很多病人偷偷来找他看病，医院科室有疑难病症时也偷偷来请教他，他没有放弃为群众治病，仍冒险耐心教医生如何诊断治疗，还悄悄送药给没钱买药的病人。苦难虽折磨着他的身心，但永远动摇不了他从医时的誓言。他说："我喜欢当医生，从不觉得辛苦，只要能让病人康复，我受点苦有什么关系。"从新中国成立以来，凡涉及医疗重大工作，他皆参加协助解决，亲手诊疗病人100万余人次，亲自主刀的大小手术约1万次，培养的医生不计其数。

在20世纪八九十年代，已经退休的李辉祖，依然坚持读报、看书、写字、读英文论文、写论文。生活中，他十分勤俭，但对周围的亲戚朋友却很慷慨。他教育子孙做人要有品德，从医更要有医德，"要练好过硬本领"。在他的熏陶下，他的四个儿子中有两个儿子继承了医学事业，另两个儿子家庭成员中均有从医者。

73岁的市中心医院原儿科主任刘新廉说："我学医的动因，主要是小时候听说邻居生病就是李辉祖开刀治好的。在那个年代，我感到医生是个神奇的职业，而李辉祖更令我敬佩，所以我选择了终身从医！"一位了解他的群众说："他技术好，人品也好，即使退休了都仍有人找到他家去看病，七八十岁都还在为群众服务。他出门散步时，很多路人找他看病，他诊断病情后，就找个废烟盒为他们开处方，且分文不收。"

百年风雨路，一生济民情。李辉祖将一生献给了医学事业。

参考资料：

1. 巴中市人民医院公众号：《巴医传奇：百岁医者李辉祖》。

2. 李辉祖儿子李德毅、李全兄弟二人口述。

（巴州区政协文化和文史资料委供稿）

跟刘伯承南征北战的邓仕俊将军

邓仕俊(1918—1993),四川省通江县永安镇人。1932年参加中国工农红军,1933年加入中国共产主义青年团,1936年转入中国共产党。他参加了川陕革命根据地反“六路围攻”和红四方面军长征,百团大战和反“扫荡”斗争,太原、临汾、成都战役,以及抗美援朝战争等。1955年,被授予少将军衔。荣获二级八一勋章、二级独立自由勋章、一级解放勋章和一级红星功勋荣誉章。

邓仕俊参加红军后的第一仗,是攻打万源竹峪关东南佛爷山。一颗子弹从他的后脑勺上飞过擦破了头皮,他虽惊出一身冷汗,却轻伤不下火线。不到两个月,他便加入了共产主义青年团,任县独立营班长。在反“三路围攻”包台山战斗中,排长不幸牺牲了,组织上决定安排他当排长。他急得直哭,说自己当不了。教导员问他:“你怕苦吗?”他说:“不怕!”又问:“你怕死吗?”他更大声地说:“不怕!”教导员说:“这就对了。再加上两条,冲锋在前,退却在后,你就是个好排长了。”

邓仕俊刚当上排长,就奉命作为尖刀排抢占竹峪关的大面山,阻击敌人,掩护主力部队。全排抢在敌人前头占领了阵地,短时间就挖好了掩体。敌人开始进攻后,他指挥全排用排子枪打,用集束手榴弹往下砸，连续打退了敌人四次冲锋，坚守阵地一天一夜。在亭子庙山战斗中，他带领全排坚守阵地，打退了敌人三次冲锋，并且及时抓住战机，带领全排反击，打得敌人抱头鼠窜。这一仗，他们一个排打垮了敌人一个团，人人都换了装，实现了战前动员的口号："自己武装自己！"

长征开始时，邓仕俊被调到红12师师部当书记。过草地时，他在战斗中负了伤，又害起伤寒病，师长杨朝礼见他病重，决定留四个战士抬他走。几天后，有三位战友相继牺牲在路上。他只好劝剩下的战友不要管他了，去找红军队伍。于是，他忍着疼痛和饥饿往前爬。一天黄昏，他摸到一个村子附近恰巧遇上了一位四川老乡。老乡机警地把他扶到家里，换上了藏族服饰。在老乡的帮助下，他的伤口渐渐好了。在护理的过程中，老乡家的姑娘逐渐爱上了他，老乡就想留下他当女婿。可他一心想去找红军。一天天黑时，他跑到后山里躲了起来。然后，他白天藏在树林里，晚上赶路，按马蹄走的方向去找红军。不知多少天，他终于找到了红军，还见到了师长杨朝礼和司号长。

1935年11月，邓仕俊奉命调到红四方面军总部当作战参谋，和朱德、刘伯承、徐向前朝夕相处。一天，刘伯承问他是哪里人，他说是四川通江人，刘伯承便高兴地说："是我老乡哩。"接着又问他叫什么名字，他说："邓仕金。"刘伯承打趣他说取这个名字既想做官又想发财，参加红军这种观念要不得。还问他是否同意把名字改一改。他说："行！"刘伯承说："你有文化，将来一定会有出息，就改名叫邓仕俊吧，不要再想发财啰！"他高兴得连声说好。

西安事变后，邓仕俊进入红军大学学习。毕业后，在八路军129师司令部任作战参谋，随刘伯承师长参加了奇袭阳明堡的战斗。战前，刘师长亲自主持研究作战方案，决心打好出师第一仗。769团向阳明堡开进的第二天下午，刘师长对他说："你知道什么叫官僚主义吗？官僚主义就是只有部署，没有检查。现在你快到769团去替我看看他们准备工作落实了没有。”他深入769团每个连队，逐项进行检查，回来后给刘师长做了详细报告。阳明堡一战，激战一小时，毙伤敌百余名，焚毁敌机24架，使疯狂进攻忻口、太原之敌，丧失了空中袭击力量。

1941年，日寇开始对太行地区进行扫荡。刘师长率部队转出外线，但在转移前获悉八路军总部机关和北方局机关一部在防地之内被敌人包围后焦急万分。当时，邓仕俊任师参谋第2期集训队队长，他急忙赶回师部看见刘师长正在为电话线被敌人窃听，无法与总部联系而焦心，他急中生智，说要是能打个哑谜，把险境告诉总部就好了。刘师长立即想起自己和左权都曾在苏联陆军大学学习，会俄语，于是就用俄语与左权副参谋长通了话，告诉了被包围的险境。事后，刘师长到参谋集训队表扬了他，说：“有脑子，关键时刻想到打哑谜，提醒了我。”1943年，邓仕俊先后任太岳军区司令部参谋处处长、第2军分区参谋长。不久，他被提升为太岳军区参谋长，参加了开辟豫北根据地的战斗。

上党战役后，邓仕俊再次要求下部队，任晋冀鲁豫野战军第8纵队23旅副旅长，参加了运城和临汾攻坚战役。23旅在临汾战役中，英勇作战，首先登城，被授予“光荣的临汾旅”称号。后任24旅旅长，参加了太原战役，指挥攻打太原城外四大要塞之一的小窑头。他亲自登上山顶察看地形，组织炮兵向被敌人突破了的石人脑阵地猛轰，掩护部队攻击敌人阵地，消灭了大部分敌人。接着，指挥部队分头攻入石人脑和13号阵地，经过浴血奋战，全部占领了小窑头阵地，打开了解放太原的东山大门。解放太原后，他任60军参谋长，随第18兵团参加了解放大西北的扶眉战役，又转战西南，进军四川成都，后任川西军区绵阳军分区司令员。1949年2月，任第18兵团60军180师师长，率领部队开始了剿匪工作，在11个月内作战57次，肃清了川西匪患。

1951年3月，第60军奉命参加了抗美援朝战争的第5次战役。在战役的第一阶段完成了割裂美军第25师、土耳其旅、美军第3师之间的联系，西插釜谷里、东豆川里，断敌退路，协同兵团主力歼灭敌人的任务。第二阶段向东线南朝鲜军进攻时，取得一部分战果。1952年秋季，接替第68军东起文登里、西至北汉江一线的防务。此时，邓任俊任60军副军长兼参谋长，指挥了1953年夏季进攻战役、金城战役等上百次作战。重点打击南朝鲜军第5师，并以打击方形山及883.7高地及其以南诸高地为主要目标。以潜伏手段攻占883.7高地，守敌大部被歼，首创歼敌1个团大部的范例，受到志愿军司令部的通报表扬。随后参加了金城以南、北汉江以西的反击作战。荣获朝鲜一级自由独立勋章和二级国旗勋章。

1953年，邓任俊回国后仍任60军副军长。1955年，被授予少将军衔，荣获二级八一勋章、二级独立自由勋章、一级解放勋章。1958年，入高等军事学院学习。1960年，任南京军区副参谋长。1983年，离休。1988年，荣获一级红星功勋荣誉章。1993年，病逝于南京，享年75岁。

邓任俊把自己的一生无私地奉献给了党和人民的伟大事业。他戎马一生，身经百战，在战争年代五次身负重伤，身上大大小小的伤不下几十处。还曾遭到一次严重的车祸，经过长达五年的治疗，凭着坚定的信念和钢铁般的意志，硬从病床上站了起来，算得上是当时医学上的一个奇迹。

参考资料：

1. 中国工农红军第四方面军战史编辑委员会：《中国工农红军第四方面军人物志》，解放军出版社，1998。

2. 王定烈、温贤美：《巴蜀将帅传》，巴蜀书社，1989。

3. 星火燎原编辑部：《中国人民解放军将帅名录》，解放军出版社，2006。

4.《巴山将军谱》编委会：《巴山将军谱》，成都出版社，1991。

（通江县政协文化文史和学习委供稿）

“警察将军”张世盖

张世盖(1918—2000),四川省巴中市恩阳区小观村人。1932年加入中国共产主义青年团,1933年参加中国工农红军,1935年转入中国共产党。他参加了川陕革命根据地反“六路围攻”和红四方面军长征,百团大战,豫北、淮海战役等。1962年,晋升少将军衔。荣获三级八一勋章、二级独立自由勋章、二级解放勋章和一级红星功勋荣誉章。

张世盖上小学时,恰逢连年旱灾,加之苛捐杂税重,家境渐窘,无力供他读书,他便开始参加劳动。1931年,中共川北特委派阆中籍地下党员陈济堂到恩阳以教书做掩护,秘密开展地下工作,播撒革命火种。张世盖从小机敏,读书用功,成了陈济堂最得意的弟子,被最先发展成为共青团员,后任团支部书记。1933年1月,红四方面军来到巴中县城。陈济堂立即联系了巴中地下党与红军接头,此时红军急需扩充兵力,他回到恩阳秘密动员以张世盖为代表的进步学生,悄悄到巴中县城参加了红军。1933年6月,由恩阳首批参加红军的战士为向导,红四方面军占领恩阳,并成立了县苏维埃政权。

1933年春,张世盖在红10师担任宣传员,后调到巴中县保卫局任排长。1933年7月起,他历任红30军特务队员、班长、排长,参加了宣达战役、反"六路围攻",作战勇敢,机智灵活,多次立功。1935年7月,他在一次战斗中身负重伤。伤愈后,在第31军军部当通讯员。

抗日战争开始后,张世盖在八路军129师教导团2营5连任班长。1937年10月,以2营5连为基础,组成了129师太谷县游击队,在山西太谷县一带打游击。他任游击队第1大队副队长。1938年,游击队整编为129师独立支队,他先后任支队连长、副营长、营政治教导员。1939年,进入129师轮训队学习。1940年,调任太行军区骑兵营政治教导员,后又任新编第9旅25团营长。在百团大战中,他不怕牺牲,冲锋在前,第四次身负重伤。1941年,先后任冀南军区营长、32团副团长兼参谋长、第4军分区武工队队长,被评为"模范共产党员"。1943年,进入延安抗日军政大学学习,毕业后任冀南军区32团副团长。

1945年12月中旬,军区下达攻打衡水的作战任务,32团担任主攻。原来决定32团由张世盖指挥,但他建议由军区直接来指挥,才能最好地协调各团之间的力量,得到军区采纳。战斗打响的前一天下午,因为1营副营长不能参加作战,他便主动兼任1营营长。13日晚9时,总攻开始了。1营1连由东门北侧向城内冲锋,不到20分钟,便攻占了城头;2连从东门南侧通过外壕,在炮火掩护下迅速占领了城头;8、9两个连从城东北角攻上了城头。全营向纵深发展,与城内的敌人展开了巷道战。他将营指挥所前移到东门城楼时,被爆炸的掷弹筒炸伤。当时战斗正紧张,他全然不顾,只是擦擦伤口就算了。凌晨4时左右,战斗胜利结束了,却没有发现伪军头目、大地主张子尧,以及华北伪军头子齐燮元的心腹、大汉奸戴月波。他马上下令清查,天亮时终于在城壕将戴月波活捉。第二天上午11时,衡水城外西关战斗也胜利结束了。这一仗,共毙伤敌人400余人,缴获轻机枪25挺,长短枪1000多支,俘虏敌人2000多人,伪司令1人,伪县长3人,伪团长2人,另一个伪军头子张子尧后来被群众抓获。

衡水战役胜利后,冀南军区32团改编为军区独立第4旅12团,张世盖先后任副团长、团长。1947年，任晋冀鲁豫野战军第10纵队28旅84团团长。1948年4月11日，84团担任围歼国民党薛子正保安旅的主攻任务。整个战斗历时8个小时，他指挥部队在少拜寺歼敌700余人，缴获轻重机枪20多挺，步枪800多支，电台1部，骡马30多匹。少拜寺围歼战取得了决定胜利，极大地打击了敌人的嚣张气焰，巩固和发展了桐柏山根据地。随后，他任28旅副旅长。1949年2月17日，28旅改编为第2野战军中原军区第58军172师，张世盖任172师副师长。1949年5月22日，第58军划归第4野战军兼华中军区建制。6月，张世盖改任湖北军区独立第4师副师长，9月任师长。

1949年后，张世盖到公安部队任职，与公安工作结下情缘，被人们称为“警察将军”。他历任公安部队司令部作战处长，铁道公安部队20师师长，公安部队第3师师长，陕西省公安厅副厅长兼民警总队总队长，人民武装警察部队学院院长。1955年，被授予大校军衔，荣获三级八一勋章、二级独立自由勋章、二级解放勋章。1962年，晋升为少将军衔。

1969年，张世盖调任第二炮兵第54基地司令员，后任第二炮兵副参谋长、司令部顾问。他参与了二炮部队建设，是国防建设中核战略部队建设的见证者、亲历者，为国防建设事业作出了贡献。

1980年，张世盖离职休养，后著有回忆录《烽火岁月》。1988年，荣获一级红星功勋荣誉章。2000年1月，因病在北京逝世，享年82岁。

参考资料：

1. 中国工农红军第四方面军战史编辑委员会：《中国工农红军第四方面军人物志》，解放军出版社，1998。

2.《巴山将军谱》编委会：《巴山将军谱》，成都出版社，1991。

（恩阳区政协文化文史和学习委供稿）

沈阳军区空军政委赵兰田将军

赵兰田(1918—2004),四川省平昌县岳家镇中民村人。1933年参加中国工农红军,1934年加入中国共产主义青年团,同年转入中国共产党。他参加了川陕革命根据地反“六路围攻”,红四方面军长征,百团大战,反“扫荡”斗争,上党、淮海、渡江战役,以及抗美援朝战争等。1955年被授予少将军衔。荣获二级八一勋章、二级独立自由勋章、一级解放勋章和一级红星功勋荣誉章。

赵兰田出身于贫苦农民家庭,生活十分艰辛。红四方面军来到他家乡后,打土豪、分田地,组织群众建立苏维埃政权,使贫苦大众翻身做了主人。他积极投身革命,毅然报名参加了红军。1934年3月加入中国共产主义青年团,同年10月转入中国共产党。在艰苦卓绝和险恶残酷的斗争环境中,他英勇顽强,不屈不挠,历任第4军11师32团班长、排长、宣传干事,第31团政治处组织股股长,第28团宣传干事,红四军侦察连政治指导员、军教导团参谋,第28团干部教员。参加了川陕革命根据地的宣达战役、反“六路围攻”等战斗,后随部队参加长征。

抗日战争时期,赵兰田历任八路军129师385旅769团连政治指导员、营政治教导员、团政治处副主任,第14团政治处主任、政委,第769团政委、团长，太行军区第4支队政治委员等职。他组织开展政治工作深入有力，部队士气高昂、战斗力强。战斗中他身先士卒、作战勇猛，率部先后参加了夜袭阳明堡、响堂铺伏击战、反“九路围攻”“六路围攻”和百团大战等战役战斗，取得节节胜利，曾荣获三等奖章。他指挥14团在阳泉西南狮脑山顽强奋战七昼夜，在友部的配合下，重创日军片山旅团。他还参与创建了晋东南抗日革命根据地，积极宣传党的抗日主张，广泛发动群众，不断壮大革命队伍，灵活机动地打击敌人。

解放战争打响后，赵兰田任晋冀鲁豫野战军第3纵队第7旅旅长。他率部首先阻击敌47师，尔后围歼敌整编第3师，活捉敌中将师长赵锡田。在追歼敌41师和47师时，因遍地“青纱帐”蔽目而无法观察敌情，他亲自爬上树去观察，机智果断地指挥出击，追歼逃敌。当敌人多路突逃时，他命令各团以营为单位多路平行追击。他自己带领警卫、通讯人员截住逃敌千余人，命令司号员和小分队环村吹号、呐喊，使敌在惊恐慌乱中被后面赶来的援军全歼。在豫北攻势作战中，他不待主力到达，果断指挥所部包围敌49旅。被围之敌竟多于自己旅的两倍，他恐敌逃脱，打破常规，在白天总攻，将敌全歼，俘敌少将旅长以下3400人。在羊山集战役中，7旅起初的任务是阻击打援，他争得主攻羊山任务，超前指挥，解决主攻部队间的协同问题，攻占了主阵地。进入大别山后，他在兵力只有一个团的情况下，与9旅（当时兵力也只有一个团）童国贵旅长取得联系，共同指挥部队，将三倍于己的敌88师师部和62旅包围，待纵队其他部队赶到，已将敌旅消灭。此后，3纵队留在内线，7旅4次临险，他沉着指挥，果断摆脱敌军合围，且多次伏击敌人，转战18天，部队未受损失。在秋季攻势中，7旅主攻宿县东门，40分钟即攻入城内。淮海战役中，7旅与敌第10军三争马围子，他指挥部队血战七昼夜，全歼马围子守敌。1949年1月，他改任第二野战军11军31师师长。

在渡江战役中，31师为主渡师，15分钟即突破1500米江面登岸。同年10月，率部参加进军大西南的战役。

新中国成立后，赵兰田率部参加抗美援朝战争，历任志愿军第12军31师师长，第60军副政委，第15军副军长兼参谋长、代理军长。他率部参加了第5次战役、金城防御战和秋季反击战役，圆满完成了作战任务，荣获朝鲜二级国旗勋章、二级自由独立勋章。

赵兰田离朝返国后，任第15军军长，空降兵军长，武汉军区空军副司令员，北京军区空军政委，沈阳军区空军政委，空军顾问。1955年，被授予少将军衔，荣获二级八一勋章、二级独立自由勋章、一级解放勋章。赵兰田是第五届全国人民代表大会代表。1987年，离休。1988年，荣获一级红星功勋荣誉章。2004年4月17日，在北京逝世，享年86岁。

赵兰田经常深入部队调查研究，积极探索空降兵建设的发展道路，组织编写了《空降兵战斗条令》《伞降条例》和《训练大纲》，摸索了训练体制，为空降兵部队的创建和发展付出了大量心血，为人民空军的建设作出了贡献。

参考资料：

1. 中国工农红军第四方面军战史编辑委员会:《中国工农红军第四方面军人物志》，解放军出版社，1998。

2. 四川省平昌县地方志编纂委员会:《平昌县志》，四川科学技术出版社，1986。

3. 平昌县文广新局 :《平昌系列文化丛书》，内部资料，2017。

4. 平昌县人民政府办公室:《平昌政务志长编》，内部资料，2013。

（平昌县政协文化文史和学习委供稿）

南京军区副司令吴仕宏将军

吴仕宏(1918—2005),四川省通江县兴隆镇太平村人。1933年参加中国工农红军,1934年加入中国共产党。他参加了川陕革命根据地反“六路围攻”和红四方面军长征,百团大战,临汾、太原、成都战役,抗美援朝战争等。1964年晋升少将军衔。荣获三级八一勋章、二级独立自由勋章、二级解放勋章和一级红星功勋荣誉章。

吴仕宏出生于巴州区清江镇一个贫苦农民家庭,1928年举家迁到通江。红四方面军千里转战来到通江,建立川陕苏维埃政府,15岁的他积极加入童子团和地方武装。1933年6月,红四方面军总部在木门召开军事会议,决定扩大红军。他正式参加了红军,被编入第30军第90师骑兵排。8月1日,他参加了红四方面军组织的阅兵式,以纪念“八一”建军节。10月,他随部队参加了宣达战役。第39军在第9军的协同下,击退了中路进攻之敌,进占达县以西广大地区。他作战勇敢,能吃苦,经受了第一次战斗考验,受到上级和战友的称赞。在反“六路围攻”战斗中,第90师在阆中鸡山梁阻击战中,击退敌人3个旅,并歼敌大部,吴仕宏再次经受了战火考验。1934年3月26日,敌军发起第3次进攻。按照“诱敌深入”战略,他随师主力于4月2日撤至贵民关、观光山一线阻击敌人。9月11日,第90师参加了西线向敌人实施大迂回的反击作战，在黄木垭东南地区包围并歼敌1万余人，于22日攻克苍溪。9月17日，第31军收复南江，第9军收复仪陇，从广元至阆中的嘉陵江东岸地区全部被红军收复，反“六路围攻”取得胜利。他经受了连续作战的考验，逐渐成长起来，战后被提为班长。1935年1月，他参加了广昭战役，被任命为骑兵排副排长。红四方面军成功强渡嘉陵江后，他调任方面军总部任骑兵排长。

吴仕宏在长征途中率领骑兵排担任掩护总部机关的任务，数翻雪山、三过草地，冲破重重艰难险阻，于1936年10月在甘肃会宁与中央红军胜利会师。不久，他进入陕北红军大学第3科学习。

抗日战争爆发后，吴仕宏被分配到八路军129师司令部任警备参谋。1937年9月，随师进至太行山脉，开展游击战争。后担任129师随营学校军事教员，并与学员们一起参加了百团大战。不久，调入抗日军政大学第6分校任军事教育主任，负责分校的军事教育。后被调入太行军区第2军分区轮训大队任大队长。抗日战争进入反攻阶段时，吴仕宏历任第28团参谋长、第29团团长，率部参加了太行根据地的反攻作战。

解放战争开始后，吴仕宏调任太行军区第3军分区参谋长。1947年8月，组建晋冀鲁豫野战军第8纵队时，他调任该纵队第23旅参谋长。随后参与指挥了晋南战役、三战运城和撤围打援等战役战斗。1948年3月，临汾战役打响后，他督战部队迅速突入城内，协同友邻部队全歼临汾守敌，所在旅被授予“光荣的临汾旅”称号。战后，被任命为副旅长，后又奉命北上参加晋中战役。6月18日，晋中战役打响。21日晨，他在曹村城门楼上发现敌人以密集队形开来，即令第67团、68团依托曹村从两个方向出击，当敌人近至100米左右时，两个团同时开火，使敌军猝不及防，队形大乱。经过猛烈攻击，杀伤敌人1000余名，俘敌1217名，缴获山炮12门，其他炮109门，枪

1000余支。1949年3月,23旅被授予第179师番号,他被任命为副师长。师长黄定基到北京治病,他任代师长,奉命向西北进军。他率领这支队伍渡过黄河,6月进至西安。7月,指挥全师参加扶眉战役,歼敌2700余人,缴获战马250余匹。8月,任第60军179师师长,参加秦岭战役。12月,吴仕宏率师参加成都战役。成都解放后,179师536团留成都作为警备部队。他率师直、535团、537团进至灌县。不久,军区骑兵团调归179师指挥,胜利完成了进军西南的任务。

1950年初,国民党第38军133师、134师、130师残部逃向茂县、松潘地区,企图建立反革命基地。川西军区决定将剿匪任务交给179师。1月28日,吴仕宏率领535团、537团一部、师直机关和骑兵团向茂县、松潘、理县进军。2月7日到达茂县,建立军分区,他任司令员。2月8日,他令535团向松潘县城之敌发起攻击,歼敌50余人,俘敌834名,解放了松潘县城。535团3营继续进歼逃向草地之敌,在章腊地区歼敌193人,以1个排进驻南坪县,至此茂县地区大部分被解放。5月,他奉命进剿红口山以夏斗枢为首的“中国青年救国军”、以宋国太为首的“川康甘青反共突击军”。吴仕宏采用远程奔袭的战法,将顽匪消灭。9月19日,解放懋功。10月2日,解放靖化,消灭敌人3000余人,活捉伪靖化县县长李冠云。至此,剿匪工作取得全面胜利。

1951年3月初,吴仕宏率179师参加抗美援朝战争,于4月上旬集结于伊川附近。4月17日上午,美24师向535团3连防守阵地猛烈攻击,他登上山头观察指挥,炸毁敌坦克3辆,击退敌人多次进攻。24日23时,攻占宝藏峰、射厅里。25日3时,发现永平之敌南逃,他即令全师展开追击,当日渡过汉滩川。26日,进攻三省堂里、溪流里,攻占乌项,控制旺方山以西高地。依托有利地形,在伤亡很大的情况下,吴仕宏主动出击,与敌人反复争夺阵地并守住了阵地。29日下午,敌机群突然飞临师指挥所上空轰炸扫射,他身负重伤,被送往后方医院。1952年春夏之交,吴仕宏伤愈归队,继续指挥作战。吴仕宏荣获朝鲜二级国旗勋章。

1955年,吴仕宏被授予大校军衔,荣获三级八一勋章、二级独立自由勋章、二级解放勋章。不久,他进入军事学院学习,毕业后任180师师长。1959年,180师奉命执行国防施工任务,1960年3月,又接到国家"两弹一星"研发项目工程建设任务。1961年1月,吴仕宏任第60军参谋长。1964年,晋升为少将军衔。1965年任军政委,后又任副军长兼参谋长。1966年3月,任西湖围垦施工指挥部总指挥。1968年,任60军代理军长,不久任军长。1970年4月,任南京军区副司令员兼60军军长。1971年,"9·13事件"发生后,他指挥部队警戒机场,保卫南京军区指挥机关。1973年底,任南京军区副司令员。1982年10月以后,任南京军区顾问。1986年,离休。1988年,荣获一级红星功勋荣誉章。吴仕宏是中国共产党第九次全国代表大会代表。2005年12月16日,吴仕宏在南京逝世,享年87岁。

吴仕宏戎马一生,屡建奇勋,为中国人民解放事业和推进我军革命化、现代化、正规化建设,维护军政军民团结,加强国防后备力量建设作出了贡献。

参考资料:

1. 中国工农红军第四方面军战史编辑委员会:《中国工农红军第四方面军人物志》,解放军出版社,1998。

2. 王定烈、温贤美:《巴蜀将帅传》,巴蜀书社,1989。

3. 星火燎原编辑部:《中国人民解放军将帅名录》,解放军出版社,2006。

4.《巴山将军谱》编委会:《巴山将军谱》,成都出版社,1991。

(通江县政协文化文史和学习委供稿)

从大巴山走出的省领导王文章

王文章(1918—2009),四川省巴中市巴州区曾口镇牛嵌石村人。1932年,王文章参加中国工农红军,1933年加入中国共产主义青年团,1936年转入中国共产党。他参加了川陕革命根据地反“六路围攻”和红四方面军长征,反“扫荡”斗争,兰州战役,抗美援朝战争等。1955年,被授予大校军衔。王文章曾荣获三级八一勋章、二级独立自由勋章、二级解放勋章。他曾任山西省省委常委,省人大常委会副主任。

1918年2月11日,王文章出生于贫苦农家,有姐弟七个,他排行第七。父亲对他格外疼爱,送他到本地私塾读书。王文章聪慧刻苦,深受老师喜爱。但因家中缺少劳力,后来只能辍学回家种田。当时四川战乱频发,苛捐杂税多如牛毛,光靠种田难以维持生计,于是村里很多人就跑到通江、南江等地定居,这就是人们常说的“跑反”。王文章的父亲舍不得祖业,一家人靠守着几亩薄田,艰难度日。

1932年冬,村里“跑反”的很多穷苦百姓都回来了,他们说红军来了,好日子来了。他们还商量着要去迎接红军,王文章也跟着去了。他亲耳听到了红军首长讲解红军来川的任务及共产党的政策,犹如醍醐灌顶。12月,他和五姐王玉莲一同参加了红军,积极投身革命工作，宣传党的方针政策，动员广大青年参加红军，保卫革命根据地。

1933年3月，王文章先后被任命为牛嵌石、巴中县儿童团团长，少共巴中县委秘书。1934年1月，调任四川省少共省委宣传部秘书。同年7月，任红四方面军工农总医院政治部团委书记。在长征途中，王文章的五姐王玉莲不幸牺牲，消息传来后，他虽悲痛万分，却更加坚定了革命信念。后来，他专门写诗来纪念姐姐："噩耗传来泪不干，长征莲姊只开端。茫茫草地留芳冢，重担千钧弟敢担。唤声莲姐挥泪别，革命征途迈步越。莲姐英名垂千古，胜利歌声悼英烈。"1935年9月，王文章进入红四方面军党校学习。1936年7月，到中央党校学习。

抗日战争时期，王文章历任陕北公学工作人员、政治指导员、文书科长、会计科长，晋察冀边区华北联合大学供给处协理员、校部党总支书记、校务处副处长，晋察冀平西地委组织部干事、副部长、部长。在抗战中，他与前线的官兵学员们吃住在一起。根据红军队伍中穷苦人多、文盲多的特点，他将所见所闻，进行系统的梳理，因地制宜编成教材，用质朴简单的语言授课，深受大家的喜爱。他常说："我们要让每个红军战士都能随机应变，独当一面。"1941年7月至10月，日寇秋季扫荡时，他积极疏散师生到阜平县老山区后，带领战士们紧急动员群众积极参加反"扫荡"斗争的各项准备工作。同时，他组织民兵埋设地雷，破坏道路桥梁，分散埋藏粮食物资，找好"消息树"，迅速转移撤离等，顺利地完成了各项任务，坚定了当地军民抗战必胜的信心。

解放战争时期，王文章历任晋察冀北岳区随军工作团主任、晋察冀第三纵队政治部民运部长。在新保安战役、北平和平解放、太原战役和兰州战役中，他积极协助地方组织训练民兵武装，配合部队作战，宣传发动群众运送物资，做好支前工作。

1950年7月，王文章任63军后勤部政委。抗美援朝战争爆发后，他随军入朝作战。作为部队后勤部门的领导，他对保障部队粮草弹药物资供应、搞好战场救护和伤员运转等问题进行深入研究分析，为建立“炸不断的钢铁运输线”采取了许多措施，有力保障了第二、三次战役和铁原阻击战的兵力运输、物资供应，荣获朝鲜二级自由独立勋章。1951年4月初，他所在部队一直攻打到离汉城不远的议政府，共歼灭敌军20580人，击落、击伤敌机75架，击伤、击毁敌坦克36辆，缴获各种火炮70门，枪650支，坦克27辆，汽车87辆。但由于长期作战，部队带的粮食、弹药消耗极大，敌人趁势反击，妄图对我军进行合围。王文章早已做好准备，不等敌人集结兵力，便下令主动后撤，一直撤到涟川口，与敌人展开了一场激战，历时半月多。这就是有名的涟川阻击战。1953年，王文章任志愿军后勤5分部副政委，承担好几个军的供应任务。因为劳累过度，他在一次开会时肺结核病发作，昏倒在会场。回国短暂治疗之后，王文章又返回了朝鲜战场。他始终记得，自己在彭德怀总司令面前拍着胸脯说的一句话：“彭司令，你只管放心地打，供给我来想办法。”

1955年9月，王文章被授予大校军衔，任第21军政治部副主任。1958年2月，王文章到解放军政治学院速成系学习。1964年，中央决定抽调部分军队优秀政工干部到地方，加强地方政治思想工作。王文章离开部队，被调到山西，任省委工交政治部主任。他深入厂矿车间，认真调查研究，提出了许多建设性的意见和建议，积极组织开展以“政治思想好、劳动生产好、企业管理好、遵纪守法好、环境卫生好”为内容的比学赶帮竞赛活动，进一步提高了广大干部职工的工作积极性和业务技术水平。

1965年9月，王文章当选为山西省委委员。1969年秋，王文章到中央学习班学习。1970年4月，王文章任省革委会政工组副组长，7月任省“五七”干校革委会主任、校领导组组长。1972年8月，王文章任省革委会政治部副主任、主任。1973年5月，当选为省委常委。1975年3月，任省委文教部部长、文教委主任。1980年3月，任省委宣教领导组副组长。1984年4月，任省人大常委会副主任。“文革”期间，他不屈压力，不怕风险，敢于直言，想方设法保护干部。党的十一届三中全会以后，他认真贯彻落实党的方针政策，满腔热情投身经济建设，做了大量卓有成效的工作。1982年2月，退出领导岗位后，他老当益壮，学而不厌，积极参加各项社会活动，讲党史，讲军史，讲传统。1996年2月，王文章离休。2009年12月2日，在太原逝世，享年92岁。

王文章在他的回忆录《岁月情怀》中写道：“‘世上无难事，只要肯登攀。’这是毛主席《水调歌头·重上井冈山》中的后两句，也是我的人生格言。每个革命者在征途中总是有这样那样的艰难困苦摆在面前，但总是难不倒我们，阻挡不了我们的前进。我们之所以能够战胜它、排除它，就是因为我们有革命的理论武装，有坚定的理想和信念，有坚强的意志和决心，有无穷的智慧和力量，有艰苦奋斗的精神。只要对国家和人民有益的事业要我们去做，我们就毫不犹豫地、不屈不挠地去做好，这是身为一个革命者的天职，也是当代年轻人应有的世界观、人生观和价值观。”

参考资料：

1. 中国工农红军第四方面军战史编辑委员会：《中国工农红军第四方面军人物志》，解放军出版社，1998。

2. 张静晖：《铁肩担道义　妙手著文章——记老红军王文章的革命生涯》，《先锋队》，2005年第23期。

（巴州区政协文化和文史资料委供稿）

机要专家阳自碧将军

阳自碧（1918—2015），四川省巴中市恩阳区下八庙镇普济宫村人。1933年参加中国工农红军，1936年加入中国共产主义青年团，1937年转入中国共产党。他参加了川陕革命根据地仪南、营渠、宣达三次进攻战役，反“六路围攻”和红四方面军长征，反“扫荡”斗争，平津战役等。1964年，晋升少将军衔。荣获二级八一勋章、二级独立自由勋章、二级解放勋章和一级红星功勋荣誉章。

阳自碧是家中的老幺，很受父母宠爱。7岁时，父母就送他到村里小学读书。12岁小学毕业后，由于灾荒，家中无力再送他上学。从此，阳自碧便在家中放牛、割草。1933年9月，红四方面军解放了他的家乡，他立即报名参加了红军。最初在川陕省少年先锋队指挥部做识字排长，1934年春调到通江少先队大队部当文书，不久调任游击队文书。同年8月，调到红四方面军总指挥部机要科任译电员。

1935年3月，红四方面军西渡嘉陵江后，游击队编入红33军独立团，阳自碧担任团长的警卫员。不久，该团在旺苍县柜子崖阻击军阀刘湘的部队，战斗中团长负伤牺牲，他被调到红四方面军总参谋部通讯连当传令兵，主要负责押运粮食物资。这项工作十分重要也十分危险，传达命令更加艰苦。天上有敌人飞机轰炸，地下有敌人围追堵截，情况瞬息万变。一次，他和班长押运粮食，在中坝到北川县之间一个小镇的店里休整时，敌机投下的几颗炸弹就在不远处爆炸。幸亏炸弹威力小，运粮队没有伤亡。1936年10月到达陕北后，他被调到中央军委前敌总指挥部机要科工作，担任译电员。从此，他与机要工作结下了不解之缘。

抗日战争时期，阳自碧在八路军前方指挥部从事机要工作，是机要战线上的精兵强将，历任机要科译电员、股长、副科长，中共中央机要科股长。1942年，先后进入抗日军政大学和中央党校学习。通过努力，他在机要工作战线上日趋成熟。

抗战胜利后，作为机要战线尖兵的阳自碧，随聂荣臻部回到晋察冀，仍从事重要的机要情报工作。他历任晋察冀军区司令部机要科副科长、科长，冀热辽军区司令部机要科科长，晋察冀军区司令部机要处副处长，华北军区司令部机要处处长。在战争中，他用灵敏的嗅觉捕获了很多重要的情报，为很多战役的胜利提供了情报支撑，也培养了一大批机要工作人员，为新中国成立后机要战线储备了一批专业人才。

阳自碧一直战斗在机要一线，逐渐成了一名机要专家。解放战争结束后，他任华北军区机要处处长。1955年，被授予大校军衔，荣获三级八一勋章、二级独立自由勋章、二级解放勋章。同年，中央机要局召开大军区机要处长会议，宣布了中央军委成立总参谋部机要局的决定。阳自碧因机要业务工作出色，任中国人民解放军总参谋部机要局副局长，分管业务工作。

1960年，阳自碧进入解放军政治学院学习。这位只有小学文化程度的机要专家，安心地坐在课堂里，开始了为期两年的脱产学习。

1962年，他学习结业后，被任命为国防科学技术委员会第51研究所副所长，从事密码和密码机研究工作。这位自幼勤奋好学的农家小子，一头扎进了密码研究领域，为新中国的密码工作续写着新的传奇。1964年,因出色的工作和领导能力,阳自碧升任第51研究所所长。同年,晋升为少将军衔,成为一名将军级的机要专家。

1970年,阳自碧离开了他心爱的机要专业,调任四川省军区副司令员。他曾在成都铁路局担任成都铁路局军管会主任、革委会主任。1973年,阳自碧回到省军区,分管民兵工作。1983年,离职休养。1988年,荣获一级红星功勋荣誉章。

阳自碧离休后,喜欢看书、下棋、散步。每当与邻居聊天,他都会谈及战争岁月中那些逝去的战友,情到深处,潸然泪下。他从小远离家乡,特别惦记家乡的发展和建设。他曾于1986年回到阔别50余年的家乡,为家乡捐赠设备,给家乡人民留下了难忘的记忆。

2015年8月30日,阳自碧在成都逝世,享年97岁。他一生征战南北,功勋卓著,为中国人民解放事业和部队革命化、现代化、正规化建设作出了贡献。

参考资料:

1.中国工农红军第四方面军战史编辑委员会:《中国工农红军第四方面军人物志》,解放军出版社,1998。

2.《巴山将军谱》编委会:《巴山将军谱》,成都出版社,1991。

(恩阳区政协文化文史和学习委供稿)

朝鲜战场建奇功的孙洪道

孙洪道(1919—1995),四川省南江县大河镇孙家山人。1933年1月参加中国工农红军,1938年11月加入中国共产党。他参加了川陕革命根据地反“三路围攻”“六路围攻”和红四方面军长征,反“扫荡”斗争,辽沈和平津战役,抗美援朝战争等。1955年,被授大校军衔。荣获三级八一勋章、三级自由独立勋章、三级解放勋章。

1933年1月,孙洪道在家乡报名参加红军,历任红四方面军彭杨军政干部学校通讯员、红军大学司号员。参加了川陕革命根据地反“六路围攻”和红四方面军长征。全面抗战爆发后,孙洪道历任抗日军政大学司号员,八路军第115师教导第5旅排长、连长。参加了胶东抗日根据地反“扫荡”斗争。

解放战争时期,孙洪道先后任东北民主联军副营长、营长、副团长,第四野战军第38军114师副团长,参加了秀水河子、三下江南、四战四平、辽沈、平津、衡宝战役和解放广西、云南,以及湘西剿匪等。1947年11月3日3时许,东北民主联军1纵3师奉命准备堵住国民党军新一军取道白龙驹山逃往长春市的去路,前锋部队9团在范家屯以北、八大泉眼地区与敌军迎面遭遇,将敌军的一个重机枪连击溃,缴获两支重机枪。随后,就地展开修筑工事,准备抢占白龙驹山，阻击后续之敌。副团长孙洪道带2营分割敌人，并让4连迅速抢占白龙驹山堵住敌人，掩护团主力顺利展开战斗，对敌形成合围，最后全歼窜逃之敌，取得巨大胜利。

抗美援朝战争爆发后，孙洪道奉命入朝鲜作战，历任志愿军第38军114师342团团长，第38军第112师第二副师长，第38军第114师副师长、第一副师长。参加了第一、二、三、四次战役和1952年的阵地防御战，指挥部队夺取沙坪敌炮兵阵地，奇袭嘎日岭，合围凤鸣里，突破三八线，反击394.8高地等，均取得重大胜利。荣获朝鲜民主主义人民共和国二级国旗勋章、二级自由独立勋章。德川战役打响后，38军下达了抢占嘎日岭高地命令。他带领114师342团以迅雷不及掩耳之势全歼了敌人，占领了嘎日岭主峰，并且指挥战士们在兄弟部队的配合下，全歼坐车西逃的一个土耳其加强营。阳站是价川通往德川公路上的重要据点，342团又担任主攻阳站的任务。经过激战，志愿军占领阳站东、西、北三个高地，将敌人全歼。战后，342团1营被授予“抗美援朝营”。德川战役打得干脆利落，使得美第8集团军东援德川，阻我西进的计划被粉碎。1950年11月28日，毛主席发来了贺电。在114师结束战斗休息的时候，电台终于修好了，里面传出了紧急指示：火速向三所里和龙源里苦苦支撑的113师靠拢。然而这一则紧急的命令，已经迟到了10个小时。但正是这份迟到的命令，让114师迎来了一个新的战机。那就是此时龙源里的部分美军开始向西边的兴龙里突围，恰好撞上了驰援龙源里的114师，而兴龙里的战斗成了38军刺向南撤美军的意外一刀。114师迅速攻占了风章洞等地，取得了生俘美军顾问团上校团长等辉煌战果。随后，其他友部相继赶过来，龙源里大战达到了高潮。美军见从三所里、龙源里突围无望，为避免被全歼，被迫扔掉辎重装备，转向安州方向突围，千里溃逃。第8集团军司令沃克将军在溃逃中被翻倒的车辆砸死。美军总司令麦克阿瑟面子丢尽，被记者们形容为创造了美国陆军史上最大的败绩,使美军"最丢脸"。

回国后,孙洪道历任第38军第112师师长,第50军副军长、军长。1955年,被授予大校军衔,荣获三级八一勋章、三级独立自由勋章、三级解放勋章。1978年8月,任成都军区副参谋长。1979年,参加对越自卫反击战。1980年5月,任陕西省军区司令员。1983年5月,任成都军区顾问。1984年12月,离职休养。孙洪道是中国共产党第九、第十次全国代表大会代表,曾任中共四川省委常委、成都市委第一书记。1988年,获二级红星功勋荣誉章。1995年9月13日,在成都病逝,享年76岁。

在抗美援朝战争中,孙洪道指挥若定,顾大局,挑重担,敢打敢拼,出奇制胜,率部队打出了国威、军威,为114师创造历史新荣誉作出了卓越贡献,并同兄弟师一起赢得了"万岁军"的美誉。

参考资料:

中国工农红军第四方面军战史编辑委员会:《中国工农红军四方面人物志》,解放军出版社,1998。

(南江县政协文化文史和学习委供稿)

国防科工委主任陈彬将军

陈彬(1919—1998),四川省通江县云昙乡蒲家坪村人。1933年参加中国工农红军,同年加入中国共产主义青年团,1938年加入中国共产党。他参加了川陕革命根据地反“六路围攻”和红四方面军长征,反“扫荡”斗争,淮海战役等。1961年,晋升少将军衔。荣获三级八一勋章、二级独立自由勋章、二级解放勋章和一级红星功勋荣誉章。陈彬是中共第十二届中央委员会委员,中共第二届中央顾问委员会委员。

陈彬的父亲陈连昌勤劳忠厚,母亲向氏贤惠厚道,兄长陈大忠,妹妹乳名幺秀,一家五口住在三间瓦房里,仅靠三亩薄田和一头与别人合养的耕牛艰难度日。陈彬从小聪明机灵,6岁时被送入私塾念书。但因为家里太穷,又逢大旱,只读了半年便辍学了。从此,年纪小小的他开始放牛、割草、拾柴,年纪稍大点的哥哥与父母一道干田地里的重活。他11岁时,母亲病逝。后来,家里仅有的一点薄田也被地主抵了债。从此,家里全靠他父亲给人帮工和抬滑竿来维持生活,常常是吃了上顿没下顿。

陈彬13岁时,家里欠下了130块银圆的巨额债务。父亲和哥哥去给人帮工,他在家既要放牛,又要照看妹妹,还要做饭。一天早上，他生好火、烧好水后，到柜子里撮米时却发现颗粒没有。他端着个空瓢一肚子气无处撒。这时，他看到灶台边墙上的灶神菩萨神像，神态自若，笑容可掬。顿时，他气不打一处来，一边抄起斧子把灶神爷砸了个稀巴烂，一边怒骂道："我叫你笑！叫你笑！"然后，坐在地上伤心地哭泣。

1932年冬，红四方面军转战千里来到通江，让穷苦百姓看到了希望。红军深入农村宣传共产党的政策，打土豪、分田地，让贫苦百姓有了获得感。"平分土地""跟着红军有饭吃""参加红军分好田"等口号，深深吸引了老百姓。那时，蒲家坪村就驻扎着一个营的红军，红军指战员亲民、爱民的行动深得群众拥护，村里很多人参加了红军。陈彬参加了儿童团，兄长陈大忠参加了红军（后在长征途中牺牲）。1933年3月，红军为了彻底粉碎敌人的"三路围攻"，收紧阵地到麻坝、方山一线，整个麻石片区又全部被敌人占领。红军一走，外逃到江口、麻石一带的大地主雷连云兄弟四人，带上团练，纠集一伙人回到云昙"办团剿共"，到处抓苏维埃干部和红军家属。陈彬和父亲感到情况危急，商量后也毅然决定参加了红军。妹妹幺秀被托付给亲友照看，后因饥荒而死。4月初，红军全线反攻，雷家兄弟闻风逃窜。同年8月，躲藏在江口青岗坪的雷家兄弟被当地赤卫队抓获。

陈彬和父亲参加红军后，被分配在第4军10师29团2营5连。他在连部当通讯员，父亲在炊事班当炊事员。1934年5月，空山战役打响后，他随红军部队参加了反"六路围攻"，初次经历了战火的洗礼。1935年，红四方面军西渡嘉陵江，在懋功与红一方面军胜利会师。12月，他进入军委通讯学校学习。1936年11月，随部西渡黄河，被编入西路军。1937年1月，陈彬被调到第30军88师265团9连任班长，随部进行了艰苦卓绝的西征。时值寒冬季节，冰天雪地，西路军部队冒着零下二三十度的苦寒长行军，又严重缺乏枪支弹药和后勤支援，艰苦之极。由于敌强我弱，西路军经历了高台和倪家营子战斗后，损失惨重。特别是倪家营子鏖战，西路军缺乏子弹，步枪几乎无用，全靠战士们手持大刀、长矛、木棍与敌人拼杀。敌骑兵部队向包围圈内的红军发起一轮又一轮冲锋，战士们宁死不屈与敌人近身肉搏，有的红军战士和敌人抱成一团滚下山崖同归于尽，无数红军战士英勇牺牲。通过浴血奋战，西路军最终突出重围，转移到祁连山。1937年3月，西路军兵败祁连山，剩下不足3000人，敌军仍然紧追不放。3月14日晚，西路军余部分兵打游击，陈彬被编入约1000人的左支队，由30军政委李先念、代军长程世才率领，向新疆方向突围。红军战士在大漠戈壁里不但要忍饥挨饿，还要同追来的敌兵周旋，到达新疆后，只剩下400余人。凭着坚强的意志和对党的无限忠诚，红军战士们在祁连戈壁，用血与火谱写了一曲气壮山河的英勇壮歌。

1938年4月，陈彬一行24人第一批从新疆被护送到了延安。1938年7月，他被派往八路军115师师部任报务员。8月，加入中国共产党。11月，任电台分队长。1942年1月，任115师211电台分队长。1944年1月，任渤海军区电台区队长。11月，任通讯科长。他参加了陆房突围、沂蒙山区反“铁壁合围”和渤海地区反“扫荡”斗争等，与日寇进行了艰苦卓绝的反“扫荡”和反“蚕食”斗争。陈彬为保证部队的通讯畅通作出了贡献，经常受到军区首长的表扬，山东军区的机关刊物还专门刊登过其先进事迹。

1948年1月，陈彬调渤海军区第1军分区司令部任参谋处处长，后任第1军区参谋长。他参加了无棣城攻击战、平原攻击战、天津小站攻击战、济南战役等。在济南战役中，他率第20团攻占济南东北一带，击溃敌守军1个团。1949年2月上旬，为配合第三野战军解放江南，成立了南下干部纵队，他被任命为纵队第1大队队长。5月初，渡过长江，抵达杭州。19日，第三野战军第7兵团暨浙江军区在杭州成立，他被任命为浙江军区第4军分区副司令员，分管剿匪工作,歼灭地区两股土匪约1500人。

1950年3月,陈彬调任解放军第7兵团暨浙江军区司令部队列处处长。11月,任司令部办公室主任。1952年7月,调任军委军务部兵员补充处处长。1955年,荣获三级八一勋章、二级独立自由勋章和二级解放勋章。1957年,在军事学院学习毕业后,任总参谋部军务部组织处处长、副部长。1961年8月,晋升少将军衔。其后,又分别担任国务院计划委员会副主任,国防科学技术委员会副主任,国防科学技术工业委员会主任。曾当选中共第十二届中央委员会委员,中共第二届中央顾问委员会委员。1988年,陈彬荣获一级红星功勋荣誉章。1998年12月21日,陈彬在北京逝世,享年79岁。

陈彬为我军革命化、正规化、现代化建设倾注了大量心血。他积极推进国防工业体制改革,为军工更好地担负起国防建设和国民经济建设的双重任务,做了大量卓有成效的工作。他参与组织领导了多项战略武器、常规兵器和通信卫星的研制和试验,参与组织指挥了洲际运载火箭、潜艇运载火箭和我国第一颗地球静止轨道试验通信卫星发射等多项重大试验任务,并获得圆满成功。同时,他热爱家乡,为家乡的发展作出了积极贡献。

参考资料:

1. 中国工农红军第四方面军战史编辑委员会:《中国工农红军第四方面军人物志》,解放军出版社,1998。

2. 王定烈、温贤美:《巴蜀将帅传》,巴蜀书社,1989。

3. 星火燎原编辑部:《中国人民解放军将帅名录》,解放军出版社,2006。

4.《巴山将军谱》编委会:《巴山将军谱》,成都出版社,1991。

(通江县政协文化文史和学习委供稿)

“情报将军”姜钟

姜钟（1919—2019），四川省平昌县得胜镇姜家河人。1932年加入中国共产主义青年团，1933年参加中国工农红军，1936年转入中国共产党。他参加了川陕革命根据地反“六路围攻”和红四方面军长征，抗击日伪军、保卫陕甘宁边区和辽沈、平津、淮海等战役情报保障工作。1961年，晋升为少将军衔。荣获三级八一勋章、二级独立自由勋章、二级解放勋章和一级红星功勋荣誉章。

姜钟出身于佃农家庭，年幼生活困苦，瓜菜半年粮，荒年以草根树皮充饥。由于家境贫寒，他五六岁时就随兄姐割草放牛，七八岁时随父母下田做活，9岁时才进私塾读书。1932年底，红四方面军到达平昌的江口，他在父亲的带领下报名参加了童子团，不久加入共产主义青年团，并任得胜区委少共秘书和童子团团长。1933年4月，不满14岁的他到通江参加了团员代表大会，会后报名参加了红军，被分配在第30军政治部宣传队当宣传员。在反“六路围攻”时，姜钟患了重病，后被民间老中医治好。

1935年，16岁的姜钟随红四方面军开始长征，1936年10月与红一方面军在甘肃会宁会师，结束长征。在长征途中，他亲眼看到许多战友累倒、冻僵，长眠在雪山和草地。对于当年红军过雪山草地的艰苦情景，他在90多岁时仍记忆犹新：“眼看着身边的战友，一个一个时不时地倒下，扶都扶不起来……”每当回忆起这些，他都潸然泪下。

1936年，姜钟进入红四方面军党校学习。1937年，进入定边中央党校学习。毕业后，调到陕北公学工作。“七七”事变后，中央军委决定开展对侵华日军的技术侦察工作。1938年2月，姜钟被调到军委2局训练班学习外语，并任党支部书记。他自此就投入隐蔽战线，长期从事鲜为人知的情报工作，历任军委二局科员、股长、副科长、一处协理员、助理员、三科科长。参加了抗击日伪军、保卫陕甘宁边区和新四军突围等情报保障工作。

1946年2月，姜钟任军委二局第12训练班主任，培养技术侦察业务人员。1947年，任军委二局第1中队中队长，从事技术侦察工作。1948年4月，任军委二局1处副处长。1949年，任华北革命大学第4部主任兼党总支书记。他参加了辽沈、平津、淮海、渡江等战役的情报保障工作。在此期间，国民党军加强了保密工作，解放军技术侦察工作遇到许多困难。他所在部队经过努力，破解了敌军情报技术，出色地完成了情报保障任务。

新中国成立后，中央军委在华北革命大学开办技术侦察情报工作培训班，姜钟任培训班负责人。1950年，调任中央军委张家口工程学校2部主任兼任总支书记，负责培养技术侦察工程人员。1951年，任学校教育长兼党委副书记，主持全校日常工作。1952年，军委成立技术部干部学校，任副校长兼党委书记。1954年，被军委任命为军委技术部西南二局（技术局）局长兼党委书记，完成了上级交给他的“抗法援越”情报保障任务。1955年，荣获三级八一勋章、二级独立自由勋章、二级解放勋章。1957年，军委组建总参谋部第3部4局，姜钟任局长兼党委书记，负责技术侦察工作。其后，历任总参谋部3部技术业务指挥部主任、副部长、第一副部长等职。1961年，晋升为少将军衔。1982年，任总参谋3部部长、党委书记。1983年，当选为第六届全国人民代表大会代表。1984年，离休。1988年，荣获一级红星功勋荣誉章。2019年9月29日，在北京逝世，享年100岁。

姜钟戎马一生，参加过诸多战斗，曾立下卓越战功。他在人民军队从事情报工作近半个世纪，素有“情报将军”之誉。

参考资料：

1. 中国工农红军第四方面军战史编辑委员会:《中国工农红军第四方面军人物志》，解放军出版社，1998。

2. 四川省平昌县地方志编纂委员会:《平昌县志》，四川科学技术出版社，1986。

3. 平昌县文广新局 :《平昌系列文化丛书》，内部资料，2017。

4. 平昌县人民政府办公室:《平昌政务志长编》，内部资料，2013。

（平昌县政协文化文史和学习委供稿）

盲人佛学家唐仲容

唐仲容(1920—2002),名大海,四川省巴中市恩阳区石城乡三清庙村人。当代盲人佛学家,师承近代佛学大师王恩洋先生,一向以学修一体化的方式精研佛典,造诣颇深,尤其对唯识法相之学更有独到的见解。曾任四川省佛教协会常务理事、四川省佛学院教授、巴中市(县级)佛教协会名誉会长、巴中地区残联名誉主席。

唐仲容的父亲热爱文学,从小就培养他崇儒攻文。他六岁发蒙,在乡学读书。次年五月,唐仲容进巴城看望父亲,正值端午节嘉会,几位宾客听说他能吟诗,便以端午为题相试。他随口吟出:“五月五日正端午,家家悬蒲与艾虎,或时龙舟悼屈原,烟波江上怀远古。”举座称奇,誉为神童。后在巴城读书时,他见墙壁上有一幅日本侵夺山海关的流血战争图,便赋一诗云:“倭人夺我山海关,一览战图食不甘。将士死亡血满地,邦国沦陷民倒悬。中华儿女勇无比,挥舞干戈旗蔽天。同心协力驱狂寇,直捣匪巢奏凯还。”人人称奇,认为其人小志大,不同一般。

民国二十二年(1933),唐仲容举家迁往蓬溪。次年二月,他在南充龟山书院拜王恩洋先生门下就读佛学,并暗自发下誓愿:“一定要学释迦牟尼佛成大菩提,一定要深入经藏博通五明,一定要勤修正道。”回巴中后,房舍空荡,田园荒芜,父亲又在外,家庭生活重担全落在他肩上。他劳苦忧思，营养不良，酿成目疾，得不到治疗，视力逐渐模糊。民国二十五年（1936），他到数百里之外的营山贩米，途中住宿旅店，突然双目失明，毫无光感，幸得同路人照顾才安全回家。

双目失明后，唐仲容日夜悲痛，骨瘦如柴，想自杀了此一生。但在家人的开导下，他想起了龟山王恩洋老师的教导："因果通于三世，今生所受，多为前生业力招感。恶业未尽，虽死仍然要受此报，不能幸免。"于是改变想法，萌生佛心。他到宝元寺拜佛念经，忏悔前愆。在宝元寺将近一年，他只能静心修养，不能深研佛学，便告辞寺僧回家研佛。家中存有许多佛学典籍，他先后请求兄弟、姐妹、亲朋好友助读帮学，终将《成唯识论》全文背诵，练就了基本功。但他对书中的义理不完全懂，又找人请教《印度哲学史纲》《八识规矩颂释论》《唯识述记》和其他一些佛学理论方面的书籍。这些书通俗易懂，加深了他对唯识教义的理解，让他攻破了《成唯识论》的难关。民国二十九年（1940），父亲每天诵读佛经给他听，他又听了《解深密》《楞迦》《密严》《华严》《佛地》《般若》《维摩》《摄大乘》《辨中边论》《百法名门》《五蕴》《中》《十二门》等经文理论，从而拓展了对佛学的研究面，对教理的理解也有了相当的深度、广度、高度。同时，他又对四书、五经、唐诗、史书等凭记忆和听读反复温习，进一步增强了文学素养。

抗日战争期间，唐仲容怀着雪国耻、解民族恨的大义，决心以"行无缘大慈，运同体大悲，弘法利生，办学育才，抗日救国，振兴中华"为己任，曾题写育才救国诗："锦绣河山远祖留，岂容强寇掠金瓯；忙栽松柏蔽天宇，不让残阳烁神州。"民国三十二年（1943），他在家乡自办小学，内设高、初中补习班，以培育乡村有志青年。在办学期间，他每天上课前都要与学生共同高唱一遍自己编撰的抗日战歌："风凄凄雨切切，抗日救中国，收复河山，誓把倭寇灭。壮我国威，誓把奇耻雪。中华儿女是英雄，起来，起来，同心协力，持枪驱狂寇，捣其巢穴。"民国三十四年（1945），由于所办乡学成绩卓著，唐仲容受到县教育科的表扬，后被聘入巴中县城教私塾，之后又执教于巴中师范。在此期间，他每天晚上请人协助研读一两个小时的佛经，每个星期日在县城南泉寺为巴中居士讲授佛学，并发表了很多佛学论文，其中《佛学与科学》一文在《弘化》月刊上发表，《师说》一文在《大公报》上发表。

民国三十六年（1947）下学期，唐仲容辞去巴中的教学工作，受聘到成都东方文教研究院授课，他协助院长王恩洋先生办学，弘扬东方佛儒之学。他先后讲授《庄子》《唯识》等，并带有研究生。在课余，唐仲容又进一步研究了《瑜伽师地论》《因明学》，阅读了王恩洋先生所著的《孔子》《孟子》《荀子》《老子》等学案，加深了对中国文学的研究。并写有佛学论文《唯识要义》，在《文教丛刊》上发表。他把佛教的精华贯彻到生活实际中去，把"缘起性空"和"三界唯心"的唯识两大基本原则有机地融合为一体，把代表佛教精华的"善破善立""立破双彩"的"中观"两学天衣无缝地结合为了一体，赢得了世界佛学大师们一致称赞。

1950年，唐仲容回到家乡。西南军政委员会函告当地政府给予他妥善安置，但由于其有视力障碍不能安排他做其他工作。因他擅长中医，便安排他到石城乡卫协会工作，并带长子唐思明学徒。在行医过程中，他把脉诊病精益求精，还编写有《中医癌症治疗》《精神卫生学》两书。同时，他继续致力学修一体化的佛学研究。从1953年到1957年，他连续在北京《现代佛学》杂志上发表过《关于佛教的实质》《佛家的修养》《实践与现观》《对唯识宗义一些体会》等学术论文。他常自豪地说："唯识般若悟千番，法印心印熔一炉。"1981年，他曾作抒怀诗："消灾欣羡大医王，行道巴山老更忙。跋涉扶肩挎药石，巡回诊手起膏肓。攻癌奏凯强哉矫，饥饭困眠健而康。神采倍添花甲外，与人多寿乐无央。报国自嗟无寸功，拯溺有志作豪雄。三千世界休戚共，十亿人民忧乐同。游义居仁树美德，至诚化物移浇风。莫道暮年才力薄，移山好学老愚公。"这首诗用他的话来说就是：人愈老，而志愈坚；工愈勤，而力愈大。愈老，觉得愈有作为。

党的十一届三中全会掀起了改革开放热潮，神州大地生机勃勃。唐仲容乘此东风，弘扬佛法，利乐有情。1982年起，他积极给中国佛教协会会刊《法音》杂志供稿，相继写有《谈谈学禅的体会》《无住涅槃与人间现实》《试述顿悟成佛义》等十多篇佛学论文。这些文章一经发表，就得到海内外学术界和佛教界的高度评价。

1986年，中国佛教代表团去日本访问，大阪市佛教研究会会长说："唐仲容先生写了许多佛学论文，内容丰富、思想新颖，解决了世界佛教一千多年来一些悬而未决的问题。"1988年4月，欧美著名佛学专家张登基在给唐仲容的信中说："素知先生学识渊博，尤其对佛法幽玄义趣有创造的发挥，而又有如此伟大成就，实属稀有。"《文摘周报》1990年1月26日刊载："巴中县石城乡双目失明54年的农民佛学家唐仲容，几十年如一日致力于佛学的研究。从1942年以来在刊物上发表30多万字的佛学论文，引起了国内外著名佛学专家的关注。"

1989年，中共巴中县委研究决定，唐仲容每月可领取定额生活补贴60元，长期享受，并组织相关部门两次前往座谈慰问。同年5月4日，全国政协副主席、中国佛教协会会长赵朴初给四川省委统战部的信中说："巴中石城乡佛教居士唐仲容先生，在佛教研究上，造诣颇深。虽年近古稀、双目失明、历经坎坷，而其报国、为学之志矢志不渝，实属难能可贵。"1990年5月，唐仲容及其季子唐思鹏被聘到四川省佛学院任教，主讲唯识、中观课，以培养佛教人才。在此期间，他曾任重庆市佛学院教务长、中国佛教协会《法音》杂志编辑部责任编辑，并常到中国佛学院授课。此时，他虽已是古稀之年，但不忘初心，一心研学，广播佛音，将自己的余热奉献给社会。除了教学外，每周星期天，他还接待远近前来求法的佛学爱好者。

1999年，四川省佛学院停办后，唐仲容仍情寄教园，在蓉城中央花园继续弘法。在四川省佛学院任教的十年中，他对家乡建设也作出了一定的贡献。石城修建乡村公路时，他将自己的积蓄和几笔稿费全部捐出；1992年，缅甸华侨付风英和成都居士黄兴善向他赠送两尊玉佛，他转赠巴中，现供奉于南龛光佛寺内，并为恢复光佛寺筹资20多万元；先后在成都、重庆引进了数批佛教希望工程款，对石城乡初级中学的危房改造和山区数百名失学儿童的失学救助起到了较大的作用。

2002年1月28日，唐仲容在巴中逝世，享年82岁。

唐仲容自16岁双目失明后，一直在茫茫黑暗中以耳代目，苦学、苦思、苦行、苦写，以坚韧不拔的毅力，克服了常人难以想象的种种困难，以学修一体化的方式精研佛典，造诣颇深，尤其对唯识法相之学有独到的见解。他一生佛学论文共有百余万字，现已出版的著作有《唐仲容居士佛学论文集》《唯识三十颂讲记》《解深密经释》《六祖坛经讲记》《盲人唐仲容先生杂文选》等。他还在80岁高龄时著《心经唯识新悟精义》一书，被誉为“当代盲圣”“世界第一盲人佛学家”。

在唐仲容圆寂后，四川省佛学协会在所发《唁电》中写道：“天地人三才，以人为主、人中又以圣贤为上，而仲容先生乃人中之圣贤也。”

参考资料：

1. 唐仲容：《学佛指南——唐仲容居士佛学论文集》，内部资料，1993。

2. 唐仲容：《盲人唐仲容先生杂文选》，内部资料，1997年。

3. 巴中市巴州区政协：《古镇恩阳》，内部资料，2007。

（恩阳区政协文化文史和学习委供稿）

红色电台专家孟克军政委

孟克(1920—2012),四川省南江县关门镇宝峰村人。1932年参加中国工农红军,1933年加入中国共产主义青年团,1937年转入中国共产党。他参加了川陕革命根据地反“六路围攻”和红四方面军长征,苏南反清乡战斗,苏中“七战七捷”、孟良崮、淮海、渡江战役,抗美援朝战争等。1965年,晋升为大校军衔。荣获三级八一勋章、三级独立自由勋章、三级解放勋章和二级红星功勋荣誉章。

孟克出身于普通农民家庭。他在86岁高龄时为学生们讲述长征故事时说:“我出生不久,母亲就去世了。我是跟养父姓的,亲生父亲姓什么叫什么,我都不知道。由于家里穷,两三岁时,被人抱到了孟家。”

1932年12月,红四方面军在孟克的家乡同四川军阀田颂尧作战。孟克晚年曾回忆说:“田颂尧部队的人说红军吃人,专杀小孩子,莫要和红军接触。”最后,红军胜利了,田颂尧的部队跑了。他发现红军不但不吃人,还对百姓很好,并且有很多小兵。于是,在一天晚上,他悄悄参加了红军,成为第73师219团的一名宣传员。

1934年底,战斗非常激烈,伤病员增多,部队急需卫生员,他被调到第4军军部卫生院当卫生员,一直到长征结束。他聪明伶俐,能干乖巧,深得卫生院院长陈宝清的赏识。他晚年曾回忆说:“军长王宏坤负了伤,一般都是我为他包扎。他很坚强,负再重的伤,都一声不吭。”长征时过夹金山,他发高烧了。在上雪山的后半段,风雪太大,背他的同志体力透支。军长王宏坤看见后,就把他背在自己背上。“王军长的肩膀很宽,很温暖。”他一直都怀念着过雪山时王军长“宽宽”的后背。

1937年,抗日战争全面爆发后,红军部队纷纷深入敌后,要在各部队之间建立起联系,只有依靠电台。可是,当时部队中会使用电台的通讯人员十分缺少。为此,党中央决定在延安办一所通讯学校。经过组织层层推荐和考核,孟克进入了延安通讯学校第10期无线电报务班学习,自此与红色电波结下了不解之缘,立下了赫赫战功。当时学校条件虽太差,但学员们的学习热情高涨。教室就设在延安南面不远的一个天主教堂,简陋的教堂四壁通风,冬寒夏热,教员只能给每个学员发一个电键和一个喇叭,就开始教学员收发报。没地方住怎么办?校领导找教堂周边的老乡帮忙。周围的群众听说后,纷纷腾出窑洞内最好的房间让学员居住。陕北地区土地贫瘠,加上战争年代粮食短缺,学员每天只能吃个半饱。孟克出身贫寒,从小就苦惯了,很快就适应了艰苦环境。生活虽然艰苦,但大家学习都很努力。因为大家知道前方部队需要电台,需要报务员,大家都想尽快学好本领,为早日上前线去杀敌立功。报务员收发报时,电台会发出“嘀嘀”声,每一组“嘀嘀”声都代表不同的含义,所以每份电报的形成,都必须先由报务员准确地收发这些“嘀嘀”的信号。为了熟悉这些“嘀嘀”声,孟克一练就是大半天,吃饭时手都拿不住筷子。

1938年5月,孟克毕业后被分配到新四军军部从事无线电通讯工作,不久又任新四军第3支队老6团报务员,新四军挺进纵队报务员。报务员是个非常重要的岗位,同时也是个非常危险的职业。相对集中宿营的团级单位内部靠有线支持通讯,超出50千米以外,要快速取得联系只有靠电台。如果电台出了问题,也就等于人的“神经系统”出了问题。所以，打仗时总是想方设法打掉对方的电台。而报务员则把电台看得比自己的生命还重要，即使鬼子的炸弹扔过来，也决不离开电台一步。1939年12月，日军围攻扬中县。由于敌众我寡，部队领导决定让大家分散到群众中隐蔽起来。情况非常紧急，电台和首长失去了联系。怎么办？孟克和几个报务员作出决定，即使牺牲自己，也要把电台保护好。趁着夜色，他们把电台挑到有塘泥的稻田旁，用油布把电台包裹起来放到挖好的坑里，上面用稻草掩盖起来，再用塘泥盖住。十天后，鬼子撤退，电台完好无损。还有一次，孟克随团部驻在茅山北丘陵的一个小村庄，日军前来袭击，警戒部队发现敌人后，进行了顽强抵抗。听到枪声在村外响成一片，孟克急忙拆下天线，装好电台，和战友撤出村庄。他和运输员冒着枪林弹雨，挑着30多公斤重的箱子，累得直喘粗气，也没停止脚步，一口气足足跑出十几公里，直到遇见增援部队才停下来。停下来的第一件事，就是检查电台是否损坏。

孟克收发电报技术好，工作认真负责，上级又将他调任为新四军第6师16旅46团电台分队长。由于要路过敌占区，接到命令后，他找来一套长袍，戴上礼帽，化装前去报到。一次，为了避开敌人的检查，在过运河封锁线时，孟克便乘船偷渡，刚上岸就被敌人的巡逻队发现。他迅速跑到附近的一个小村庄里，看到一家人正围坐在院子里吃饭，就跑进去说“鬼子追我”，说完就迅速脱下礼帽、长袍，塞进稻草堆里，然后端起一碗饭就吃，这家人也像没发生什么事一样，继续吃饭。一会儿，敌人追过来，看没有什么可疑情况，就去搜查其他地方了。就这样，在群众的掩护下，孟克机智地化解了一次危险。之后，他历任新四军第1师16旅电台区队长，苏浙军区第3纵队电台区队长，参加了数次反清乡战斗。

解放战争时期，孟克历任新四军第1师电台副中队长、中队长，新四军第1师司令部3科副科长，华东野战军第4纵队司令部3科科长、第4纵队第10师29团政治处副主任，第三野战军第23军67师

200团政治处副主任、主任，参加了苏中“七战七捷”、鲁南、莱芜、孟良崮、鲁南、豫东、淮海、渡江等战役战斗。

1950年，孟克进入军事学院学习。1951年3月10日，从上海出发入朝参加抗美援朝战争，任志愿军炮兵第63师第609团副政治委员。3月17日，到达美林机场，奉命保卫机场安全。4月，移防永柔机场，保卫机场修建任务。4月8日，63师在永柔地区击落敌机5架，击伤3架。后保护交通线，在作战中击落敌机233架，击伤324架飞机。1952年，任志愿军炮兵第63师608团政委。1954年，任志愿军炮兵第63师政治部副主任、主任。荣获朝鲜二级自由独立勋章、三级国旗勋章。

1955年，孟克回国。同年9月，荣获三级八一勋章、三级独立自由勋章、三级解放勋章。1958年，任高炮第66师政治部主任。1962年，任炮兵第9师副政治委员、政治委员。1965年，晋升为大校军衔。1969年8月起，历任南京军区炮兵副政委，上海警备区副政治委员，第20军政委。在“文革”期间，对林彪、江青反革命集团的倒行逆施进行了坚决的抵制和斗争。1981年2月，离休。1988年，荣获二级红星功勋荣誉章。曾当选为第四、五届全国人民代表大会代表。

孟克离休后，积极发挥余热，参加干休所关心下一代革命历史传统宣讲团，担任校外辅导员，带病坚持给中小学生做报告，为学生们讲述在长征中的故事。2012年2月7日，孟克因病在上海逝世，享年92岁。

参考资料：

1. 中国工农红军第四方面军战史编辑委员会：《中国工农红军第四方面军人物志》，解放军出版社，1998。

2. 梅世雄：《86岁老红军孟克：军长背我过雪山》，新华社上海2006年9月16日电。

（南江县政协文化文史和学习委供稿）

中央警卫战士何太阳

何太阳(1921—2004),四川省南江县双流镇园包村五社罗家坪人。1933年5月参加中国工农红军,1936年由中国共产主义青年团转入中国共产党。他参加了川陕革命根据地反“六路围攻”和红四方面军长征,苏南反清乡战斗,河南方山战斗、陕南战斗和荆门战役等。1955年,被授予上校军衔。荣获三级八一勋章、三级独立自由勋章、二级解放勋章和二级红星功勋荣誉章。

何太阳出身于雇农家庭,排行老六,小名六娃子,家中常是吃了上顿没下顿。快到12岁那年,红四方面军来到罗家坪,并建立了村苏维埃政权。当时他也想去当红军,但因为年龄小红军不收他。他是今天不行明天再去缠。最后招兵的红军没有办法,只好把他收下。问他名字时,他回答的是自己的小名六娃子。招兵的红军说不行,要大名。他只好回家让他父亲取了大名何儒山。可他的这个大名,招兵的红军写不起名字。这时,太阳正当顶,万里无云,招兵的红军想了想,就对他说:“你就叫太阳娃儿吧,这几个字,我写得起。”就这样,他走上了革命道路。何太阳历任红四方面军第12师后方医院看护员、宣传员、警卫员、通讯员、公务员,八路军留守兵团政治部收发员、副连长、连长、副营长、参谋，南下纵队9团参谋长，豫中分区第16团副团长，第2纵队38团副团长、团长，支队司令，鄂豫陕军区西线纵队副司令，第12纵队102团团长，江汉军区独2旅第8团团长，襄阳军分区参谋长，黄冈军分区副司令员，武汉军区炮兵主任，武汉军区炮兵第一副司令员兼参谋长，武汉市江岸区武装部长、武汉市武装部副部长，湖北省军区副司令员、顾问等职，于1982年3月离休。1955年，被授予上校军衔，荣获三级八一勋章、三级独立自由勋章、二级解放勋章。1988年，荣获二级红星功勋荣誉章。2004年7月，在武汉逝世，享年84岁。

长征时，红四方面军与红一方面军会师后，何太阳被调到中央警卫团，与毛主席的警卫员陈昌奉同班，很快两人就成了好朋友。一天，首长们开会，他与陈昌奉在外面走“狗砣棋”。散会后毛主席出来，见两个小鬼在专心下棋，就立在旁边看起来。陈昌奉先看到毛主席，不好意思地站起来，太阳娃儿也跟着站起来。“小鬼，叫什么名字？”毛主席亲切地摸摸六娃子的头问。“没名字，我们都叫他太阳娃儿。”陈昌奉抢着回答。“好哇！”毛主席又摸着他的头说：“好哇，你就叫何太阳好，我们共产党、红军都是太阳，把天下照亮照热，叫何太阳好！”从此，大家都叫他何太阳。

何太阳打过日本鬼子，参加过解放战争，身经百战，负伤七次，战功辉煌。他曾给笔者讲过荆门战斗的经历。在这次战斗中，何太阳指挥江汉军区主力团8团取得辉煌战绩，受到师长吴仕安的表扬和嘉奖。

荆门战斗时，敌人整个队伍突然倾巢而出，很快突破了前沿阵地。情况紧急，何太阳立即下令要全团死守阵地，全力阻击敌人。大概过了20多分钟，敌军前面的部队冲不出来，后面的部队又不断涌来，很快敌人的建制乱了，丧失了战斗力。这时，我军的炮火更加猛烈，近万敌人在狭长的山沟里叫苦连天，死伤无数。何太阳一见进攻的时机到了，便下令全团出击。他令团指挥部的5连在左，7连在右，自己带领警通连在中，分三路从山上冲下来扑向敌群。吓破了胆的敌军，纷纷缴械投降。他带领警通连来到一个小土地庙，见小庙前后全是趴下的敌人，离小庙正前方200米的一个田坎后面，有一个人拿着一条白毛巾乱晃，此人是敌军情报处处长。这次战斗8团伤亡了100多人，共俘虏了敌人5000多人，其中将级军官3名，校级军官18名，排连以上军官800多名。

1949年后，何太阳曾八次回家。他每次回家都想方设法为家乡父老留下点什么，开始时送收音机，为学校送图书、衣物，还出钱为家乡的生产队修堰塘1口、屯水田1个、栽核桃树200余株。1960年回家，他为家乡的百姓鼓与呼，被打成“彭德怀反党集团成员”，但他仍然初心不改，为园包村捐款成立太阳奖学金，为石马小学、玉井小学、双流九义校捐款，改变办学条件。他每次回家乡，都要与师生见面，给大家讲革命传统。在20世纪70年代中期，刮起了“交白卷有理”的歪风，学校许多学生受到影响。他专门到学校做了报告，嘱咐孩子们一定不要相信不学习也能干革命的鬼话，在学校里一定要听老师的话，学好本领，将来建设好家乡。1999年，他第八次返回家乡。他来到双流九义校，给全体师生讲了在革命战争中亲历的事迹。他讲道，在千里跃进大别山时，一位连长作战勇敢，但文化不高，对形近字分辨不清，团部命令该连从右路插队到敌后去，他把“右”字认成“左”，率部从左路进军。左路本已有一个连队，他又带领一个连去了，使右路无军，导致右路空虚，敌人顺利通过右路，绕到我军后面，若不是发现得早，会全军覆灭，将给革命造成不可挽回的损失。他告诉师生，文化是如此重要，一定要学好文化，才能更好地建设家乡。

参考资料：

1. 中国工农红军第四方面军战史编辑委员会:《中国工农红军第四方面军人物志》,解放军出版社,1998。

2. 中共苍溪县委党史研究室,苍溪县老区建设促进会:《烽火里程——何太阳回忆录》,内部资料,1994。

（南江县政协文化文史和学习委供稿）

被金日成接见的战将刘海清

刘海清(1921—2007),四川省通江县烟溪镇人。1933年参加中国工农红军,同年加入中国共产主义青年团,1936年转入中国共产党。他参加了川陕革命根据地反“六路围攻”和红四方面军长征,平型关战斗和反“扫荡”斗争,平津、渡江战役,抗美援朝战争等。1955年,被授予大校军衔。荣获三级八一勋章、二级独立自由勋章、三级解放勋章和二级红星功勋荣誉章。刘海清是中共第十二届中央候补委员。

刘海清的父亲刘学德是一个老实巴交的农民,母亲是个勤劳善良的农妇,家中六姊妹,他排行老三,一家人靠几块苞谷地维持生活。他自幼聪明好学,时断时续地读了两年私塾。8岁时,母亲去世,他便回家放牛割草。1932年冬,红军来到通江后,他家分得了土地,又进入红军办的学校读书。1933年春的一天中午,他回到家里,村苏维埃干部正在动员他父亲和二哥参加红军,他突然说自己要去当红军。就这样,才满12岁的他,自此告别亲人,走上了革命之路。到了部队,他先被编到宣传队,主要任务是书写标语。不久,被调到了营部当通讯员。空山战役后,被派到连队当班长。他随部队参加了数十次大小战斗,多次受到领导表扬。1935年,随部队开始长征。懋功会师后,被调到红一方面军第1军警卫班,随右路军北上,参加了腊子口、直罗镇等地的战斗。

1937年，刘海清进入八路军115师教导队学习。1938年2月结业后在115师685团5连当连长，1940年1月起在山东教导旅当警卫连长。八路军在平型关取得首战大捷，他亲历了歼灭日军精锐第5师团的战斗。八路军115师设伏于平型关东北小寨村至老爷庙公路附近山地，日军进入伏击地区后，突然发起攻击，第685团迎头截击，歼敌一部，封闭敌南窜道路；第867团分割包围切断了敌之退路；第868团勇猛冲向公路，与敌短兵相接，展开格斗。日军企图突围，均被击退。敌师团长板垣征四郎急令其在蔚县、涞源所部向平型关增援，被师独立团打退。第868团在两翼协同下，将被围之敌歼灭。有一次，旅部在行军途中，遭遇鬼子和伪军。旅长梁兴初给警卫连下了死命令，要坚决顶住敌人，掩护机关和部队突围。接到命令后，刘海清把手一挥，就率领战士们上阵厮杀，英勇地击退了鬼子，确保了机关和部队安全，还缴获了一把歪把子机枪和七八支三八大盖。旅长笑呵呵地对他说："警卫连关键时刻还是过硬！"之后，他参加了郯城、莒县、相州、诸城等地的战役战斗，也从连长成长为副科长、副营长、营长。

解放战争爆发后，刘海清历任营长、团参谋长、副团长、团长等职，参加了秀水河子歼灭战、四平保卫战、公怀路追击战、解放天津等战役战斗。1946年2月，我军决心消灭秀水河子之敌。13日黄昏，秀水河子战斗打响了。战斗异常激烈，如果拂晓前攻不下来，我军就只有撤退。深夜了，他建议改变突击方向，并请战担任突击营营长。他带着全营进入了东线阵地，迅速组织进攻，很快撕破了敌人防线，占领了大院和炮楼，敌人一片慌乱。这时我军正面主力趁势猛攻，一举歼灭了秀水河子之敌。这是我军在东北战场上第一个歼灭战。战斗结束后，师里特别表扬了他率营首先突破，对战斗的胜利起到了关键作用。在四平保卫战中，他带领全营守卫海清窝棚阵地三天三夜，经受了敌整团兵力十多次冲锋而岿然不动。1948年3月，我军决定再次攻打四平，也是第四次打四平。此时，他担任2团副团长。在他的指挥下，经23个小时的激烈战斗，敌88师全军覆灭，四平解放。后来，刘海清进入双城干部队学校学习。半年后，调任1团团长，带领部队参加了辽沈战役。1949年1月14日晨，天津的攻城战斗打响。他率部队攻入城内，展开了激烈的穿插巷战，活捉了中将总司令陈长捷。7月，他率团渡过长江，稳稳地占领了红花套、徐家祠一线阵地，为主力过江创造了条件。9月中旬，他率部队迅猛急进，攻克了会城县城，全歼守敌，俘敌千余，缴获汽车50余辆及大量弹药。衡阳战役后，他率部突然楔入广西境内，横扫广西，直插桂西田东、百色。广西战役胜利结束后，他率团随部凯旋北上，在武汉受到隆重欢迎。

1950年，朝鲜战争爆发。此时，刘海清任38军113师副师长，奉命入朝参加了抗美援朝战争的全部战役，历任代师长、师长，荣获朝鲜二级国旗勋章、二级自由独立勋章。在第一次战役中，我军335团将敌军引进了布设的“大口袋”。他带领113师分别穿插到孟山和沿大同江通往平壤的公路，迂回到德川南边，阻敌南逃。总攻开始后，我112师由西向东，113师由南向北，114师由北向南，全歼了德川守敌。德川战斗胜利后，38军继续以主力向院里、军隅里方向进攻，以一部插向军隅里南三所里，以迂回阻击军隅里、介川逃敌，断敌后路。刘海清接到命令后，带着113师快速奔往三所里。天亮后，敌机不断地从头顶飞过。他观察敌机的行动后，果断去掉伪装，大胆前进。这一决策骗过了敌机，为部队按时穿插赢得了时间。早晨7点，我113师前卫338团终于以14个小时急行148里的速度穿插到了三所里，全歼了守敌，很快完成了防御部署。5分钟后，沿三所里公路向南撤退的美骑1师5团车队遭到我军的迎头痛击。敌人对三所里的进攻从连到营的规模一次比一次大，都被我338团英勇击退。刘海清果断指挥大家炸掉大同江大桥，截断了南敌北援的道路。根据战势发展，他又果断分兵龙源里。我113师337团前卫营连夜急行军赶到龙源里，截住了美2师前卫车队。至此，三所里、龙源里之敌已被我113师完全闸住。经一昼夜激战，击退敌数十次疯狂反扑，歼灭美骑1师、土耳其旅等3.6万人。彭德怀总司令看到西线战场通报后，亲自起草电报，命令嘉奖三十八军，最后写上了“三十八军万岁”。毛主席看完这份电报后，很是高兴，并指示将电报转发全国。就这样，载有“三十八军万岁”字样的电报传遍了整个中国和朝鲜战场。随后，在中朝两军高干会议上，他还做了三所里阻击战的经验介绍。介绍完经验后，金日成指名接见了他，握着他的手说：“你们是英雄的部队，向你们表示祝贺！”

1953年7月，刘海清回国后仍任担38军113师师长。1955年，被授予大校军衔，荣获三级八一勋章、三级独立自由勋章、二级解放勋章。1959年夏，进入高等军事学校学习。三年学习毕业后，任38军参谋长，后任副军长。1968年8月，刘海清任古城地区革委会主任。两个月后，又被任命为38军军长。1973年2月，调任北京军区副司令员。1980年，调任乌鲁木齐军区副司令员，分管军务、装备和科研。1985年，任兰州军区副司令兼新疆军区司令。1988年，荣获二级红星功勋荣誉章。同年7月30日，调到全国政协工作，一干就是十年。

刘海清是中共第十二届中央候补委员，曾当选第九、十二、十三届全国人民代表大会代表，中国人民政治协商会议第七、八届全国委员会常务委员。

2007年8月18日，刘海清在北京逝世，享年86岁。他一生戎马倥偬，战功卓著，为中国人民解放事业和部队革命化、现代化、正规化建设作出了贡献。

参考资料：

1. 中国工农红军第四方面军战史编辑委员会：《中国工农红军第四方面军人物志》，解放军出版社，1998。

2. 谷办华：《“万岁军”的一个老兵——刘海清的人生轨迹》，解放军文艺出版社，2004。

（通江县政协文化文史和学习委供稿）

福州军区副政委何云峰

何云峰(1922—2013),四川省平昌县元山镇人。1933年参加中国工农红军,1938年加入中国共产党。他参加了川陕革命根据地反"六路围攻"和红四方面军长征,神头岭、百团大战和反"扫荡"斗争,上党、淮海、渡江战役等。1964年,晋升为少将军衔。荣获三级八一勋章、三级独立自由勋章、二级解放勋章和一级红星功勋荣誉章。

何云峰8岁开始读书学习,后因家境贫寒,辍学在家放牛。红四方面军来到家乡后,他积极踊跃参加乡苏维埃儿童团,逐步接受革命进步思想。1933年3月,年仅11岁的他毅然参加了中国工农红军。历任第33军公务员、宣传员,抗日大学通讯员,援西军129师师部公务员等职,参加了反"六路围攻"、强渡嘉陵江等战役战斗和长征。1935年,他所在部队进入西川后,前有敌军堵,后有敌军追,天上有飞机轰炸。当时他虽年龄小,却坚守"军人必须服从命令"的信念,部队在哪里打仗,他的宣传工作就做到哪里。长征的时候,他年仅13岁,组织上担心他年小体弱难以克服长征途中的困难,决定让他留守后方,但他坚决要求跟着红军大部队前行,爬雪山、过草地,历经千难万险,凭着坚强的毅力胜利到达陕北根据地。晚年,他曾回忆起这段经历时说:"最艰苦的是爬雪山、过草地,直到离休了,都不想提到那个苦，想到牺牲那么多战友，就痛心，就掉泪！”

抗日战争时期，何云峰先后任八路军129师直属政治处宣传员，386旅772团宣传员，3营营部青年干事、政治指导员，386旅中条分区政治部组织干事，太岳二分区政治部巡视员，山西省士敏县大队独立营政治教导员，太岳区士敏独立团总支书记等职。参加了神头岭战斗、响堂铺战斗、百团大战、太行太岳区历次反“扫荡”等。在极其艰难险恶的条件下，他积极投身火热的革命斗争。特别是1940年8月开始，为粉碎日寇对我根据地进行的“扫荡”“蚕食”和“清乡”，八路军总部发动了著名的百团大战，他所在的772团会同兄弟部队，奉命阻击从阳泉出犯或由平辽线援正太线之敌，破袭芦家庄、冶西等敌据点，攻打日寇重要据点榆社、关家垴，打击了日寇的嚣张气焰。1943年底，日寇对我根据地实施拉网合围式扫荡，他带领独立营担负抗击日伪军合围任务，同时积极发动群众生产自救、发展民兵组织，在保障主力部队作战中发挥了重要作用。在一次与日寇遭遇战中，他率部奋勇抗敌，始终坚持身先士卒、靠前指挥，左手和右胸不幸被子弹射穿，在身负重伤的情况下，出色地完成了作战任务。

解放战争时期，何云峰先后任八路军129师386旅772团营政治教导员，晋冀鲁豫第4纵队10旅28团政治处副主任、主任，中原第二野战军第4纵队10旅28团政委，第二野战军第4兵团13军37师政治部副主任等职。先后参加上党、闻夏、同浦、临浮、吕梁、汾孝、晋南、潼关、豫西、洛阳、宛西、淮海、渡江等地的战役战斗。他担任政委的第28团，是一支以红军为骨干组建起来的老部队，打过许多漂亮仗，荣获过“夜战常胜军”的称号。在洛阳战役中，他率部担负主攻洛阳西门任务，由于敌设防坚固，部队进攻受阻。为准确掌握敌兵力和火力部署，他和团长冒着敌人的枪林弹雨，坚持到阵地最前沿察看敌情，当他近距离观察敌情时，不幸左眼中弹，栽倒在瓦砾上，他仍然坚决要求坚守阵地，最后大家用担架把他抬到后方包扎。

广大官兵深受鼓舞、士气大振。经过激烈交战，洛阳成功解放。在淮海战役中，他一边指挥作战，一边认真做好思想动员工作，有效地激发了官兵杀敌立功的热情，率团完成作战任务，受到上级的肯定。

新中国成立后，何云峰先后任云南军区13军37师政治部主任、副政委、政委，昆明军区13军37师政委，13军副政委、政委，成都军区副政治委员，福州军区政治委员、顾问等职。1969年至1973年，曾担任四川省委书记处书记。1955年，荣获三级八一勋章、三级独立自由勋章、二级解放勋章。1964年，晋升为少将军衔。1988年，荣获一级红星功勋荣誉章。何云峰是第四届全国人民代表大会代表，中国人民政治协商会议第五届全国委员会委员。

新中国成立初期，他顾不上休整，跟随大部队参加了粤桂边、滇南等战役战斗，粉碎了国民党当局在滇南建立“反共基地”的企图，为解放云南省南部和西部广大地区作出了重要贡献。1958年2月，时任第37师政委的他，身穿战士服装，佩戴列兵军衔，来到红军团第1班当兵。他一到连队，就用一个合格的战士标准来要求自己，严格遵守纪律，不论是外出开会还是到服务社买东西，他都要向班长请假。早上争着扫地，有时开会很晚才归，发现战士们都睡了，他又仔细地检查一遍，帮战士们盖好被子，才上床睡觉。他还谢绝了班长特地给他换的大被子，亲自去换来与战士们一样的被子。他不要同志们称呼他为首长，而直接叫名字何云峰。晚饭后他常和战士们一起娱乐，帮助文化低的战士学文化，写家信，和他们拉家常，了解他们的困难以及对部队的意见。有些事情他能解决的就当场解决，解决不了的就转告有关机关设法解决。他很快就与战士们打成一片，成了他们的知心朋友，连队里的氛围轻松活泼起来，军事训练和各项工作都搞得有声有色。他作为领导干部下连当兵，佩戴列兵军衔，与战士同吃、同住、同劳动、同操练、同娱乐，在全军产生了轰动效应，《解放军报》《国防战士》《云南日报》都争先报道。毛主席看了报道后，高度称赞这一做法。不久，干部下连当兵的做法就在全军推广开来，并形成了制度。他在任13军政委期间，一边主持军里的领导工作，一边抓好滇南、重庆等地区的"三支两军"工作，恢复生产和维护社会秩序，培养和保护了一大批干部和群众。在担任成都军区副政委和福州军区副政委、顾问期间，何云峰始终保持昂扬的精神状态，经常深入基层调查研究，为部队政治工作和全面建设做了大量富有成效的工作。"文革"中，他与林彪、江青反革命集团进行了坚决的斗争。

2013年1月6日，何云峰因病在福州逝世，享年91岁。他是我军优秀的政治工作干部和第一个下连当兵的师政委。

参考资料：

1. 中国工农红军第四方面军战史编辑委员会：《中国工农红军第四方面军人物志》，解放军出版社，1998。

2. 四川省平昌县地方志编纂委员会：《平昌县志》，四川科学技术出版社，1986。

3. 平昌县文广新局：《平昌文化丛书》，内部资料，2017。

4. 平昌县人民政府办公室：《平昌政务志长编》，内部资料，2013。

（平昌县政协文化文史和学习委供稿）

马特洛索夫式战斗英雄肖国宝

肖国宝（1927—1950），四川省南江县新民乡罐坝村人。1949年12月参加中国人民解放军，1950年加入中国共产党。1950年11月13日，他在战斗中用身体堵住敌机枪口而壮烈牺牲，被西南军区授予“一级战斗英雄”称号，所在连队被命名为“肖国宝英雄连”。

肖国宝原名徐永寿，出身于贫困农家。在他9岁时，遇上大灾荒，庄稼颗粒无收，做长工的父亲也被解雇。为了生活，他母亲带上姐姐去给杨坝柏林坪杨树人家做长工。家中父子三人靠上山挖野菜充饥，常有断炊之苦。这年腊月十七，父亲徐学义上山找野菜时，因身体不支，走到半路就昏倒在了沟边雪地里。天快黑了，他见父亲还没有回家，就拉着6岁的弟弟上山寻找。找到时，父亲已奄奄一息。他俩边哭边喊，但终因人小体弱，无能为力，父亲离开了人世。天亮后，他跑去找回母亲和姐姐，将父亲抬回家安葬。家中剩下母子四人，生活越发困苦。他农忙时生产，农闲时给地主放牛，起早睡晚，日晒雨淋，从不叫声苦。

民国三十年（1941），时逢土匪王三春到新民乡一带骚扰，又加之国民党拉丁甚急。因家中缺劳力，无奈之下，母亲只好把徐永寿给了肖家。他到了肖家后，就更名为肖国宝。肖家也是佃农，肖国宝忙时种地，闲时就和兄长肖国金上山打猎。艰苦的狩猎生活，让他更加机智勇敢。为躲避抓壮丁，很多晚上他们都在岩洞露宿，过着担惊受怕的日子。

民国三十六年（1947）三月十七日早晨，保长刘长青、保队副刘士金带着警丁，将肖家的房子团团围住，绳捆索绑抓走了肖国宝。为赎回儿子，肖徐两家变卖家财，东拉西借，凑了12块“硬洋”，三次到南江，却只在临走时母子才见上了一面。养父肖仕明因遭灾歉收，交不起租谷，被地主毒打，终成残疾，含恨而死。

肖国宝被抓后，送到了新兵营参加训练，一天只喝两碗稀饭，饿得骨瘦如柴，还要挨打受骂，被迫参加训练。三个月后，他被送进国民党军第34师。在那里，他稍有不对就得挨耳光、罚跪、挨扁担打，多少天都只能两手搬着腿上床。由于经常吃糙米生饭、喝冷水，他患上了痢疾，一天拉十几次肚子，可是上厕所都有人监视。一天，他在厕所蹲久了，当官的诬赖他想逃跑，就把他吊在树上，命令全营人轮番毒打。他被打得遍体鳞伤，昏迷了过去，当官的准备把他活埋，围观的乡亲们跪地求情他才幸免一死。大家把他抬到了一个老大娘家里养伤。伤刚养好，又被抓回补充到了国民党第57师，继续吃苦受折磨。

1949年11月，在峨眉战斗后，肖国宝被编入140团2连2班，成为一名光荣的人民解放军战士。连队开展的忆苦思甜教育，提高了他的阶级觉悟。他在诉苦会上倾诉了遭遇的苦难，痛斥了万恶的旧社会。大家听了后都很受感动，他也被评为全连的积极分子。年底，上级下达去贵州剿匪的命令，大多数人都在积极准备，但也有少数新战士怕贵州“山高地穷离家远”，有畏难情绪。连里召开新战士座谈会，他第一个站起来发言：“我们都是穷人，贵州的穷还不是地主阶级压迫剥削造成的？我们不去谁去？我坚决去！”在他的带动下，大家都踊跃报名，表示不获胜利，决不罢休。

1950年初，部队向贵州挺进。肖国宝向本班和1班、3班的同志发起“行军不掉队不叫苦”的挑战，他一路拉歌子、喊口号，鼓舞战友们的士气，活跃在雄关险道上。每天天未亮，他就起来烧开水，把战友们的水壶灌满。每到宿营地，他总是忙着把房东的水缸担满。出发前，他把驻地打扫得干干净净。有一天，他和副班长去抬水，见有两个老乡在厕所里嘀咕着准备“开小差”，他便多次找到他们谈心。两个老乡深受他的启发和教育，决心从此再也不离开部队了。“雪山关，顶着天，光上就有三十三。”部队行进到川黔交界的雪山关时，他不但背着自己的枪弹，还挑着一担盐巴，而且还要搀扶体弱的战友。他团结战友，积极工作，给全团树立了榜样，在毕节时荣获一等功。

140团担任机动剿匪的艰巨任务，战士们常常赤着脚，在崎岖的山路上奔走，日夜在高山密林追剿土匪。他双脚也痛得非常厉害，但仍争着为战友们背东西，还把省下的津贴买成草鞋，谁缺就送给谁穿。他抽出时间打草鞋，并且教会了战友们打草鞋，基本解决了无鞋可穿的困难。看见战友们穿着湿鞋，他就常常帮战友们烤鞋到深夜。为了使战友们不饿肚子，他经常半夜起来帮炊事员炒米花给大家做干粮。

2月，2连奉命包围大定县树戛乡的匪洞。担任尖兵的2班与土匪接上火后，肖国宝带一个组首先冲上去，击毙了两个匪徒。在追击逃匪中，一个匪徒距离他约有154米，他端起枪就将其射中，因而获得了“神枪手”的称号，又一次立功。3月初，2连奔袭大定县大沟的“单草包”时，被一条深沟阻着去路。他连滚带爬，冲入敌阵，打死匪徒“内管事”单华，打伤敌机枪手，再次立功。5月初，部队在平越合击叛军127团时，他带领小组追击一股逃窜的残敌。他单人独枪从一片竹林穿插，截住敌人去路，从而形成前后夹攻之势，俘敌9人，缴枪11支、电话机1部。5月中旬，部队奔袭瓮安猴场的叛军，一去90里，要淌过45道河，班长腿上长了疮，过河有困难，他就背着班长过河。追上叛军后，他首先一枪打死陈英部的1个大队长，还活捉

4个匪徒。在连夜奔袭白狗塘一带时,战友们冒雨摸黑前进,摔跤者颇多,他就用一条绑带牵拉着大家前行。刚摸到匪巢的山脚下,正逢匪徒换岗,他们乘机拿下岗哨冲入匪窝。他举起一颗手榴弹就迫使匪徒投降,击毙负隅抵抗的匪中队长,并活捉匪徒7人,缴获机枪2挺。

7月,肖国宝光荣地加入了中国共产党,不久担任1班副班长。他听了共产党员梁士英舍身炸地堡的英雄事迹后,多次表决心要向英雄学习,还在自己的手巾上写下了“献身于党”四个大字。10月,在黄坪旧30团的庆功会上,他获得一等功。至此,他共8次立功,所在的班也被命名为“剿匪英雄班”。

11月11日,1营教导员李继田奉命带领2连1排和2连2排共78人组成的一支精干武工队,深入顽匪曹绍华盘踞的中心地带,巧妙地跟踪进了匪司令部的大本营长顺县斗蓬冲。13日凌晨,武工队获知曹匪在冲里集合匪首开会,便决定抓住战机,出其不意地将五倍于他们的残匪全歼在斗蓬冲。武工队兵分两路,一路由3连副连长谢忠率两个班,从左边高山背后迂回抢占西山口;一路由2连副连长高庆瑞带领两个班从正面南垭口堵住敌人逃路,直攻匪司令部。2连1班担任正面攻击的任务。战斗打响后,副班长肖国宝冲在前面。他在机枪的掩护下,带着战士们直插斗蓬冲。这时,冲里冲外一片枪声,众匪徒左冲右突,想找到一条逃路。一匪军官指挥50多名匪徒,冲至西垭口被战士们打得抱头鼠窜,溃退回去。于是又集中火力,在3挺机枪的掩护下向南垭口突围。敌人的炮弹在前沿阵地爆炸,硝烟弥漫,碎石飞扬,武工队伤亡加重,处于不利形势。这时,肖国宝从前面掉头,手握冲锋枪猛烈地从匪徒背后扫射,冲在后面的匪徒纷纷倒下。被夹攻中的匪徒急忙掉转一挺轻重两用机枪,向1班猛射,以掩护突围。在这猛烈的战火中,肖国宝回头一看,身边没有几个人了,后续部队也被机枪压得抬不起头来。他大喊一声:“冲啊! 拿下这挺机枪!”一个猛冲就直扑向匪群中。他刚冲几步,匪徒的子弹就打中了他的腰部。匪司令部总参谋长马启忠,蹲在不远处的一块大石头背后,手持20响的手枪,一边向他射击,一边喊叫:“不要紧,来的都是土八路!”这时,他左胸又负了伤。但他咬牙愤恨,紧紧地盯着匪参谋长,猛力举起冲锋枪狠狠地将这个罪大恶极的匪首击倒了。他夺过匪首的手枪向匪徒猛击,可是,匪徒的机枪仍然在向我前沿阵地上的战士疯狂扫射,挡住我部前进的道路。身负两处重伤的他,忍着剧痛匍匐在地。他想到战斗英雄梁士英舍身炸毁敌人地堡的英雄事迹,想到父亲饿死、母亲被辱,曹匪凶残,人民受难。这时,新仇旧恨让他热血沸腾,他再次盯了一眼匪徒喷射火舌的机枪,猛地站起来大吼一声:“冲啊! 活捉曹绍华,为民除害!”他举起打坏了的冲锋枪,不顾一切,奋勇冲去,以身体挡住了敌人的机枪口。敌人的机枪哑了,身中7弹的他壮烈牺牲了。“同志们,冲啊!”“为肖国宝报仇!”“活捉曹绍华!”喊声惊天动地。战友们踏着他用鲜血开辟的道路,一齐冲向匪阵,活捉了匪首曹绍华,一举全歼了匪徒。

肖国宝是我军历史上第一位马特洛索夫式的英雄。1951年2月16日,西南军区司令员刘伯承、政委邓小平签发命令,授予他“一级战斗英雄”称号,并追授“模范共产党员”称号。他生前所在的连,被命名为“肖国宝英雄连”。新华社以“马特洛索夫式的英雄——萧(肖)国宝”为题,向全国报道了他的英雄事迹。

参考资料:

刘建伟、邓庆颖、安妮:《英雄雕塑的见证》,《解放军报》,2018年6月21日。

(南江县政协文化文史和学习委供稿)

孤胆英雄黄永保

黄永保（1927—2001），又名黄由保，四川省巴中市恩阳区兴隆镇人。1950年1月参军，1952年9月加入中国共产党。历任班长、副排长、排长、团政治处助理员，中尉军衔，一等功臣。1963年转业到地方工作，先后担任恩阳区、雪山区供销社人事保卫干部，清江区供销社主任、党支部副书记，县农资公司党支部委员、副经理、工会主席等职。

黄永保自幼家境贫寒，8岁就跟母亲卖豆腐，有时以乞讨为生，13岁离家给人当小工，15岁给关公乡守石垭罗兴珍当养子，实际上是做长工。17岁时，他和二弟黄由定为躲抓壮丁不敢归家，不是躲山林，就是藏岩洞。

1950年1月，黄永保参加中国人民解放军。同年10月19日，随部入朝参加抗美援朝战争，被编入志愿军12军34师102团2连。先后参加了572.4高地反击战、金城阻击战，受到团党委通报表扬。

1952年10月14日，敌军开始对我志愿军上甘岭总面积不足4平方千米的597.9与537.7阵地发动了猛烈的进攻。由于敌我力量悬殊，我军损失惨重。在危急时刻，黄永保所在连队奉命火速接防537.7高地2号阵地。此阵地位置十分重要，是上甘岭的制高点。11

月8日，他们到达指定地点。敌机轮番狂轰滥炸，山顶被削矮了2米多，60多位战士在轰炸中牺牲。敌人也趁机抢占了山头，抢修了三个地堡和指挥所，形势对我军极为不利。为尽快夺回阵地，战友们组成三个7到8人的爆破小组连续向阵地冲锋，但均未成功，且伤亡严重。连长姬富祥命令他组织攻坚小组速夺山头。他带上能攻善战的林贵钦、杨富友两位四川老乡组成了攻坚小组，每人携带爆破筒、冲锋枪、子弹、手榴弹、手雷，实行单兵作战，再次冲向攻击目标。11月22日凌晨1时整，他同两位战友凭借弹坑，避开敌探照灯匍匐前进，悄然接近了地堡，并在约定的时间同时起爆。爆炸声响了，三个敌地堡也在同一时刻被炸掉了。可扬起的尘土把他和两名战友埋在了泥土中，他用尽全力才推开了泥土，而战友杨富友却永远躺在了泥沙和血泊中。

黄永保和林贵钦正在整修工事，准备迎接敌人的反扑。忽然间，敌机开始了轮番俯冲轰炸，紧接着大炮也开始了攻击。炮火刚一停，敌步兵便蜂拥而上。他和林贵钦迅速交叉出击、互相掩护，远敌用枪，近敌用手榴弹、手雷，再近就用爆破筒，打得敌人死的死、伤的伤。在这次激烈的战斗中，林贵钦的左手臂被敌炮弹片打断，血流不止。阵地上只剩下他一人，而增援部队未到，敌人又开始反扑了。在这生死存亡的关键时刻，他耳边不时回响起连首长的话："一个英雄的战士，要有胸怀百万雄师的胆略，发扬灵活机动的战略战术，以一当百，以少胜多，守住阵地，消灭敌人。"顿时，他勇气倍增，采取声东击西战术。林贵钦也忍着剧痛不断地为他捡拾武器弹药，使得敌人摸不清阵地上有多少人，在一阵混战之后丢下了十余具尸体龟缩了回去。战友林贵钦也流尽了最后一滴血。此时此刻，他的眼泪已被怒火烧干，仰天怒吼道："人在阵地在，誓与阵地共存亡！"天将黎明，敌人再次展开疯狂反扑，他们不再用飞机大炮开路，而是采取小股分散迂回作战。他拖着疲惫的身体，摸爬滚打，连续打退了敌人的数次冲锋。天亮时，增援部队突破敌人封锁也攻上了阵地。他激动地挥舞着红旗，含泪迎接战友们的到来。当战友们接过红旗和阵地时，他也因疲劳过度瘫软在地上，被炮弹片炸伤的屁股血流如注，战友们赶紧把他送往后方医院急救。此次战斗，他舍生忘死，英勇善战，爆破了敌人最高、最重要的指挥所，打退了敌人三次反扑，歼敌70余名，守住了阵地，为整个战役的胜利立下了卓越功勋，因此被称为“孤胆英雄”。

1953年11月，黄永保光荣地出席了中朝两军在朝鲜平壤召开的英模大会。志愿军12军党委给他记“一等功”，朝鲜授予他“国际主义战士荣誉勋章”1枚。他的英雄事迹曾展示于中国人民革命军事博物馆。

1963年，黄永保转业到原巴中县恩阳镇供销社工作。由于他身上多处中弹，双肺和双腿曾为毒气所伤，经常疼痛，有时甚至无法站立和行走。但他从不居功自傲，而是身先士卒做表率。经常深入农村指挥农副业生产，帮助农民解决资金、物资和生产技术困难，连续多次被评为县、区先进工作者。

随着年龄的增长，黄永保受伤的双腿逐渐瘫软。家里也因为给孩子和他治病花光了积蓄，仅靠他的退休金过日子。尽管这样，他还处处为单位和国家着想，从不向组织上谈什么困难，要什么补助，凭着一根拐杖艰难地在室内行走，直到1999年12月卧床不起。1984年，12军政治部劳模办致函巴中县民政局，了解黄永保转业后工作及家庭情况时，地方政府及相关部门才知道他是“一等功臣”。县民政局询问他有什么要求，家庭有什么困难。他说：“立功是战争的需要，是党教育的结果，我不能以此向党提出个人的要求。现在国家有困难，自己只要能吃饱穿暖就行了。”瘫痪在床后，他不时昏迷，但他仍不准家人送他上医院。他说：“农资公司已是严重亏损单位，职工工资都发不出，我还忍心去抢占职工的活命钱吗？再说，我已是快见马克思的人了，何必还去浪费国家的钱财呢？”

黄永保为了保家卫国而舍生忘死，工作坚持原则、刚直不阿，一生只讲奉献、不求索取，不愧为人民的功臣。

参考资料：

1. 四川省巴中县志编纂委员会：《巴中县志》，巴蜀书社，1994。
2. 巴中市巴州区政协：《古镇恩阳》，内部资料，2007。

（恩阳区政协文化文史和学习委供稿）

川剧《点状元》作者汪隆重

汪隆重（1930—2017），四川省南江县正直镇长滩村人，国家二级编剧，中国戏剧家协会会员、中国戏剧文学学会会员，南江县政协七届委员。他创作的新编历史川剧《点状元》于1980年获四川省优秀剧作二等奖，1982年获文化部、中国戏剧文学学会优秀剧本奖；魔幻歌舞川剧《聂小倩》曾到新加坡参加华人艺术节演出；电视剧本《东方女神》获巴中地区“五个一工程”图书二等奖。

早岁已知世事苦　诗才引得剧才高

汪隆重3岁丧父，4岁丧母，由姨娘将其抚养成人。由于备受父母早亡的打击，他到10岁还木讷内向、沉默寡言，学习成绩也不甚理想。姨娘的女儿汪绍惠回忆说：“我母亲看到他学习没有长进，想到他家就他一根独苗，得想个办法来挽救，开他的窍。我母亲想到一个很土的办法，就对汪隆重说，‘我现在三十几岁都没有出嫁，就是为了你这根独苗，你再不好好学习，我今天就用菜刀把我自己脖子抹了，我就不活这个人了。’如果再死亲人，这个打击他承受不了。所以他当时就给我母亲跪下了，说，‘从今以后，我要努力读书，你一定要相信我。’”12岁时，汪隆重与同学们春游，作了一首诗《豌豆花》:“豌豆花如蝶样白,蝶飞豌豆花中歇。小儿不辨蝶与花,误把白花作蝴蝶。”当时在学校和社会引起不小反响。后在省立阆中中学读书时,汪隆重的一篇论文《我生我才必为用》,引起了语文老师关注。老师为他批下“目光如炬、笔力如椽”的评语。他真正与川剧结缘,还得从业余活动说起。在阆中读书时,汪隆重就爱看戏,尤其喜欢看周兴虎、陈玉俊等人唱戏,长大后也要写戏的愿望,从此深埋心底。

民国三十六年(1947),汪隆重高中毕业后在元潭小学任教。有一次学校文艺会演,教师需要排演歌剧,他创作并排练《自由结婚》《节烈千秋》等新歌剧,初展才华。业余时,他还为群众排演《小二黑结婚》《赤叶河》等时新剧目。由于他酷爱戏剧创作,且功底深厚,1954年被调到南江县川剧团任指导员、团长。那时的剧目多为老艺人口传心授,没有剧本。于是,他成立了编导组,先后创作《嫦娥奔月》《窃符救赵》《天鹅宝蛋》《马陵道》等几十个剧目,在川东北巡回演出,广受欢迎。1956年,他对传统剧目《红梅记》《鳌珠配》进行重新编排,并写经验文章《新的起点》,受到达县地区通报表扬。1959年,他又先后创作《盼红军》《红军松》等现代川剧。《红军松》曾被推荐到西南三省参加会演。

汪隆重特别擅长创新,认为创新才能有吸引力、生命力。他写的戏是“全部调动”,不但是演员入戏,连桌椅板凳都入戏。比如鬼来了,桌椅板凳都会摇动起来。所以,广受人民群众的欢迎。

呕心写成《点状元》　首都公演留美谈

正当汪隆重的戏剧事业如鱼得水的时候,“文革”开始了。他所创作的剧本被列为罪证,被全部没收焚毁,他也受到批斗,但他始终不肯屈服。1973年,他被调到贵民乡任中学语文教师。他目睹了学生们“手指冻、砚冰坚”“三更灯火五更鸡”的奋读情景。有一天,他读到陆游写给主考官陈阜卿的一首诗:“冀北当年浩莫分,斯人一顾每空群。国家科第与风汉,天下英雄惟使君。后进何人知大老?横流无地寄斯文。自怜衰钝辜真赏,犹窃虚名海内闻。”这首诗是陆游赞颂陈阜卿不畏强权、公正选才的事迹,深深地触动了他的心。

1979年,汪隆重再次调回县剧团做编剧时,他毅然决定根据陈阜卿(《点状元》主人公陈芝茂的原型)爱国举才的动人事迹写成川剧《点状元》。他曾对该剧创作的灵感和动机做了如下诠释:“当时才恢复高考,有不少人借高考给子女、亲戚开后门,我感到很不对,应该是公正举才才对。于是我选择了陈芝茂这个事迹来创作。我一定写好,写出后会很受欢迎的。《点状元》就是讲陈芝茂爱国举才、兴利除弊,为国家为人才做了大量的好事情的。”

从陆游的一首诗构思成一出戏,汪隆重创作《点状元》虽然异常艰辛,却首先感动了他自己。在写《壮怀题诗》这一场戏时,他几次都忍不住哭了。他还因劳累过度、大量吐血而住进医院。但《点状元》刚上演就一炮走红,观者如潮。他的同事、原南江川剧团工作人员鲜文兰,对当年的演出盛况记忆犹新:“在当时的县城排一个剧至少要几十天甚至几个月,再好的节目排出来,连演三天就没有观众看了。但《点状元》出来后,连续演了十多场,都还是有观众来看。后来,因为得到县委政府的认可,我们就从旺苍、广元、白水、嘉川、马河坝,一路演到成都。在成都的各个剧场演了将近一个月,每一场几乎都是爆满。而且省电视台、成都电视台都进行了录像。省川剧团的蓝光临,还专门来指导我们排练。这个剧非常成功,不管在哪里演出,都得到观众的认可。”

1980年,川剧《点状元》被评为四川省优秀剧作二等奖,接着又被文化部、中国戏剧家协会评为1980年至1981年优秀剧本奖。汪隆重出席了在北京召开的颁奖典礼,为家乡争得了荣誉。1984年,

《点状元》在北京公演,受到首都专家和观众的热烈欢迎。汪隆重曾特别为此赋诗以表喜悦之情:“十年磨一剑,锋芒未曾试。一旦上战场,寒光照天地。高歌点状元,自信不自弃!”《点状元》的创作和演出成功后,他被评为国家二级编剧,还被吸纳为中国戏剧家协会、中国戏剧文学学会会员。

黄昏最是晚霞美　彩笔犹可写春秋

正当汪隆重的艺术事业攀上巅峰的时候,又出现了转折。1985年,艺术团体制改革时撤销了县川剧团,他被迫离开倾注他全部心血的舞台。是从此告别戏剧享受退休生活,还是为川剧创作再继续贡献余热? 他再次站到人生的十字路口。“退休岂能退而休,平生壮志尚未酬。讲台苦楚育桃李(教过书),舞榭笑傲轻王侯(编过戏)。时不利兮骓不逝,期其然哉运可求。黄昏最是晚霞美,彩笔犹可写春秋。”他以诗明志,表示要生命不息,笔耕不止。

十多年时间,汪隆重又先后创作《故国情》《巴山游击队》《蜀国恨》《泪美人》《希望》《牛知县审牛案》《张飞认母》《美人恨》《鬼恋》《牡丹灯》等剧作。其中,魔幻歌舞川剧《鬼恋》是他继《点状元》之后的又一力作,融入川剧传统艺术的精华,并增强观赏性,在戏剧界和观众中产生了强烈反响。《鬼恋》由重庆川剧团带到省里做汇报演出,在锦江剧场上演时场场爆满。1996年,《鬼恋》改名为《聂小倩》,走出国门,参加了新加坡华人艺术节。而《鬼恋》的创作过程,同样十分艰辛。王国维在《人间词话》里说过“尼采谓一切文学余爱以血书者”,他创作戏剧也同样是“字字看来皆是血”。他的妹妹汪绍惠含泪回忆起他的一段炼狱般的生活:“特别是我哥哥在重庆写这个《鬼恋》的时候,他身体已经生病了,但是由于这个剧要去巡回演出,要得急。他去重庆才三天就病了,但是为了这个剧本的效果,坚持带病修改。一边治病，一边修改，一直修改到演出的时候，他就病倒吐血，被送到医院去治疗。连《鬼恋》的首演，他都没有办法出席。”

汪隆重从收集素材到完稿只花了三个月时间，写了一部23集的电视剧本《东方女神》。他克服种种困难，才使该剧本得以出版，并获得巴中地区图书二等奖、世纪论坛剧本一等奖。“伟大的戏剧作家首先必须是伟大的诗人”，这是他戏剧观中的第一句话。翻开诗文戏的合集《巴山情》，触摸那些字句，他一生的故事就像一部老电影一样浮现在我们眼前。南江文化名人蒲守易先生曾高度评价他：“我认为他是南江当代著名的诗人。由于他是诗人，常常重感情，有了感情才能创作好他的戏剧。他的戏剧集很多，有四五十出戏。一个人写四五十出戏很难，而且他的戏剧都是歌剧，都是诗的典化，是了不起的。汪老在南江文坛上是首屈一指的人物，要出现一个优秀人物颇不容易，我们南江人永远记得这位文化老人，人们都尊重他。”

在年届古稀时，汪隆重与诗友们组建了南江县诗词楹联学会（以下简称“南江诗联会”），并任首届会长，主编了《蕊榜新花》等刊物，为推动南江文化事业发展作出了贡献。“我们这辈人搞创作一定要呕心沥血，只有呕心沥血才能把作品写得好。所以我的创作态度是‘呕心沥血吾辈事，李杜文章万代长’。”他如此总结自己笔耕的一生。

人生如戏，戏如人生。纵观汪隆重一生“巴山舞椽笔、京华点状元”，又何尝不是一出精彩的戏剧！他生于巴山，长于巴山，终老于巴山，戏剧集名《巴山剧作》、散文集名《巴山寄语》、诗歌集名《巴山吟稿》。以巴山的人、事为背景、题材或以巴山命题的作品多不胜举，可谓言必称巴山，无不彰显了他对家乡的一往情深。

2017年3月，汪隆重先生与世长辞。公山衔悲几水溢泪，文朋诗友悼挽如潮。笔者忝为南江诗联会一员，亦曾敬挽一联云："卌载偏耽戏剧，劫火炼铁骨铜筋，公犹巴蜀舞椽笔；几江又堕文星，春风送素车白马，谁复京华点状元？"

汪隆重先生的一生，用他自己的诗来概括最为合适："五十赴京点状元，古稀遵命理诗坛。会当击水三千里，自信人间二百年。分劳乐居群才后，担忧敢为天下先。大德我修真善美，返本归去乐陶然。"

参考资料：

中国人民政治协商会议四川省南江县委员会文史资料工作委员会：《南江文史资料选辑》（内部资料），1987。

（南江县政协文化文史和学习委供稿）

德艺双馨的文化学者蒲守易

蒲守易（1937—2017），号翠竹轩主人，四川省南江县凤仪乡人。1963年毕业于四川师范大学中文系，后考取山东大学萧涤非先生的硕士研究生。他的诗词联赋造诣尤深，系中国楹联学会会员，高级讲师，1995年荣获“全国优秀教师”称号，先后兼任南江县第十二届人大常委会副主任，南江县政协第五届委员会副主席。1997年，全国政协副主席洪学智将军来南江视察时单独接见了他。蒲守易退休后曾任老年大学副校长，县诗词楹联学会会长，与汪隆重、马善政等为成功创建中国西南片区首个“中国楹联文化先进县”付出了大量心血。他治学严谨，著述颇丰，学识宏深，桃李满门。

呕心杏坛　一代名师

蒲守易出身于龙江村一个农桑世家，自幼聪颖好学。1953年就读于南江中学，1954年加入共青团，1956年求学于巴中高级中学。1959年步入大学殿堂，师从川师大楚辞学泰斗汤正炳、文选学专家屈守元和杨慎研究专家王文才等名师。毕业后就职于南江下两中学，1974年调入南江正直中学，1978年2月调入南江教师进修校，教中师班、函授大专班、大学本科班的中文，先后被达县师院、川师大聘为兼职副教授，在川东、川北片区巡回讲学。

蒲守易博古通今，治学严谨，诲人不倦。只要他一走进课堂，不管是青年学子班、成人学员班，还是干部班的学员满座寂然，洗耳聆听。他讲课循循善诱，旁征博引，环环相扣，风趣幽默，引人入胜。听他课的学生们无不称赞："听蒲老的课，真是享受！"在20世纪80年代中后期的寒暑假，笔者曾有幸聆听蒲守易先生传道、授业、解惑。因他实在太忙碌，也与他并无私交，笔者一直没有勇气单独求教。有一天，笔者忐忑不安地把十万言草创文稿贸然送交与他，恳求赐教。未料他在百忙中挑灯展卷，认真眉批和总批，连错别字和标点符号都做了订正。同时，他还给笔者写了三封信，共2000余言。他在信中亲切地把笔者当朋友、小弟，系统地传授创作诗联的规则、方法、技巧……

1984年10月1日，蒲守易被西师大聘为中文函授辅导教师，承担现代汉语教学工作。同年11月1日，被四川干部学院聘为中文教师，任教1985学年度第二期大学语文。1986年9月1日，被西师大聘为中文教师，任教1986、1987年度第一、第二期外国文学、文学概论等学科。1987年12月5日，被评为"高级讲师"（副教授）。他从参工到退休，耕耘杏坛36载，16次荣获省地县各级奖励。1995年被评为"全国优秀教师"。

涉足政界　两袖清风

1987年10月1日，蒲守易当选为四川省第七届人民代表大会代表。1989年，被南江县政府任命为县政府监察委员。1991年，当选为南江县人大常委会副主任。1993年3月，当选为南江县政协副主席。

蒲守易成为县领导之后，乐于在基层实干，婉拒住机关，要求进修校按一个普通教师的标准给他安排课程。县上开会研究工作，他积极建言献策，有的放矢地提出问题，提的建议切合实际、科学合理。比如，他提出的“山区师资不足，可招收高中生就地培训”“中小学生要重视德育教育”“加强妇女干部的配备和培训”“减轻农民负担”“发展南江经济要抓好‘三头’，即发展绿色旅游的‘山头经济’，重视矿产资源开采与保护的‘石头经济’，组织培训富余劳动力到外地挣钱拿回家乡搞建设的‘人头经济’”等建议，得到高度重视并被采纳。他为人低调，严于律己，生活简朴。他到县上开会以步代车，下乡调研时坐大巴。他本可享受宽大的住房，但他和家人依然住在两间低矮的瓦房里。他也从未向上级提出过给子孙农转非、安排工作等要求，两个儿子和七个孙子都是在农村自谋职业。

1997年10月16日，全国政协副主席洪学智将军来南江视察工作。上午会议结束时，参会的蒲守易向县领导请假，说下午有课，不能参会。洪将军很诧异，就问：“他怎么还要上课？”陪同的领导回答：“他叫蒲守易，是名教师，身为县政协副主席，仍坚持不脱离基层工作。”洪将军感慨地说：“老师的工作作风就是不一样，下午我要单独见他！”于是，当天下午，洪将军单独接见了他，并和他合影留念。

弘扬国粹　传承文明

蒲守易退休后二十年如一日，退而不休，为弘扬国粹、传承中华文明奉献着余热。他为南江老年大学讲授文学课，与汪隆重、马善政等文友创立南江诗词楹联学会，并从2003年起连续担任两届会长。

蒲守易常对老年大学的学员们讲，中华民族之所以屹立于东方五千年，就是因为有中华文化这个民族之魂，有中华文化这个精神家园。我们要担当起弘扬中华优秀文化的重担，才能圆好中华民族复兴之梦。他在老年大学里没有批改作业的任务，但他却对学员们说：“你们过去为人民服务立过功，却没有时间立言。现在退休了，时间有了，是你们立言的大好时机。你们写诗词联、写文章的内容很多，你们做人、处事、工作经验都可以写，只要交上来，我都会给你们认真改。你们写多了，就汇集成册，留给后人作为鉴戒，很有好处。”

为方便大家掌握古体诗词联的格律，蒲守易深入浅出地编写了《声律浅说》一书，印发千余册。同时，组织骨干学员先后深入南江十大片区的乡镇，宣讲联律20余场次，前后35万人次受益。南江诗联会创办了《蕊榜新花》会刊，他担任主编。200多会员的稿件多而杂，文化程度参差不齐，修改稿件的难度可想而知。当时，他既是县政协委员，又是老年大学的教师；既要为一些社团举办讲座，又要为许多单位、个人的专著修改、作序，其繁忙程度可想而知。然而，他修改稿件时不是一般的浏览，而是细读精改，既有眉批又有总批；不是大刀阔斧地增删，而是顺应笔者的思路指点迷津，激励其上进。他曾说：“对初学者不能要求过高，要求过高就不能普及。没有数量，也就不可能提高质量。”

为弘扬诗联文化，蒲守易甘为人梯，非常重视发现和栽培可塑之才。在老年大学他培育了陈登枢、杜子林、李晨钟、谢太和、岳映秀等一大批诗联骨干。接着，又培养了王修德、杨古昉等南江诗联领军人物。晚年，他对齐斌、何志平等诗联新秀更是精心栽培。此二人分别获得2014年、2016年、2017年中国楹联学会授予的中国对联年度创作奖金奖提名奖和《南江赋》全国征文大赛一等奖。

蒲守易待人真诚，有问必答，有教无类。不管是单位还是个人，不管是熟人还是慕名而来，他总是有问必答。只要找上门递给稿件或文集，他总是热情接待，从不推辞。大家总是满怀期望而来，满意而归。人们尊称他为“蒲夫子”“活字典”，人们赞誉他是经师典范、人师楷模。

赋文景点　增彩旅游

蒲守易从退休直到离世的前一天，都在致力为巴中地区旅游景点赋文增彩。他说："巴中地区的旅游胜地大多集中在南江地区，把南江这个旅游龙头抓好了，巴中地区的旅游事业就火了。"早在南江诗联会成立初期，他就带领诗联会写作功底较好的会员冒酷暑、踏冰雪，多次深入城郊古断渠、赶场小巫峡、贵民神门、上两桃园、光雾山大坝、十八月潭、县南皇柏林、玉湖、龙耳山、圆顶子等地，穿峡谷、钻溶洞、走栈道、登险峰，考察、探奇、采风、命名，写了大量的诗、词、联、赋、散文、游记、神话传说。这些文字经他加工提炼后，编成了《断渠大观》《巴山小巫峡》《巴山翡翠》《贵民山水》《县南风物》等旅游丛书，向世人揭开了奇秀光雾山、翡翠米仓山、贵民仙山的万年盖头，为光雾山申报国家AAAAA级风景名胜区作出了贡献。

出入四川的秦门蜀关处，镌刻有蒲守易所作的碑序。该序气势磅礴，揭示了大美光雾山深厚的文化底蕴。南江仿古街、红塔公园、光雾山镇、铁炉坝村、青杠村、长滩村等地都镌刻有他作的妙联。他在离世前两天，还在为红塔公园文化打造呕心沥血。

德艺双馨　名留表史

蒲守易是有教无类、诲人不倦、桃李满门的良师，也是德艺双馨的文化学者。他著述颇丰，为方便教学，还编印《声律浅说》《毛主席诗词注释与资料汇编》等资料。他治学严谨，淡泊名利，"述而不作"。如他数十年撰写的《集州文艺钩沉》，三十余卷日志，内容丰赡，多以记述学问为主。他的门生闻知此事后，纷纷表示愿出资将其学术成果整理成册，出版发行，但都被他婉言谢绝。

2009年1月18日，蒲守易荣获"中华世博会老年文化大使"称号。2015年11月，荣获巴中市精神文明办授予的"首届书香人家"

称号。由南江县政协文史委主编、团结出版社出版的《米仓古道史林》，他倾注了大量心血。更可敬的是他的奉献情怀，多少人受他释疑、解惑，多少人被他引进古诗词殿堂栽培成诗坛领军人物，多少人的文集闪亮面世都浸透了他的辛劳。

参考资料：

中国人民政治协商会议四川省南江县委员会：《南江文史》（第17辑），内部资料，2016。

（南江县政协文化文史和学习委供稿）

草根教授魏传宪

魏传宪（1947—2007），四川省南江县大河镇佛石坝村人。先后毕业于达县行政教育专科学校、四川师范大学。1974年起，先后在南江县大河公社民办初中、南江师范、南江二中、达川市一中、绵阳师范学院工作，2005年被破格评为绵阳师范学院教授。其开设自编教材课程9门，开展学术讲座552场次，完成科研项目9项，发表论文85篇，撰写著作26部，获奖成果11项。他著述宏富，桃李满门，人称“北有魏书生，南有魏传宪。”

艰难曲折求学路

魏传宪小时父亲因病去世，母亲带着三姊妹艰难度日。刚满6岁，母亲就送他到柏垭子小学读书。他每天早上天不亮就起床，帮母亲做完家务后，才到学校读书。那时，家里穷没钱买鞋，他就打着赤脚在家与柏垭子小学间的小路上奔跑；没有纸笔，他就用细木棍在地上练习写字和计算。学校和书本对他有着特殊的吸引力，贫穷完全挡不住他对知识的渴望。

1961年，魏传宪考上了大河镇初中。从他家到大河镇，来回要走近四个小时，道路坎坷崎岖，成人走一趟都感觉十分辛苦。年幼的他却不怕吃苦,为完成学业,他自己在家用谷草编了双草鞋,每天一大早就起床,穿着草鞋匆匆赶到学校,上完课后又匆匆往家赶。回家后,他先帮母亲做完家务,然后才借着灶火看书学习,完成当天作业。

1964年,魏传宪以优异的成绩考入南江中学。因为家里一贫如洗,面对录取通知书时他犹豫了。最终,是母亲的谆谆教诲和班主任老师的热心鼓励,使他踏上了到县城求学的路。当他穿着自认为最好的衣服,徒步90里山路来到南江中学时,却引来了大家的围观,大家都以为他是误入校门的乞丐。当时的何崇寿校长了解情况后,当即收下了这位徒步前来却又分文未带的学生。魏传宪特别珍惜来之不易的学习机会,上课特别认真,每天晚自习结束后,还傍着路灯看书。吃饭时,他躲在角落里,靠咸菜下饭。冬天来临,他的衣着单薄,每天早早就起床,穿着草鞋往断渠跑一个来回,以运动后的余温抵御一天的寒冷。晚上冷得睡不着时,他就背诵古诗词,以诗温暖自己的心。每到周末,他就会背着背篓,当起了"背二哥",挣钱交学费。

1967年,取消高考的消息彻底击碎了魏传宪的梦想,母亲的突然离世也让他没了家。高中毕业后,他无奈地回到老家,为大队做工记账。1974年,队上开办村小,他当上了老师。这时,他已成家。每天背着女儿到学校,女儿自己在地上玩,他在讲台上认真上课。他喜欢看孩子们渴求知识的眼睛,喜欢听孩子们叽叽喳喳的提问。1977年,恢复高考的消息再次点燃了他的希望。他考取了达县行政教育专科学校,成为大河区第一名大学生。他觉得愧对家里的妻子和两个孩子,但妻子的无条件支持又是他前进的动力。

厚积薄发以远行

1979年9月,魏传宪被分配到南江师范学校教语文,并担任班主任。他幽默风趣的语言,文理兼备的思维,知识融合的创新和旁征博引的风采，让他的课堂成为师范语文教学的模板。为拓展学生思维，培养他们的学习兴趣，他组织带领学生到学校周边的山野春游，为班上学生在县文化馆办理借书证，在班上建立语文课外兴趣小组，指导学生办黑板报，鼓励学生进行文学创作。学生符道今、左天福在文学期刊上发表了小说和散文，在全校引起轰动。为了将小学语文教学能力真正传授给学生，魏传宪又到南江二完小兼课，用亲身体验及感悟将自己的教学理念和方法无私地呈现出来。有一次查字典考试，他让自己读小学的女儿与这些学生一起考，最后有一半的学生没有考赢小学生。他这样做的目的，就是要让学生们明白一个道理：生不一定不如师。他还组织学生在实习之前到二完小听课，在本班试讲指定的篇目，然后再由他和同学们当堂点评，让学生提前体验课堂教学的氛围。在学生实习期间，他走遍了所有学生实习的学校，了解学生的实习情况，听取实习学校的意见。他在南江师范的教育成果，从他所教的毕业学生身上都可以看出。他常说："巴中的任何一个地方，都有我学生的影子。"在南江师范撤办时，南江二中段泽华校长看中了他，南江县教委也希望他能把二中的教学质量提升到一个新的水平。

于是，魏传宪来到南江二中担任教导主任，大手笔进行教学改革。他组建实验班，对老师、学生都提出新要求，让孩子们走出去在自然中学习更多在教室里无法学到的知识；他改革考试方法，让全校在大操场考试，杜绝作弊现象；加大教师培训力度，给老师提供更多出去学习的机会；对优秀学生进行奖励等。两年后，南江二中高考升学实现零的突破。五年后，跻身全县第二的位置，成了全县学生竞相选择就读的学校。他还将多年的教学经验总结成书，编著有《初级中学实验课本（五册）》《中学生独立阅读》《中学文学常识》《现代文阅读训练》等，许多自编教材成为达县地区各个中学使用的内部教材，他成为中小学语文教育的引领者。

在工作之余，魏传宪还坚持自我知识和能力的提升。他参加了川师大中文系的本科进修，这让他的知识更系统，使他的教学成绩更优秀。1991年，他调到达县第一中学任教。他培养的学生何东晓被评为“全国十佳文学少年”，他被评为“全国十佳少年摇篮奖”。此时，“北有魏书生，南有魏传宪”的说法已经在整个达县地区教育界流传。

教育思想被绽放

1994年，魏传宪作为人才被引进了绵阳师范学院。他在绵阳师范学院开设了语文教学论、中学文言文教学研究、古典词艺术、诗歌鉴赏与写作、庄子研究、创新思维方法论、快速作文等课程，教材全是自编的。同时，他还以“参与性学习与探究性学习”“班主任的人格素养”“新课程标准与语文课堂教学改革”“如何做好信息社会的教导主任”“置换律、化归律和八二律教学”“人类的明天是不可知的”等为题，为大学教师、大学生、中小学老师、文学爱好者以及学生家长累计举办讲座500余场，听众达数万人次。此时，绵阳师范学院出现了听魏教授讲课，一座难求的现象。

在此期间，魏传宪在全国首倡“参与性教学”范式。这种教学范式以互动实现“获学习机能、增主体素质、升生存艺术”为目标，既适于教学论课程，也适宜中小学教学。当时“参与性教学”范式实验班遍及全国8省市80余所学校。1996年10月在长沙召开的中国教育学会学术会议和1999年4月上海召开的全国教育科学“九五”课题研讨会上，魏传宪先后两度与大家交流，得到参会者的一致好评和充分肯定。为此，他应邀到全国各地作“参与性教学”讲座80余场次，培训省内外教师4100余人。绵阳市涪城区等区县发文《魏传宪参与性教学》，《绵阳日报》《巴中广播电视报》《雅安教育学院学报》、河南省《教育论坛》等报刊开设专栏介绍“魏传宪参与性教学”。2002年5月，四川省教育学会和绵阳师范学院联合召开全省“参与性教学”推广大会。

魏传宪在全国首次提出了“多维教学”的概念，并深入研究其方法和体系。他在《多维教学论》一文中指出，教育要真正体现“全体全面”，只有在同一课堂（或不同课堂）提供多式、多价的教学供不同学生选择，这便是“多维教学”。他还以自己从小学到大学几十年的教育实践为例，从“教学文化：人文主义—科学主义—儒学；教学组织：大班—小班—个别；教学角色：老师—学生—督学；教学策略：教师中心—学生中心—师生参与；课型：知识课—学法课—心理课；教法：讲解—示范—辅导—评价；学法：识记—应用—创造”等七个方面详尽论述了他构建的立体多维教学体系和实施方法。

魏传宪还首次提出“非完美教育”的教育理念，他在《论非完美教育》一文中，针对“人类的完美教育理想”和“传统的完美教育”，深入分析了“非完美教育”的人性基础和社会基础，论述了“创新与非完美教育”“非完美教育与完美教育”之间的关系，深刻阐释了“非完美教育”在各类学生教育中的意义所在。

与此同时，魏传宪还深入绵阳市区和周边中小学课堂，具体指导中小学教师开展参与性教学的具体实践，与他所教的毕业生共上“超级”公开课。他还参与绵阳市多所学校的课题研究，与绵阳市涪城区各学校合作，对语文教学进行改革和创新。对此，四川省教育学院刘裕权教授赞叹说：“绵阳市之所以教育科研搞得好，素质教育搞得好，因为有了个魏传宪。我们的教育太缺少这样的高水平而又吃苦耐劳的专家了。”

在绵阳师范学院任教期间，魏传宪先后开设自编教材的课程9门，举办学术讲座552场，完成科研项目9项，发表论文85篇，撰写著作26部，获奖成果11项。他在教育、教学及科研方面的努力和取得的成就得到政府和教育行政主管部门以及同行的充分肯定。1998年,他主持研究的"参与性教学研究与实验"课题,荣获教育部全国师范院校基础教育改革实验研究项目优秀成果三等奖。2000年,他以第一作者身份撰写了《说课的心理学原理与技术》一文,荣获四川省教育厅优秀教育科研成果二等奖。2001年,他作为"中小学中青年学科带头教师素质培训的研究与实践"课题技术负责人,荣获四川省政府普通教育教学成果一等奖。同年,他主持研究的"学科教学法课程主体创新实践模式探索与实践",荣获四川省政府高等教育教学成果一等奖。2002年,他主研的"课堂微观教学行为艺术研究",荣获省政府哲学社会科学三等奖。2005年,他被破格评为绵阳师范学院教授。

草根教授的依归

魏传宪既是中小学教育专家,更是受一线师生喜欢的草根教授。他始终没有忘记自己来自大巴山深处,始终保持着大巴山人的本色。作为一名全国知名的大学教授,他应邀外出讲学时,总是坐公交车前往;送教下基层学校,他常年骑自行车前去。他为人厚道,处事低调,性情温和、率真,让人感觉不到他的教授"架子"。

魏传宪几十年如一日,真心实意地研究教育,践行着他的"人性化平民教育"理念。他不"玩教育",尤其是"不沽名钓誉谋功利",虽然身在大学这个象牙塔,却是一个地地道道的草根教授。

不幸的是,他患上了肝癌。在确诊并初步治疗后,他向学院领导要求,让他回到讲台去。他说:"请满足我到学生中去找回生命原动力的热望吧!"他在博客上"谱写"了236首《癌症欢乐曲》,这些是他对生命、对教育的深度体验。他不仅创建了"博客教学",还开设了"魏老师热线",以继续"传道授业解惑",从而实现他"教授天下"的教育理想。

2007年6月23日，魏传宪在绵阳去世。他一生不停地探索着教育的规律，用生命真正诠释了教育的意义。

参考资料：

吴佳惠、魏敬爱：《一位用生命诠释教育的行者——记魏传宪先生》，《南江文史》(20辑)，内部资料，2019。

（南江政协文化文史和学习委）

附录

巴中历朝进士名录

姓名	朝代	生卒年	籍贯	官职或封赠	入仕时间
张　曙	唐	不详	巴州区	右补阙	大顺二年（891）
李　森	宋	不详	巴州区	侍中	政和中年（1111—1117）
李　杭	宋	不详	巴州区	不详	绍兴十八年（1148）
谢周卿	宋	不详	恩阳区	湖州知州	嘉定年间（1208—1224）
谢　耕（谢周卿长子）	宋	不详	恩阳区	不详	绍定年间（1228—1233）
谢　震（谢周卿次子）	宋	不详	恩阳区	不详	绍定年间（1228—1233）
谢　樵（谢周卿三子）	宋	不详	恩阳区	不详	绍定年间（1228—1233）
王　绍（谢周卿女婿）	宋	不详	恩阳区	不详	绍定年间（1228—1233）
赵汝霖	宋	不详	巴州区	不详	绍定年间（1228—1233）
李廷英	宋	不详	巴州区	不详	绍定年间（1228—1233）
陈世昌	宋	不详	巴州区	不详	绍定年间（1228—1233）
张文治	宋	不详	恩阳区	不详	绍定年间（1228—1233）

续表

姓名	朝代	生卒年	籍贯	官职或封赠	入士时间
杨艮孙	宋	不详	巴州区	不详	宝祐四年（1256）
宋汝砺	元	不详	巴州区	不详	大德年间（1297—1307）
冯希文	元	不详	巴州区	不详	大德年间（1297—1307）
冯有能	元	不详	巴州区	不详	大德年间（1297—1307）
宋涣可	元	不详	巴州区	不详	元统年间（1333—1334）
李梦熊	元	不详	巴州区	不详	至正年间（1341—1368）
赵伯贵	明	不详	通江县	不详	洪武三十年（1397）
何　渊	明	不详	巴州区	浙江龙泉县令	景泰五年（1454）
陈　凤	明	不详	巴州区	刑部主事	成化五年（1469）
向　翀	明	1445—1520	通江县	广东道监察御史	成化十一年（1475）
张　本	明	不详	恩阳区	云南巡抚	成化十一年（1475）
张　铨	明	不详	恩阳区	云南布政使	成化十七年（1481）
苟　璋（武进士）	明	1465—1533	通江县	南京西城兵马指挥司副指挥	弘治元年（1488）
李　实	明	不详	南江县	翰林院检讨	弘治六年（1493）
周建邦	明	不详	巴州区	户部主事	嘉靖十七年（1538）
康汉衢	明	不详	巴州区	翰林院庶吉士	嘉靖年间（1522—1566）

续表

姓名	朝代	生卒年	籍贯	官职或封赠	入士时间
岳虞询	明	不详	南江县	山西巡抚	万历二十年（1592）
向允贤	明	不详	通江县	陕西布政使	万历三十五年（1607）
张　弦	明	1567—1640	恩阳区	湖广布政使	万历四十一年（1613）
向玉轩	明	？—1671	通江县	户部和吏部都给事中	崇祯七年（1634）
康汉章	明	不详	巴州区	陕西褒城知县	不详
康汉清	明	不详	巴州区	陕西武功知县	不详
朝国星	明	不详	平昌县	湖广布政使	不详
岳　贞	清	1623—？	南江县	浙江台州知府	顺治十六年（1659）
岳　度（岳贞四子）	清	不详	南江县	翰林院编修	康熙三十三年（1694）
岳　顺	清	不详	南江县	江苏太平、娄县知县	康熙三十三年（1694）
李钟峨	清	1661—1749	通江县	太常寺少卿	康熙四十五年（1706）
岳　维（岳贞七子）	清	不详	南江县	贵州荔波县知县	康熙四十五年（1706）
程允开	清	不详	平昌县	川南嘉定府威远教谕	雍正三年（1725）
朱　昱	清	不详	通江县	山东禹城、河南商河知县	乾隆十年（1745）
李其纲	清	不详	通江县	隐居不仕终老讲席	乾隆五十二年（1787）
张　鍠	清	不详	恩阳区	广东钦州知州	乾隆年间（1736—1795）

续表

姓名	朝代	生卒年	籍贯	官职或封赠	入士时间
胡大成	清	不详	恩阳区（后入籍南充）	吏部掌印给事中 广州雷琼道道员	嘉庆四年（1799）
唐正恩	清	1790—1874	平昌县	陕西临潼府同知	道光三十年（1850）
吴　铣	清	1800—1856	平昌县	云南澄江知府	道光九年（1829）
徐炳唐	清	1806—1872	南江县	兰州知州	同治十年（1871）
金玉麟	清	1807—1863	恩阳区	兵部主事 宁羌知州	道光十八年（1838）
石　焯（武进士）	清	不详	巴州区	不详	咸丰八年（1858）
吴　镇	清	1816—1887	平昌县	山东、广东道监察御史	咸丰十年（1860）
王　纪	清	1819—1869	平昌县	户部主事	咸丰四年（1854）
余焕文	清	1825—1892	平昌县	礼部主事	咸丰十年（1860）
何岚崧	清	1836—1924	南江县	终生劝学育才	同治年间（1862—1874）
彭庆文	清	1839—1907	平昌县	户部员外郎	同治六年（1867）
周绳武	清	不详	巴州区	浙江青田县知县	光绪二年（1876）
李含菁	清	不详	巴州区	彝州通判 贵德厅同知	光绪十五年（1889）
李承恩（武榜眼）	清	1850—1921	通江县	御前头等侍卫	光绪十六年（1890）
余　堃	清	1861—1921	平昌县	陕西提学使兼布政使	光绪十六年（1890）
苟国栋（武进士）	清	不详	恩阳区	御前三品带刀侍卫	光绪十六年（1890）

非巴中籍历史文化名人事略

严　颜(生卒年不详),东汉末年武将,初为刘璋部下,担任巴郡太守。建安十九年(214),刘备军进攻江州,严颜战败被俘,张飞对严颜说:“大军至,何以不降而敢拒战?”严颜回答说:“卿等无状,侵夺我州,我州但有断头将军,无降将军也!”张飞生气,命左右将严颜拉去砍头。严颜表情不变地说:“砍头便砍头,何为怒邪!”张飞敬佩严颜的勇气,遂释放严颜并以严颜为宾客。严颜当年镇守巴州,巴州区平梁城有严颜点将台遗址。严颜生卒何年,三国历史无记载。葬于何地,宋相关历史记载有三处,巴中、仪陇、忠县均有严颜墓,孰真孰假,难以认定。但可肯定的是,严颜身为巴郡太守,功勋卓著,深受庶民拥护。

苏味道(648—705),河北栾城县人,唐代政治家、文学家。唐乾封三年(668)中进士,任咸阳尉。吏部侍郎裴行俭爱其才华,愉逢征计空厥,引荐为管记,行书令及表启之事。唐武后延载元年(694),苏味道入朝为凤阁舍人、检校侍郎、同凤阁鸾台平章事。唐证圣元年(695),与张锡坐法下狱,张锡从容自如,而苏味道则席地而坐,很少进食,惴惴不安。武后闻知,将张锡流放岭南,将苏味道降职为集州(今南江县)刺史。唐圣历初年(698)复为凤阁侍郎、同凤阁鸾台平章事。后因苏味道改葬其父侵毁乡人墓田,役使过度,被弹劾,贬为坊州刺史。唐神龙元年(705)正月,迁益州(成都)大都督府长史。后因亲附张易之兄弟,受牵连,贬为眉州刺史。不久复迁益州大都督府长史,未行而卒。《新唐书》《旧唐书》著录《苏味道集》十五卷,今佚。《全唐诗》录苏味道诗十六首。其中,《上元》为传世之作。苏味道在南江任刺史期间,虽心中有怨,但仍坚持作诗,惜未流传于世。苏味道有四个儿子,长子、三子、四子继承父业做官。次子苏份居四川眉州为普通百姓,繁衍第九代孙苏洵、第十代孙苏轼、苏辙,史称"三苏",闻名于世。

李　贤(655—684),字明允,唐高宗李治第六子,武则天次子。被加封岐州刺史、雍州牧、幽州都督。唐龙朔元年(661)改封为沛王,后加封扬州大都督及右卫大将军。李贤幼年时读书有过目不忘的本领,聪慧非常,曾令高宗赞叹不已。唐上元二年(675),李弘猝死,李贤继立为太子,曾三次监国。他处理政事明确公允,受高宗褒扬和大臣拥戴。李贤为太子期间,与母后关系紧张。武后曾多次亲书手信责备太子,李贤常年处于惶恐之中,而宫中关于"太子不是皇后亲生"的流言更为母子关系雪上加霜。当时,深受武后信赖并伴随左右的道士明崇俨为皇子看相,明崇俨出言"英王(武后三子)状类太宗、相王(武后幼子)最贵,而太子(李贤)不堪大任"。李贤闻之,更为忧惧。唐永隆元年(680),明崇俨为盗所杀,武后怀疑是太子所为,随即派人搜查太子府第,查出皂甲三百余副,太子遂因谋逆罪被捕囚禁。唐高宗向来宠爱李贤,犹豫再三希望赦免太子,但遭武后驳斥。高宗无奈下令三司会审太子谋逆案,太子最终未能洗脱罪名,被废为庶人,在长安拘禁一年多后,被流放到巴州(今巴中市巴州区)。唐嗣圣元年(684),中宗李显继位,不久武后将其废黜,改立幼子睿宗李旦。睿宗柔弱形同傀儡,武后自此完全把持朝政。武后担忧李贤在外有所图谋,便以校检李贤宅第的名义逼迫他自杀。李贤死后,武后恢复其雍王王爵,并在流放地下葬。唐神龙元年(705),中宗继位。中宗念及兄弟之情,追授李贤"司徒"官爵,并将灵柩迁回长安,以亲王礼陪葬乾陵。

严　武(726—765),字季鹰,陕西华阴人,唐中书侍郎严挺之之子。唐天宝十四年(755),安禄山叛乱直逼京都,严武参与了灵武起兵,随后陪驾到凤翔至长安,护卫有功。至德二年(757),宰相房琯以其名臣之子,荐为给事中。乾元元年(758),因房琯受贿遭弹劾,罢为太子少师,严武连坐,被贬为巴州刺史。上元二年(761)十二月,升迁剑南道东川节度使。宝应元年(762)七月,严武被召回京,入为京兆尹,迁黄门侍郎。广德二年(764)正月,合剑南东、西川为一道,治地今成都市,严武擢成都尹及剑南节度使。此次入蜀,担平息蜀中叛乱之大任。当年七月,严武率兵西征。九月破吐蕃七万余众,十月取盐川城。同时遣汉川刺史崔旰在西山追击吐蕃,拓地数百里,与郭子仪在秦陇一带主力相配合,终于击退吐蕃的大举入侵,保卫了西南边疆。因平乱有功,加检校吏部尚书,封郑国公。永泰元年(765),严武病卒于成都,年四十。严武能文能武,《全唐诗》收录严武诗六首,清《巴州志》录诗三首:《巴岭答杜二见忆》《题巴州光福寺楠木诗》《暮春题西龛龙日寺石壁》。严武任巴州刺史期间,十分关注当时盛行的佛教造像,上元元年(760)四月十三日,作《奏请赐巴州南龛寺题名表》呈朝廷,请求肃宗为巴州南龛寺赐名,肃宗遂赐名"光福寺"。严武派人先后修葺了南龛佛寺,"建造屋宇30余间,并移洪钟壹口,庄严福地,增益胜缘",创西龛流觞亭和东龛精舍。

羊士谔(约762—819),字谏卿,山东泰安人。唐贞元元年(785)登进士第,授义兴县尉,迁义兴主簿。永贞元年(805),累至宣歙巡官,当年至长安,因公言王叔文政治革新之非,被贬为福建汀州宁化县尉。元和元年(806)入为监察御史,迁侍御史。元和三年(808),宰相李吉甫病,延医,医宿其第,窦群捕医生,劾李吉甫交通术士。宪宗大骇,讯之无状。窦群与羊士谔友善,皆遭贬。同年,羊士谔贬任资州刺史,元和五年(810)至元和九年(814)任巴州刺史,后任洋、睦等州刺史,所任之处,皆有政绩。元和十四年(819)入朝为户部郎中。羊士谔诗作成就不凡,有《羊士谔诗集》一卷,《全唐诗》录其诗一卷。元代文史学家辛文房谓其诗"妙造良《选》,作皆典重"。在巴州作诗三十四首,并载志书,多颂巴州摩崖造像和自然风光,是巴中历史上留下诗篇最多的古代官吏。

郑　畋(823—884),字台文,河南荥阳人。唐会昌二年(842)进士及第,任藩镇幕府。咸通五年(864)入朝,十年迁户部侍郎。咸通十一年(870),充翰林学士承旨。后因事被贬为梧州刺史。僖宗即位后,复入为右散骑常侍。乾符元年(874),以兵部侍郎同中书门下平章事。乾符五年(878),因反对招抚黄巢事被罢相。广明元年(880),郑畋任凤翔节度使。同年冬,黄巢攻入长安,僖宗奔蜀。郑畋召集畿内散兵,顽抗义军。中和元年(881),郑畋传檄天下,号召四方藩镇合兵围攻长安,为阻遏黄巢军在关中的发展,竭尽全力。不久,部将李昌言发动兵变,逐郑畋。郑畋被罢为太子少傅,分司东都洛阳。中和二年(882),朝廷召郑畋至四川成都,复官以司空、门下侍郎、同中书门下平章事,主持军务。中和三年(883),黄巢起义军退出长安,僖宗还京。当权宦官田令孜及其兄剑南西川节度使陈敬瑄极力排挤郑畋,郑畋于当年七月以身患疾病为由辞所任之职,授检校司徒、东宫太保。九月,任壁州(今四川省通江县)刺史。后郑畋赴其子彭州刺史任所养疾。郑畋文武兼备,才华过人,宋人洪迈称晚唐宰相中唯郑畋入“一时名宰”之列,《黄氏日钞》评郑畋“出将有破贼之功,入相有运筹之益,功成身退,始终俊伟,唐末诸相,惟畋优焉”。郑畋在壁州撰有《壁州新建山寺记》,勒石于碑,现收藏于通江县文物局。《全唐诗》存郑畋诗十六首。

王　建(847—918),字光图,河南舞阳县人。唐中和四年(884),王建等五都头领兵投奔流亡在成都的僖宗皇帝,被僖宗“拜诸卫将军,使各将其军,号随驾五都”,并被当时的权宦田令孜收为养子。光启元年(885)三月,僖宗返长安,任王建为神策军使。时因田令孜与河中节度使王重荣交恶,王重荣进逼长安,同年十二月僖宗再次出逃,光启二年(886)逃抵兴元,途中王建保护僖宗,得以脱险。僖宗感其勇,赐给御衣。其间,田令孜称病,“求为西川监军”,另一个宦官杨复恭上台。杨复恭对田令孜的五个养子心存戒心,“出五将为郡守”,以(王)建为壁州刺史,后又出任利州刺史。光启三年(887),王建袭取阆州,扩展军势。此时,田令孜企图与西川节度使(驻成都)陈敬暄在四川建立自己的势力范围。田令孜别有用心写信招王建到成都。王建进入西川,王、田矛盾顿时尖锐,即起战争。龙纪元年(889),新继位的昭宗下诏讨伐陈敬暄,割邛、蜀、黎、雅四州置永平军,以王建为节度使,并充当行营诸军指挥使,参加讨伐陈敬暄。大顺二年(891),田、陈投降,王建进入成都,自称西川留后。接着,被任命为检校司徒、成都尹、剑南西川节度副大使,知节度使等职。从此,王建在西川的地位得以确立。乾宁四年(897),王建兼并东川,五年后夺取山南西道。天复三年(903),朝廷加王建守司徒,进爵蜀王。又攻占夔、忠、万、施四州。开平元年(907),后梁政权建立。王建遂在成都称帝,国号大蜀,史称前蜀,定都成都,建年号“天复”。王建在位十二年,励精图治,注重农桑,兴修水利,扩张疆土,实行“与民休息”的政策,蜀中大治。

宗　泽（1060—1128），字汝霖，浙江义乌人，北宋末南宋初抗金名臣。宋元祐六年（1091）考中进士。元祐八年（1093），宗泽任大名府馆陶县县尉兼摄县令职事。元符元年（1098）至政和五年（1115），先后任衢州龙游、莱州胶水、晋州赵城、莱州掖县等四县知县，登州通判。宣和元年（1119）乞请告老还乡。宣和四年（1122），徽宗实行大赦，宗泽重步政坛，掌监镇江酒税。宣和六年（1124），调任巴州通判。此时，辽、金、宋之间正在展开激烈斗争，忧国忧民的宗泽在巴州期间所作的《古楠赋》《重修英惠侯义济庙记》，借景抒情，如泣如诉表述了自己怀才不遇、壮志难酬的悲愤心情，并借汉末巴郡太守严颜隐喻自己，以表愿做“断头将军”，不做“投降将军”之决心。靖康元年（1126），宗泽进京，出任台谏，旋即被派往战争前沿磁州任知府。同年十月，击溃进犯磁州金兵。靖康二年（1127）一月，宗泽率部从大名府向开德进发，屡战屡胜，进驻开德。二月，率部继续向开封推进，连克南华、卫南、韦城，临近开封。由于赵构拥兵观望，宗泽孤军苦战，未能打破金兵对开封的重重包围，致北宋不保。北宋王朝覆灭后，赵构在南京应天府即帝位，宗泽被任命为东京留守兼开封府尹，加职延康殿学士。此时岳飞投奔宗泽，泽见而其奇才，给以五百骑兵，寄望奋勇立功。岳飞听命，驰骋疆场，从此岳飞与宗泽南征北战。建炎二年（1128）一月，金军从郑州进袭开封，遭宗泽军沉重打击，开封得保。自此宗泽威震天下。从建炎元年（1127）七月至建炎二年（1128）五月，宗泽连续上疏二十四次，史称《乞回銮殿疏》，力劝宋高宗还京，实施北伐计划，以图恢复北方失地。但均为奸佞所阻，宗泽忧愤成疾，疽发于背，病情加剧。建炎二年（1128）七月十二日，宗泽在弥留之际，无一语及家事，念念不忘北伐，最后连呼三声“渡河！渡河！渡河！”怀着悲愤的心情溘然与世长辞。后由儿子宗颖和岳飞扶柩至镇江，与夫人陈氏合葬于镇江京岘山上。

陆成本(生卒不详),字画村,浙江萧山人。清道光七年(1827)任巴州知州。在巴州,陆成本勤于政务,大有作为,州民有口皆碑。陆成本在巴州的政绩,除了劝农桑、强防务之外,其着力点在于兴土木、重教化。道光十年(1830)十二月,保宁府知事恒昌作《巴州凌云塔记》,文章写道:“道光七年夏,萧山陆画村来刺巴州,越三年政修人和,百废俱举。士民请募建塔于州东南山顶,复捐廉为之劝。塔高一十三丈,广围九十六步。培地脉即以茂文风、盛科名也。落成名曰‘凌云’。”川北兵备道前四川学使会稽吴杰题曰:“共登青云梯,以为人文振兴之兆。”陆成本主持修建的凌云塔历时一百八十多年,至今巍然屹立在巴州城东郊。巴州南泉寺倚城向南,文昌宫左。因白莲教攻打巴州城,城垣毁损殆半。陆成本率州民投工投劳,完成南泉寺修缮工程,千年古刹重新焕发出昔日金碧辉煌、富丽壮观的风采。严颜庙在陆成本任巴州知州时,已破败不堪。陆成本修缮墓祠,撰碑记,题匾、联等。今平昌县岩口镇东南约三公里一山顶上,錾刻的“永安坪”,三个大字即陆成本所书。今南龛老君洞右侧险僻绝壁上,刻有杜甫诗句“清江一曲抱村流”,亦是陆成本道光十年(1830)所书。笔力稳健,书法佳妙。

张国焘(1897—1979),江西萍乡人,又名特立,凯音。1920年加入北京共产主义小组,1921年7月出席中国共产党第一次全国代表大会。1928年赴莫斯科学习并参加中共驻共产国际代表团工作。1931年回国,历任中共鄂豫皖苏区中央分局书记兼军委主席,中华苏维埃共和国临时中央政府副主席,西北革命军事委员会主席、红军总政委。是川陕革命根据地的主要创始人之一。红一方面军和红四方面军会师后,因拒绝执行中央关于北上的战略方针,一意孤行南下,另立“中央”,公开分裂党和红军,受到党中央的严厉批评,1936年另立的“中央”被迫取消。1938年清明节,张国焘借祭黄帝陵之机，只身逃往武汉投奔国民党，并发表反共言论，同年4月被中共中央开除党籍。1949年逃往香港，后定居加拿大，1979年12月病死于多伦多。

傅　钟（1900—1989），四川省叙永县人。1920年赴法勤工俭学，1921年加入中国共产党。曾任中共旅欧总支部书记。后赴苏联莫斯科中山大学、列宁格勒军事政治学院学习。1931年任中共鄂豫皖革命军事委员会政治部秘书长、红四方面军兼西北军区政治部副主任。参加了鄂豫皖苏区历次反"围剿"和川陕苏区历次反"围攻"战斗。长征时任中共四川省委书记、中共西北局组织部长、红军大学政治部主任。抗日战争时期，任八路军政治部民运部长、军委总政治部副主任。解放战争时期，任中共四川省委宣传部部长兼新华日报社社长、军委总政治部副主任。中华人民共和国成立后至1982年，一直担任中国人民解放军总政治部副主任，长期参与领导全军的政治思想工作，特别是宣传、文化方面的领导工作。曾当选为第三、第四届中国文联副主席。是第二、第三届国防委员会委员和第一、第二、第三、第五届全国人大法制委员会委员，第五届全国人大常委会委员。1982年被选为中共中央顾问委员会委员。1955年，被授予上将军衔，获一级八一勋章、一级独立自由勋章和一级解放勋章。1988年，获一级红星功勋荣誉章。著有《政治工作基本问题》《毛泽东军事辩证法的伟大胜利》《坚持并发展毛泽东的建党学说》《红军须知》《火一样的生命》《征途集》等。1989年7月28日在北京病逝。

徐向前（1901—1990），字子敬，山西五台人。1924年入黄埔军校，毕业后留校任排长。1925年参加第一次东征，后任国民军第二军教官、参谋、团副等职。1927年，参加广州起义，任工人赤卫队第六联队队长。历任工农革命军第四师十团党代表、第四师参谋长、第四师师长。1929年先后任红第三十一师副师长、中共鄂豫边特委委员、鄂豫边革命委员会军事委员会主席。1930年,任红一军副军长兼红一师师长、红四军参谋长、红四军军长。1931年11月至1934年1月,任中华苏维埃共和国中央革命军事委员会委员。1934年2月,当选为中华苏维埃共和国第二届中央执委会委员。1934年10月,参加长征。1935年6月,任红军前敌总指挥部总指挥。1935年8月,任右路军总指挥。1936年,任中共中央西北局委员,红军西路军军政委员会副主席兼西路军总指挥。1937年8月,任八路军第一二九师副师长。1939年6月,起历任中共中央山东分局委员、八路军第一纵队司令员。1942年起,历任中共中央西北局委员、陕甘宁晋绥联防军副司令员(曾兼任联防军参谋长)、抗日军政大学代校长。解放战争时期,历任陕甘宁晋绥联防军副司令员、晋冀鲁豫军区第一副司令员、中共中央华北局委员、华北军区副司令员兼华北军区第一兵团(后改称中国人民解放军第十八兵团)司令员兼政治委员。1948年10月至1949年4月,历任太原前线司令部司令员兼政治委员、中共太原前线总前委书记。1949年10月至1954年6月,任中央人民政府人民革命军事委员会委员。1954年2月前,兼任华北军区第一副司令员。1954年6月至9月,任中央人民政府人民革命军事委员会副主席。1954年9月起,历任第一届、二届全国人民代表大会常务委员会委员,第三届、四届全国人民代表大会常务委员会副委员长。1959年9月至1988年4月,任中华人民共和国中央军事委员会副主席。1977年8月至1985年9月,任中共中央政治局委员。1978年3月至1980年9月,任国务院副总理兼国防部部长。1980年9月至1981年3月,任国防部部长。1982年9月至1987年11月,任中共中央军委副主席。1983年6月至1988年4月,任中华人民共和国中央军事委员会副主席。1990年9月在北京逝世。其主要著作收入《徐向前军事文选》,还著有《历史的回顾》。

郑义斋(1901—1937),原名邓少文,河南许昌人。1927年加入中国共产党。1930年在上海以“义斋钱庄”经理身份做掩护从事秘密活动,从此改名郑义斋。1932年奉命赴鄂豫皖苏区,任川陕省苏维埃政府财委会主席、工农银行行长、红四方面军总经理部部长、造币厂厂长。不久经理部改名为总供给部,郑义斋任总供给部部长兼兵工厂厂长等职,肩负红四方面军全军和川陕省苏维埃政府的后勤工作任务,为红军取得军事上的胜利,巩固和扩大川陕革命根据地作出了重大贡献,被同志们誉为“红色理财专家”。1937年3月14日,在赴西路军总指挥部途中,于临泽康龙寺以南的石窝被国民党军包围。在激战中壮烈牺牲,时年36岁。

张琴秋(1904—1968),学名张悟,浙江桐乡人,毕业于浙江省立女子师范学校。著名的红军女将领。1924年11月加入中国共产党,曾留学莫斯科中山大学。1931年3月,被派往鄂豫皖苏区,任彭杨军政学校政治部主任,参加了第二至四次反“围剿”斗争。1932年西征入川,任红四方面军政治部主任、中共中央西北局委员、红四方面军总医院政治部主任、妇女独立团团长、西路军政治部组织部长等职。解放战争时期参加了晋绥冀、山东等地的土改工作。中华人民共和国成立后,任纺织工业部党组副书记、副部长。“文革”中受迫害致死,1979年党中央为她平反昭雪,徐向前元帅亲自主持了她的追悼会。

许世友(1905—1985),河南省信阳市新县人。1927年加入中国共产党。参与创建鄂豫皖革命根据地和川陕革命根据地的斗争,历任红四方面军第九军副军长兼25师师长、第四军军长、红四方面军骑兵司令。抗日战争时期,任八路军129师386旅副旅长、山东纵队参谋长、胶东军区司令员。解放战争时期，任华东野战军第九纵队司令员、山东兵团司令员，山东军区司令员。1953年起，历任中国人民志愿军第三兵团司令、华东军区第二副司令、中国人民解放军副总参谋长、南京军区司令员、中共中央华东局书记处书记、广州军区司令员、国防部副部长、中共中央军委常委等职。1955年，被授予上将军衔。是第一、二、三届国防委员会委员，中国共产党第八届中央委员，第九、十、十一届中央政治局委员。1982年，当选为中央顾问委员会委员、常务委员、副主任。1985年10月22日，在南京逝世。

王树声（1905—1974），湖北麻城人。1926年加入中国共产党。1927年参加了黄麻起义，英勇善战，屡建奇功。1928年后，历任中国工农红军团长、师长，红四方面军副总指挥兼第31军军长等职。参与创建了鄂豫皖、川陕革命根据地和四次反“围剿”战斗。参与指挥反“三路围攻”作战。在反“六路围攻”战役中，先指挥12个团抗击四路敌军对西线的进攻，后协助徐向前总指挥直取黄木垭，取得重大胜利。1936年任西路军政治委员、副总指挥兼第九军军长。1955年，被授予大将军衔。是第一届全国人民代表大会代表，第一、二、三届国防委员会委员，中国共产党第八、九、十届中央委员。1974年1月，在北京逝世。

周纯全（1905—1985），湖北黄安（今红安）人。1923年，参加工人运动。1926年，加入中国共产党。1927年，参加黄麻起义。参与创建鄂豫皖革命根据地和川陕革命根据地的斗争，历任鄂豫皖游击总司令，川陕省苏维埃保卫局长，红四方面军第10师政委，红四方面军总政治部副主任、主任，中共川陕省委书记，红31军政委、中共中央西北局委员。抗日战争时期，历任中国人民抗日军政大学第一分校校长、滨海行署副主任兼秘书长。解放战争时期，历任东北民主联军后勤部东线战勤部司令员、东北军区后勤部部长、第四野战军后勤部部长。中华人民共和国成立后，任中南军区后勤部部长，中国人民志愿军后勤部政委。1953年后，历任中国人民解放军总后勤部第一副部长兼副政委，武装力量监察部第一副部长。1955年，被授予上将军衔。是第一、二、三届国防委员会委员，第一、第二、第三届全国人民代表大会常务委员会委员，第五届全国政协常务委员会委员。1985年7月28日，在北京病逝。

陈昌浩（1906—1967），又名陈海泉，湖北汉阳（今武汉）人。1927年，到莫斯科中山大学学习。1930年10月回国，12月加入中国共产党。1931年后任中共鄂豫皖中央分局常委。同年11月，红四方面军在七里坪成立，任红四方面军政委。1932年转战入川，参与创建川陕革命根据地，任西北革命军事委员会副主席。1934年1月，被增选为中共第六届候补中央委员，后当选为中华苏维埃共和国临时中央政府中央执行委员。1935年7月，兼任红军前敌总指挥部政委、红军总政治部主任。1936年7月，任中共中央西北局常委，同年11月任西路军军政委员会主席。1937年赴延安，在中共中央宣传部工作。1939年至1951年去苏联养病、学习，参加过斯大林格勒保卫战，获"卫国战争奖章"。1952年回国，担任中共中央马恩列斯著作编译局副局长等职，编有《俄华辞典》。1967年7月30日，在北京去世。1980年，被平反昭雪。

廖承志（1908—1983），原籍广东惠阳。1925年，加入中国国民党。四一二政变后赴日本。1928年，回国并在上海加入中国共产党。同年11月，被中共派往德国国际海员工会工作。1932年回国，任中华全国总工会宣传部长，全国海员总工会党团书记。1933年，任中共川陕苏区省委常委。1934年，任红军第四方面军政治部秘书长。1935年参加长征途中，曾被张国焘拘捕，后在周恩来解救下获释。1937年冬，赴香港主持抗日民族统一战线工作。1942年，在广东乐昌被国民党拘捕关押。1946年1月，由中共中央营救出狱。1946—1949年，历任中共南方局委员、晋冀鲁豫中央局宣传部长、中央宣传部副部长、新华社社长等职。中华人民共和国建立后，历任中共中央对外联络部副部长、统战部副部长、中国新民主主义青年团中央副书记、中华全国民主青年联合总会主席、华侨事务委员会主任、国务院外事办公室副主任、外交部顾问、国务院侨务办公室主任、华侨大学校长、北京外国语学院院长、中苏友好协会副会长、中国人民保卫世界和平委员会副主席、中日友好协会会长、中国亚非团结委员会主席等职。是中共第八、十、十一、十二届中央委员，第十二届中央政治局委员；第一、四届全国人大常务委员会委员，第五届全国人大常委会副委员长。1983年6月，在北京逝世。

李先念（1902—1992），湖北黄安（今红安）人。1927年，加入中国共产党。曾领导家乡农民参加黄麻起义。先后任中共黄安县区委书记，黄安县工农民主政府主席。1931年后，任中国工农红军第四方面军团政委、师政委、军政委。为创建鄂豫皖和川陕革命根据地作出了贡献。1935年参加长征，率领第四方面军的先头部队攻克四川省西部的懋功，同第一方面军会师。1936年，第四方面军的一部分在甘肃渡黄河西进，组成西路军。1937年，率西路军余部转战到新疆。同年底到达延安。抗日战争时期，任中共河南省委军事部部长，新四军豫鄂挺进纵队司令员、第五师师长兼政委，中共豫鄂边区委员会书记，创建了豫鄂边区抗日根据地。解放战争时期，任中原军区司令员，中共中央中原局副书记。领导了中原解放区的自卫战争。1945年，当选为中共第七届中央委员。1946年，奉命率部到鄂、豫等地区坚持游击战争。1948年，任大中原军区第二副司令员、中原局委员，协助刘伯承、邓小平进行军事和政治工作。

1949年后，历任湖北军区司令员兼政委，中共湖北省委书记，湖北省人民政府主席（1950—1954），中共武汉市委书记，武汉市市长（1953—1954），中共中央中南局副书记、中南军政委员会副主席。1954年任国务院副总理（1980年辞），兼任财政部部长。1956年后连续当选为中共第八至十二届中央政治局委员。1958年5月，增选为中共第八届中央书记处书记。1962年，兼任国家计委副主任。1969年4月，当选中共中央政治局委员。“文革”中，协助周恩来总理主持经济工作。1976年10月，在粉碎江青反革命集团的斗争中起了重要作用。1977年，当选为中共第十一届中央政治局常委、中央委员会副主席。1982年，当选为中共第十二届中央政治局常委。

1983年6月，在第六届全国人民代表大会上当选为中华人民共和国主席。1988年4月，当选为第七届全国政协主席。1989年，当选中国贫困地区发展基金会名誉会长。1992年6月21日，在北京逝世。

刘瑞龙（1910—1988），江苏南通人。1926年加入中国共产主义青年团，1927年转入中国共产党。1929年，参加中国革命。1932年初，受中央派遣到中共陕西省委工作。1932年12月，任陕南红29军副军长兼参谋长。后任中共川陕省委宣传部部长，红四方面军、西路军政治部宣传部长。在川陕苏区时刘瑞龙的宣传工作开展得十分出色，为巩固和发展川陕苏区作出了重要贡献。抗日战争时期，刘瑞龙任安吴青训班教务处处长、副主任，中共豫皖苏区党委副书记，苏皖军政委员会书记，淮海区办事处处长，中共淮北区委副书记，淮北行政公署主任。解放战争时期，任中共中央华中分局民运部部长，苏皖边区政府副主席，华东野战军副参谋长兼后勤司令部司令员，豫皖苏财经办事处主任，第三野战军后勤司令员兼政治委员。中华人民共和国成立后，任中共上海市委秘书长，中共中央华东局农委书记，华东土地改革委员会副主任，农业部常务副部长、党组副书记等职。是第六届全国人大常务委员会委员、第五届全国政协常委。1988年5月25日，在广州逝世。

洪学智（1913—2006），安徽省金寨县人。1929年3月参加革命工作，同年5月加入中国共产党。先后参加创建鄂豫皖革命根据地和中央革命根据地的斗争。历任红四方面军第31军92师、93师政治部主任，红四方面军政治部主任、红四方面军政治部组织部部长等职。抗日战争时期，任抗日军政大学第4团团长、新四军盐阜军区司令员、新四军第3师参谋长等职。解放战争时期，任东北野战军第6纵队司令员、第4野战军第15兵团副司令员兼参谋长等职。中华人民共和国成立后，任第15兵团副司令员。1950年参加抗美援朝战争，任中国人民志愿军副司令员。回国后洪学智任解放军总后勤部副部长、部长，中共中央军委委员。1955年，洪学智被授予上将军衔，1988年再次被授予上将军衔。1980年，任总后勤部部长兼政治委员、中共中央军委副秘书长、中央军事委员会委员。是中国共产党第八届中央候补委员，中国共产党第十一、二十届中央委员，第五届全国人大常务委员会委员，第一、第二届国防委员会委员，中国人民政治协商会议第七、八届全国委员会副主席。2006年11月20日，洪学智在北京逝世。

秦基伟（1914—1997），湖北黄安（今红安）人。1927年，参加黄麻起义。1930年，加入中国共产党。曾在红四方面军任排长、连长、营长，参加了鄂豫皖苏区第一至第四次反“围剿”。曾担任红四方面军总部警卫团团长，红31军274团团长，红四方面军总参谋部补充师师长等职。抗日战争时期，先后担任八路军第129师游击支队司令员、太行军区第1军分区司令员等职。解放战争时期，任太行军区司令员、晋冀鲁豫野战军第9纵队司令员、第二野战军第15军军长等职。中华人民共和国成立后，历任昆明军区司令员，成都军区司令员，北京军区第一政委、司令员，中共中央军委委员，国务委员兼国防部部长，全国人民代表大会常务委员会副委员长等职。是中国共产党第十、第十一届中央委员，第十二届中央政治局候补委员，第十三届中央政治局委员，第三届国防委员会委员。1955年，获二级八一勋章、一级独立自由勋章和一级解放勋章。1997年2月，在北京逝世。

王　瑛（1961—2008），女，回族，四川省阿坝州小金县人，大学本科学历。1982年6月加入中国共产党，同年7月参加工作。曾任中共南江县委常委、纪委书记等职。王瑛奋战在纪检监察一线20年，探索创新为民服务零距离、干群关系零隔阂、监督监察零空档、案件查处零搁置、再塑形象零起点的“五个零”纪检监察工作法，严格监督执纪问责，坚决维护党的纪律、国家法律权威，营造了风清气正的良好环境。她对党忠诚，鞠躬尽瘁，身患肺癌仍战斗到生命的最后一刻，用实际行动诠释了全心全意为人民服务的宗旨。2008年11月27日，王瑛因肺癌去世后，中央及省委领导均作出重要批示，要求宣传王瑛同志的先进事迹。2002年10月，王瑛被四川省人民政府授予“民族团结进步模范”称号。2003年，被巴中市委、市政府评为“巴中十年创辉煌”劳动模范，同年被四川省纪委、省监察厅表彰为“办案先进个人”。2007年1月，王瑛被中央纪委、人事部、监察部授予“全国纪检监察系统先进工作者标兵”称号。后被追授“全国优秀共产党员”“全国三八红旗手”。2018年12月18日，被党中央、国务院授予“改革先锋”，颁授改革先锋奖章，并获评“全面从严治党中纪检监察干部的优秀代表”。2019年，王瑛被中央宣传部、组织部、统战部等九部委授予“最美奋斗者”称号。

后记

根据《省政协文史资料工作五年行动计划》，四届巴中市政协结合实际，制定了《巴中市政协文史资料工作三年行动计划》，决定征编出版《巴中历史文化名人》文史专辑。

自2019年3月至2020年1月，市政协文化文史和学习委组织在全市范围内开展了两轮《巴中历史文化名人》资料征集工作，共征集《巴中历史文化名人》资料157篇。通过组织专家严密考证、认真评选，并报经市政协主席会议和市委审定，本书收录100名巴中籍古代、近代、现代有影响的历史文化名人，附录《巴中历朝进士名录》《非巴中籍历史文化名人事略》编辑成书，这是巴中首次开展历史文化名人资料的抢救、挖掘、整理工作，其目的在于"存史、资政、团结、育人"。

在本书征编过程中，市委、市政府高度重视，大力支持。市政协主席会议三次专题研究本书征编工作，市政协党组书记、主席朱冬欣然作序。市政协机关把此项工作纳入年度工作计划，统筹安排，预算专项征编出版经费。市政协文化文史和学习委精心组织、统筹协调、反复修改、严格把关、一丝不苟编辑。各区县政协明确专门领导、组织专门人员、安排专项经费开展史料征集工作。与此同时，还得到各方面人员的大力支持和帮助。市政协阳云、陈中、陈俊；市委党史办王志雄、市委党校刘应兵、市文物局汪信龙、巴中日报社周书浩参与了初稿的修改和评选工作。巴州区丁槐桉、杨芸滔、王俐才；恩阳区张丁夫、江春华、朱自成、黄朝国；南江县胡传淮、惠芝涌、张国泰、张华科、王修德、齐斌、杨鹄昉、陈喜朝、蔡凌云、徐铭宏、夏冬、韦祖荣、刘昌慧、孙天福、何吉林、王介福；通江县冯永君；平昌县何茂森、吴辟成、陈革昌、魏德胜、吴云波等参与了该区县史料收集及初稿撰写工作；西南大学出版社给予倾情支持，在此一并表示感谢！

由于古代和近代史料缺乏，一些历史文化名人未被收入本书，期待后来者补充完善，加之编写人员学识和水平有限，书中错讹疏漏在所难免，恳请读者不吝赐教，批评指正。

编　者

2020年6月